企业经营管理研究丛书

戴道明 / 著

本书由安徽财经大学著作出版基金资助出版

DINGJIA YU PILIANG WENTI DE LianHe JueCe MoXing JiQi FangFa

定价与批量问题的联合决策模型及其方法

合肥工业大学出版社

内 容 简 介

本书主要研究离散时间动态需求情形的定价与批量的联合决策问题。全书共八章，分别介绍生产计划和定价的基本理论，分析了联合决策数学模型的主要影响因素，分别讨论若干类定价与批量问题的联合决策模型及其算法等内容。本书研究的问题有助于企业合理控制生产进程，优化配置各种资源，达到降低生产经营成本、提高效益、增强企业市场竞争力的目的。

图书在版编目(CIP)数据

定价与批量问题的联合决策模型及其方法/戴道明著．—合肥：合肥工业大学出版社，2010.7

ISBN 978-7-5650-0224-3

Ⅰ.①定…　Ⅱ.①戴…　Ⅲ.企业管理：物价管理—研究②企业管理：生产管理—成批生产—生产计划—研究　Ⅳ.①F274②f273

中国版本图书馆 CIP 数据核字(2010)第 117044 号

定价与批量问题的联合决策模型及其方法

戴道明　著　　　　责任编辑　吴毅明　汤礼广

出　版	合肥工业大学出版社	版　次	2010年9月第1版
地　址	合肥市屯溪路193号	印　次	2010年9月第1次印刷
邮　编	230009	开　本	889毫米×1194毫米　1/32
电　话	总编室：0551-2903038	印　张	7.75
	发行部：0551-2903198	字　数	201千字
网　址	www.hfutpress.com.cn	印　刷	合肥工业大学印刷厂
E-mail	press@hfutpress.com.cn	发　行	全国新华书店

ISBN 978-7-5650-0224-3　　　　定价：20.00元

如果有影响阅读的印装质量问题，请与出版社发行部联系调换。

前　言

面对日趋激烈的竞争和全球化市场需求，制造型企业必须在时间和空间上优化各种资源的分配，对生产进程进行合理的决策，以便降低生产成本，提高企业竞争力。批量问题（Lot Sizing Problem，简称 LSP）主要研究在一定计划期内，在一定约束条件下，企业生产制造部门决定何时生产（或订购）、生产何种产品、生产多少，使得总成本最小化。批量问题有助于企业合理控制生产进程，优化配置各种资源，达到降低生产经营成本、提高效益、增强企业市场竞争力的目的。

在经典的批量模型中，定价决策与批量决策是串行的。定价和制定生产计划是由企业完全不同的两个职能部门负责的。一般地，市场营销部门制定价格，市场对此价格作出反应，产生一定水平的需求；然后，生产部门根据市场需求进行批量决策，使得生产总成本最小化。这种串行的分散决策缺乏有效的机制来协调定价决策和批量决策，往往不能使企业利润最大化。

联合决策机制有效克服了定价与批量间的分散决策的缺点，可以有效地协调生产、库存和定价间的决策，提高制造部门、采购部门和营销部门间的信息集成水平。近年来，不少学者研究了连续时间情形的定价与生产/库存的联合决策问题，提出了许多算法。然而，连续时间情形下的联合决策模型存在局限性。例如，基于 EOQ（Economic Order Quantity）的研究假设需求是静态的；尽管也有不少文献研究动态需求，但是最终往往因各周期的时间跨度长短不一、甚至差距很大，所以在实际应用中带来诸多不便。离散时间动态需求情形预先把计划期划分成若干个周期（周期为月、旬或自然周等)，各周期时间跨度大致相等，在实际生产管理活动中易于操作。离散时间动态需求下的联合决策模型和方法，可以添加到常用管理软件(如 MRPⅡ、ERP 等)的模型库和方法库，提供管理软件的决策支持水平。

本书主要研究离散时间动态需求情形的定价与批量的联合决策问题。全书共八章。第一章介绍了生产计划和定价的基本理论，分析了联合决策数学模型的主要影响因素。第二章详细分析了国内外研究现状。第三章至第七章分别讨论若干类定价与批量问题的联合决策模型及其算法。其中第三章介绍允许需求延迟时的定价与批量的联合决策问题，包括动态定价和固定定价两种情形；第四章介绍考虑库存能力约束时的动态定价与批量的联合决策问题，包括问题的数学建模、最优解性质分析、算法设计与分析；第五章讨论考虑生产能力约束时的定价与批量的联合决策问题，包括动态定价和固定定价两种情形；第六章讨论允许需求延迟且生产能力受限时的定价与批量的联合决策问题，包括问题的数学建模和基于拉格朗日松弛的启发式算法设计；第七章讨论市场细分时的动态定价与批量的联合决策问题，包括允许需求延迟和生产能力受限两种情形。第八章总结全书并展望未来研究方向。

本书较为深入地研究了离散时间多周期下，几类经典的批量模型与定价的联合决策问题。采用并行决策机制不仅显著地改进了公司的利润，而且减少了需求量或生产计划的变化带来的影响，提高了公司生产经营的柔性，进而增强了公司生产经营的稳定性。

本书的创新之处主要体现在：

(1)针对允许需求延迟情形，研究了定价与批量的联合决策问题。提出了基于动态规划的精确算法，可以在多项式时间内求解出最优定价、最优生产计划。实验结果表明，并行决策机制优于串行决策机制；与不允许需求延迟情形相比较，允许需求延迟可以提高企业生产活动的柔性，使企业获得更多的利润。

(2)针对库存能力受限情形，研究了动态定价与非减库存能力受限批量的集成问题。建立了非线性混合整数规划模型。详细讨论了四种不同类型子计划的求解方法，通过先求解所有可能的子计划，再基于动态规划搜索子计划的最优组合，得到联合决策问题的最优定价与最优生产计划，算法的时间复杂度为 $O(T^4)$。

(3)针对生产能力受限，且生产能力在各周期间不变情形，研究了动态定价与生产能力受限批量的集成问题，建立了非线性混合整数规划模型，提出了基于动态规划的精确算法，可以在多项式时间内求解出最优定价与最优生产计划。

(4)针对一般线性时变需求，研究了多产品允许需求延迟且能力受限批量模型与动态定价的联合决策问题，建立了二次规划模型，提出了基于拉格朗日松驰的启发式算法。

(5)针对市场细分情形，研究了拥有若干个目标市场的制造商如何有效地协调定价决策与批量决策问题。建立了二次规划模型。提出了基于动态规划的精确算法，可以在多项式时间内求解出每周期各子市场的最优定价和最优生产计划。

限于能力，对定价与批量问题的联合决策模型及其方法的研究可能还存在错漏之处，敬请读者批证指正。

作　者

2010 年 7 月

目　　录

第1章 绪 论

面对日趋激烈的竞争和全球化市场需求，制造企业必须在时间和空间上优化各种资源的分配，对生产进程进行合理的决策，以便降低生产成本，提高企业竞争力。批量问题主要研究在计划期内，在一定条件限制下，企业生产（或采购）部门决定何时生产（或采购）、生产（或采购）何种产品和生产（或采购）多少，使得生产（或订货）总成本最小化。制造企业在生产经营活动中，经常遇到各种类型的批量问题。例如，企业在制定主生产计划和编制物料需求计划时，可以利用批量模型及其方法，科学地、合理地制定相关计划。

产品在市场上的价格直接影响到产品的需求，而需求是进行产品生产批量决策的一项重要依据。一方面，价格的变化对生产计划产生显著的影响；另一方面，生产计划的变动会产生不同的产量，根据供需关系，势必对价格产生一定的影响。制造企业经常面临价格和产量（或生产计划）之间的协调问题。因此，为了有效协调生产计划决策和价格决策，将批量问题与定价问题结合起来，研究它们间的联合决策问题也就变得非常重要。

1.1 研究的目标和意义

本书主要研究离散时间、动态需求下批量与定价的联合决策问题。离散时间、动态需求下批量问题（Lot Sizing Problem，简称 LSP)主要研究在一定计划期内(预先把计划期划分成若干时间段,在本书中把这些时间段称之为周期,各周期内的需求是不同的,是动态变化的),在一定约束条件下,企业生产制造部门(或采购部门)决定何时生产(或订购)、生产(或订购)何种产品和生产(或订购)多少,使得总成本最小化(或利润最大化)。批量问题有助于企业合理决策生产进程,优化配置各种资源,达到降低生产经营成本、提高效益和增强企业市场竞争力的目的。

根据需求是否时变,批量问题可以分为两类:静态需求和动态需求。静态需求批量问题模型一般建立在 EOQ(Economic Order Quantity)模型基础上。根据参数的时间特征,动态需求下批量问题模型又可以分为两类:连续时间和离散时间,连续时间的动态需求批量问题模型建立在微积分基础上,离散时间的动态需求批量问题模型建立在混合整数规划基础上。EOQ 情形下的批量问题模型存在局限性,例如,假设需求(率)是静态的。连续时间情形下的批量问题模型也存在局限性,例如,各周期的时间跨度预先未知,在求得的最终结果中各周期的时间跨度往往相差很大,在实际运用中可操作性较差。1958 年 Wagner 和 Whitin[1] 首次把动态需求引入到经济批量模型中,自此,离散时间、多周期、动态需求批量问题引起人们广泛关注。

在经典的批量模型中,定价决策与批量决策是串行的。进行价格决策时,主要考虑外部因素(如市场、国家政策等,主要通过需求函数反映这些外部因素),忽略了公司内部因素的影响(如边际生产费用、边际库存费用、需求延迟费用和生产启动费用等)。市场和生产是由企业完全不同的职能部门负责的:营销部门制定价格,市场对此价格作出反应,产生一定水平的需求;生产部门根据市场需求进行批量决策,使生产总成本最小化。这种串行的分散决策缺乏有效的机制来协调定价决策和生产决策(如图 1.1 所示)。往往不能使企业利润最大化。

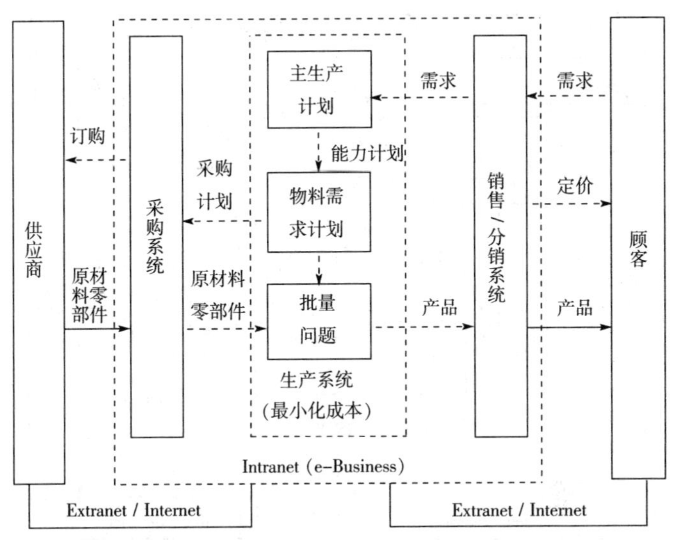

图 1.1 营销和生产计划间的串行决策过程

甚至,尽管最新的制造技术(如柔性制造系统、即时制、快速反应、制造资源计划和企业资源规划等)日益重视客户的需求,增强了制造部门和营销部门的功能交叉,可是它们也都没有考虑到市场的动态变化对生产策略的影响。例如,最近的 ERP 系统虽然可以优化动态需求的生产批量问题,但是在其高度计算机化的制造计划系统中常常忽略了定价和其他的市场因素动态变化的影响。

并行决策机制(如图 1.2 所示)有效地克服了定价与生产计划间的串行决策的缺点,可以有效地协调批量、库存和定价间的决策,提高制造部门、采购部门和营销部门间的信息集成水平。近年来,不少学者研究了许多类型的定价与生产计划间的并行决策模型,提出了许多算法,提升了 MRPⅡ或 ERP 系统的智能化水平。下面,从两方面阐述并行决策的可行性。

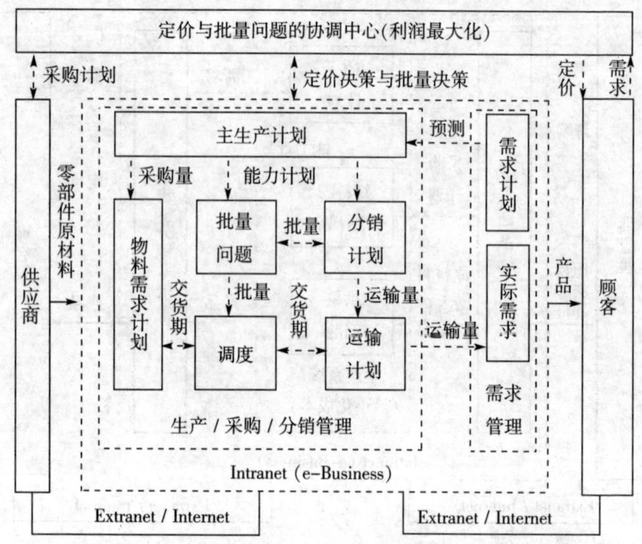

图 1.2　营销和生产计划间的并行决策过程

(1)新管理思想和管理方法的大量涌现。准时制生产模式(Just In Time, JIT)、物料需求计划(Material Requirement Planning, MRP)、计算机集成制造(Computer Integrated Manufacturing, CIM)、制造资源计划(Manufacturing Resource Planning, MRP Ⅱ)、企业资源(Enterprise Resource Planning, ERP)等。这些管理思想和方法为并行决策模型的研究提供了理论基础和应用平台。

(2)计算机技术和互联网的迅速发展为并行决策的实施提供了技术上的保证。由于互联网的出现,以及面向顾客(Direct-to-Customer,简称 DTC)的生产方式的广泛采用,并行决策策略在零售业和制造业上掀起了一场重要的变革。一些工业巨头如戴尔、亚马逊等公司纷纷采用并行决策这种经营模型。这些公司根据需求的变化、库存水平或生产计划快速地制定价格。由于这些公司在互联网上采用 DTC 经营模型,所以价格变动所产生的费用非常低,并且公司可以从互联网上获得大量的有关顾客偏好和需求方面的信息。因而可以轻松地贯彻动态定价策略。

定价和生产计划的集成改进了公司的利润,使得公司利润最大化。进一步,不仅增加了公司的利润,而且减少了需求量或生产计划的变化带来的影响,提高了公司生产经营的柔性,从而增强了公司生产经营的稳定性。更进一步,把价格与生产、库存和分销集成起来,优化的不只是公司内部某几个方面,而是整个系统,不仅改进了公司的生产经营效率而且改进了整个供应链的效率。

1.2 企业的生产计划体系

生产计划是制造企业经营计划的重要组成部分,是组织和控制企业生产活动的依据。它根据市场调查和市场预测的结果,充分利用企业现有资源和生产能力,实现均衡生产并合理地控制库存水平,确保按质、按量、按期交货,使得总成本最小化。也就是说,企业的生产计划具体规定着企业在计划期内应生产的品种、产量、质量、交货期限等一系列的指标,以充分满足社会和用户的需求,并实现最佳经济效益。

在制订生产计划时要对各种生产要素反复地进行综合平衡,从时间和空间上对生产任务做出总体安排,并进一步对生产任务进行层层分解,落实到车间、班组,以保证计划任务的实现。

1.2.1 生产计划的层次

制造企业生产计划体系如图 1.3 所示,主要包含四种不同层次的计划:生产计划大纲(Production Planning,PP)、主生产计划(Master Production Schedule,MPS)、物料需求计划(Material Requirements Planning,MRP)和车间作业计划(Production Activity Control,PAC)。

首先,根据企业经营目标、需求预测和企业资源条件,在生产能力(如人力资源、可用原材料、资金、机器设备、外协能力等)综合

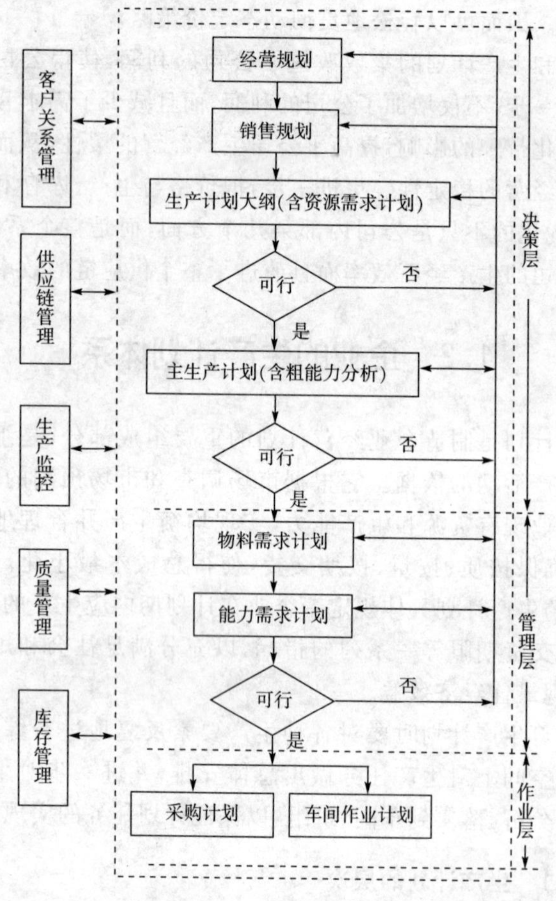

图 1.3　企业的生产计划体系

平衡的基础上，确定生产计划大纲；其次，将生产计划大纲细化到具体产品，在生产能力粗平衡的基础上确定主生产计划，初步保证主生产计划的可行性；然后，根据主生产计划规定的最终产品完成时间与数量、产品的结构及库存水平制定主生产所需的各种原材料、零部件、外购件的数量和时间，即制定相应的物料需求计划；最后，根据物料需求计划，合理安排详细的车间作业计划。

从图 1.3 中可以看出,生产计划体系是一个不断细化的过程:生产计划大纲——主生产计划——物料需求计划——详细的车间作业计划。各种计划之间的关系是非常密切的,每一步细化的结果是否正确、合理都会对整个生产过程产生重要影响。

从图 1.3 中可以看出,生产计划体系可以分为三个层次:决策层、管理层和作业层。表 1.1 对这三个层次的计划进行了比较。由此可以看出,从决策层计划到作业层计划所涉及的计划期越来越短,计划的时间单位越来越细,覆盖的管理范围越来越小,计划内容越来越详细,计划中的不确定性越来越小,管理层次也越来越低。

表 1.1 不同层次计划的特点

属性 特征 层次	决策层计划	管理层计划	作业层计划
计划期	长(≥5 年)	中(1 年)	短(月、旬、周)
计划的时间单位	粗(年)	中(月、季)	细(日、班次、小时)
涉及范围	企业、公司	分厂、部门	车间、工段、班组
详细程度	概括	一般	详细
不确定性	高	一般	低
管理层次	高层管理	中层、部门管理	基层、车间管理

就长期计划而言,重点是在预测的基础上制定出科学合理的计划。就短期计划而言,重点是根据中长期计划,运用各种方法手段进行控制,以保证中长期计划的实现。图 1.4 说明了计划与控制的重要性是如何随时间而发生变化的。

在制造企业中,决策层计划主要考虑企业的长远发展规划,关系到企业的兴衰。各种职能计划,如销售计划、生产计划、生产技术准备计划、品种质量计划、新产品开发计划、成本计划、财务计划等,这些职能计划不是孤立的,而是相互联系的。从图 1.4 中可以清楚地看出,随着计划期的缩短,计划的不确定性越来越小,因而计划的成分在减弱,而控制的成分在增强。作业层计划是管理层计划的细化,更强调控制。

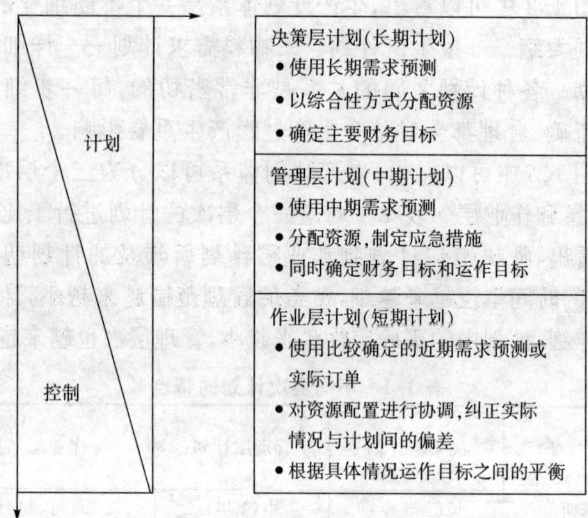

图 1.4　计划与控制平衡关系随时间的变化

1.2.2　生产计划大纲

1.2.2.1　生产计划大纲的概念

生产计划大纲在企业决策层的三个计划中有承上启下的作用,一方面它是企业经营计划或战略规划的细化,另一方面它又用于指导企业编制主生产计划,指导企业有计划地进行生产。

生产计划大纲(Prodution Planning,PP)是根据经营计划的市场目标和企业所拥有的可用资源,在一定时期内(通常为 1～3 年)对企业生产产品种类、生产数量以及为保证产品的生产所需人力资源、资金、库存等措施所作的决策性描述。

生产计划大纲是企业的整体计划,计划期的时间跨度通常是一年(有些生产周期较长的产品,如大型机床等,可能是两年、三年或五年),因此有些企业也把生产计划大纲称为年度生产计划大纲。在计划期内,使用的计划时间单位是月、双月或季。在采用滚动计划方式的企业，还有可能未来三个月的计划时间单位是月，其余九个月的计划时间单位是季等。

企业生产计划大纲规定企业在计划期内各项生产指标（品种、质量、数量、产值、进度等）应达到的水平和应增长的幅度，以及为保证达到这些指标的措施。它是编制企业生产经营计划其他各项组成部分的重要依据。正确制定综合生产计划指标，既可以使企业生产的产品在品种、质量、数量和生产进度上满足社会和用户的需要，又能充分利用企业的人力、物力和财力，在提高劳动生产率、降低产品成本的基础上增加利润。因此，生产计划大纲是企业各项生产计划的主体，主要有两个作用：一是用于协调满足经营计划所要求的产量与可用资源之间的差距；二是生产计划大纲是下一层次计划，即主生产计划的编制依据。

1.2.2.2 编制生产计划大纲的策略

在选择生产计划大纲策略时，须考虑以下几个问题：

① 在计划期内是否动用库存以调节需求的变化？

② 是否通过改变劳动力水平来适应需求的变化？

③ 是否利用部分开工、加班或休假来适应需求的变化？

④ 为保持一个稳定的劳动力水平，是否利用外协？

⑤ 是否利用价格或其他因素来调节需求？

对上述问题的回答，其实就是选择编制生产计划大纲的策略，下面介绍三种常用的生产计划大纲策略。

(1)均衡策略

均衡策略是指不论需求如何变化，各生产周期的生产任务量是均衡的，具有稳定的趋势。均衡生产有利于保证设备和人力资源的均衡负荷，提高设备利用率，有利于节约物料和能源的消耗，减少在制品的占用，加速流动资金的周转。降低产品的生产成本，提高经济效益。

(2)跟踪策略

跟踪策略是指各生产周期的生产任务量是随需求变化而变化的，

即在某一生产周期内,生产任务量基本上等于该周期的需求量。

(3)管理需求策略

从生产运作的角度来看,均衡生产有许多的好处,然而,市场需求在不同的生产周期内需求量是变化的。因此,可以采取有关措施来影响需求,使需求在不同时段尽量平衡,这种策略称为管理需求的策略。如在淡季处于需求低谷时,可以采用降价手段拉动市场的需求;在需求高峰时期,通过提高价格抑制市场需求,从而达到平衡市场需求的目的。

1.2.2.3 不同策略下具体措施与方法

在上述三种策略下,可以采用如下的具体措施:

(1)调节库存

在需求淡季贮存产品,增加库存水平,以备在需求旺季时使用。采用这种措施可以使生产率和人员水平保持相对均衡,有利于企业保持平稳生产,但是会增加库存成本,占用大量流动资金,降低流动资金的周转率。因此,在可能的情况下,应尽量存储零部件、半成品,需要交货时,再迅速组装。

(2)调节人力资源水平

可以采取聘用或解聘操作工人来适应生产率的变化,但是要谨慎使用该方法。当人力资源充足且主要是非熟练工或半熟练工时,采用这一方法是可行的。然而,对于很多企业来说,符合其技能要求的人力资源是非常有限的,并非什么时候想聘用什么时候就有。新工人需要培训才能达到企业的要求,而培训需要时间和经费方面的投入,一个企业的培训能力也是有限的。另外,新聘用的工人由于技术不熟练还可能引起生产率的暂时下降,也可能造成产品质量的下降,而且解聘会影响其他工人的士气,并对生产产生不良影响。需要指出的是,企业必须遵守《中华人民共和国劳动法》,不得违法解聘企业职工。

(3)利用加班或减少工作时间调节生产率

当正常工作时间不足以满足需求时,可以考虑加班;当正常工作时间的生产量超过需求量时，可以部分开工，只生产市场所需的需求量。然而，加班需要付出更高的工资，工资成本高于正常工资水平，因此生产管理人员经常限制加班时间。另一方面，工人有时候也不愿意频繁加班或长时间加班。此外，加班过多会导致生产率降低，产品质量下降等问题。当需求量不足，又不能解聘人员时可以采用部分开工的方法。部分开工法主要缺点是生产成本高(单位产品中的人工费用增加)，人力资源、机器设备等利用率低下。

(4)外协

"外协"是指当企业生产能力暂时不足时，把零部件或产品外包给其他企业进行生产，以弥补本企业生产能力的不足，保证本企业按时、按质、按量的向顾客提供产品。

(5)运用市场手段影响需求

在需求淡季，可以通过广告、促销、降价、折扣等方法刺激需求。例如航空公司经常在需求淡季对机票价格打折来吸引乘客；通信公司在通话低谷时间段(如夜间)采取优惠花费等刺激通话消费；当时尚用品不再流行时，商家降价处理商品；商家利用节假日促销产品等。

(6)延期交货

当生产能力不足或处于需求高峰期可以采用延期交货的方法，以便企业生产或需求趋于均衡。不过，这种方法有可能会导致失去一部分不愿意等待的顾客；而且这种方法降低了企业的服务质量，有可能使企业的信誉和形象受到影响。该方法只有当顾客愿意等待时才能采用。

总之，前四种措施最终要决定不同生产周期的不同生产率，无论考虑采用其中一种或多种措施，该生产周期的生产率总是确定了的。也就是说，生产率是上述这些因素的函数。用前 4 种措施处理季节性需求和其他波动较大的需求情形，总成本往往会较高。相反地，后两种措施主要是通过调节需求模式、影响或改变需求等来达到有效满足市场需求的目的，同时使得总成本最小化。综上所述，只有将这几种措施有机地结合起来使用，并在各部门之间密切合作，才能编制出更加科学、合理的生产计划大纲。

1.2.2.4 生产计划大纲的编制步骤

生产计划大纲的主要编制步骤如下：

(1)搜集需求资料

为了编制生产计划大纲，需要从许多需求数据源收集具体数据，这些数据源包括：经营计划、市场部门、生产部门和财务部门等。

经营计划提出了企业未来销售额的目标和利润目标，通常以金额为单位。

市场部门根据对产品类分时间段的销售预测，得到客户对某类产品或零件的未来需求的估计。

生产部门提供资源清单，即生产每单位产品所需的劳力、机器和材料清单；提供生产能力，即关于资源的可用性方面的数据，如可用的劳力工时，可用的机器台时和工作中心小时等；还提供当前库存水平，当前未交付的订货等实时数据。

从财务部门获得经过核算确定的单位产品的收入和成本，增加资源(如机器设备)的财务预算，可用资金(如流动资金限额、信贷资金限额)等。

总之，经营计划和市场部门提出的是需求方面的数据，这些需求来自市场、顾客，也来自企业自身发展的需要。需求数据的表现形式可以是销售额、产品数量等。生产部门和财务部门提供的主要是生产能力方面的数据，关于劳力、设备、库存品及资金方面的可用性等。

(2)编制生产计划大纲初稿

编制生产计划大纲的初稿，需要区分生产的特征或环境。这里仅介绍面向库存生产(Make To Stock，MTS)和面向订单生产(Make To Order，MTO)环境下的生产计划大纲初稿的编制方法。

面向库存生产环境下编制生产计划大纲初稿，其目标是使生产满足预测需求量和保持一定的库存量及平稳的生产率，以此来确定月生产量和年生产量。其具体编制步骤如下所述：

① 预测分布在计划展望期上；

② 计划期初库存(期初库存＝当前库存水平－未交付的订货量)；

③ 计算库存水平的变化(库存水平的变化＝目标库存－期初库存)；

④ 计算总生产量(总生产量＝预测数量＋库存变化量)；

⑤ 把总生产量和库存变化量按时间分段分布在整个展望期上。

面向订单生产环境下生产计划大纲初稿的编制，其目标是使生产满足预测需求量和延迟交货量。

(3)确定资源需求

在生产计划大纲的编制过程中，当确定产品系列的生产量时，要考虑生产这些产品需求占用多少有效资源(原材料、资金、劳力和机器设备)，如果资源不足，应协调这些差距。其步骤如下：

首先，审定资源清单。所谓资源清单是指生产单位产品系列所需的材料、劳动工时、设备工时、收入、利润等的记录。

其次，计算资源需求。在审定资源清单的基础上，计算资源需求，即每类产品的计划产量和资源需求率相乘。如果资源由几类产品共享，则汇总所有产品类的资源需求。

最后，解决资源需求与可用资源之间的差距。资源需求与可用资源之间的差距可通过增加资源，减少需求或进行内部调整的方法加以解决。

(4)生产计划大纲的确定与批准

生产计划大纲初稿经过资源需求平衡后，应作为生产计划大纲定稿。在定稿过程中，应考虑以下要求：

① 保证订货合同所规定的产品品种、数量、质量按期完成；

② 尽可能把各种产品合理地组织生产。确定各个时期产量的增长幅度，从而使企业在全年各季度、各月的生产设备负荷均

衡化。

③ 保证原材料、外协件的供货时间和数量与生产的安排协调一致。

④ 保证生产技术准备工作于产品生产的安排在时间上相互衔接。

⑤ 保证生产任务的安排同各项技术组织措施付诸实施的时间结合起来，保证各季节、各月生产任务的完成。

1.2.3 主生产计划

粗略地说，主生产计划是关于“将要生产什么”的一种描述，它既是生产部门的工具，又是市场销售部门的工具，起着联系市场销售与生产制造的桥梁作用和承上启下、从宏观计划向微观计划过渡的作用。

1.2.3.1 主生产计划的概念

主生产计划(Master Production Schedule，MPS)是确定每一个最终产品在每一个具体时段的生产计划，是对企业生产计划大纲的细化，说明在可用资源的条件下，在一定时期内(通常为3～18个月)生产什么、生产多少、交货期限等方面的描述。这里的最终产品主要是指对于企业来说最终完成、要出厂的完成品，它可以是直接用于消费的消费产品，也可以是作为其他企业的部件或配件。这里的具体时间段通常是以周为单位，在有些情况下，也可能是以旬、日或月为单位。

为什么要先有主生产计划，再根据主生产计划制定物料需求计划呢？为什么不直接根据销售预测和生产计划大纲来制定物料需求计划？产生这样的疑问和想法的原因在于不了解MRP的基本原理。概括地说，MRP的计划方式就是追踪需求。如果直接根据预测及客户订单的需求来运行MRP，那么得到的计划将在数量和时间上与预测和客户订单需求相互匹配。但是，预测和客户订单是不稳定、不均衡的，直接用来安排生产将会出现加班加点也不能完成任务或设备闲置导致用工不足的现象，这将给企业带来灾难性的后果，而且企业的生产能力和其他资源是有限的，这样的安排也不总能做到。

主生产计划通过人工干预、均衡安排，使得在一段时间内主生产计划量和预测及客户订单在总量上相匹配，而不追求在每个具体时刻上与需求相匹配，从而得到稳定、均衡的生产计划。由于产品或最终需求在主生产计划这一层是稳定和均衡的，据此所得到的关于非独立需求项目的物料需求计划也将是稳定和均衡的。因此，制定主生产计划是为了得到一份稳定、均衡的生产计划。

1.2.3.2 主生产计划的对象

主生产计划是企业计划和控制活动中最重要的一个计划，也是物料需求计划的主要输入。主生产计划的对象是最终产品，所谓“最终产品”是具有独立需求的物料，即对它的需求不依赖于对其他物料的需求而独立存在的。根据产生计划环境的不同，最终产品的含义也不完全相同。

在面向库存生产的环境下，最终产品指成品、零部件、备品备件等独立需求项目。在面向订单生产的环境下，又有两种情况：如果产品是标准设计或专项设计，最终产品一般就是产品；如果产品是一个系列，结构基本相同，都是由若干基本组件和一些通用件组成，每项基本组件又有多种可选件，从而形成一系列多种规格的变型产品，在这种情况下，最终产品指的是基本组件和通用件。编制计划时，先根据历史资料确定各基本组件中各种可选件占需求量的百分比，并以此来安排生产，保持一定水平的库存储备。一旦收到正式订单，只要再编制总装计划，规定从接到订单开始的一系列核查库存、组装、测试检验、包装发货的进度，就可以选装出各种变型产品，从而缩短交货期，满足客户需求，这种生产计划环境即是面向订单装配。

主生产计划必须是可以执行和实现的，它应该符合企业的实际情况，其制定与执行的周期视企业情况而定。主生产计划还应该确定其在计划期内各时间段上的需求数量。

1.2.3.3 主生产计划的相关基本概念

(1)时段：时段(time period)就是时间段落、间隔、时间跨度，划分时段只是为了说明在各个时间跨度内的计划量、生产量和需求量，以固定时间段的间隔汇总计划量、生产量和需求量，便于对比计划，从而可以区分出计划需求的优先级别。如果时段划分越细，则越能体现各个计划批次的优先级，便于控制计划，同时有效地利用企业资源。

(2)时区(time zone)与时界(time fence)：产品从计划、采购、投入到出产需要经历一个时间段，即存在提前期。对计划的下达、修改会受到这个时间的约束，而且随着时间的推移，在各个时间点对计划的影响也不同。因此，MRP/ERP系统引入了时区与时界的概念。一般根据需要将计划展望期按顺序分为三个时区：需求时区、计划时区和预测时区，每个时区包含若干个生产周期。不同时区的分割点称为时界。时区是说明某一计划的产品(物品)在某时刻处于该产品的计划跨度内的时间位置。时界是时区与时区之间的分界点，如图1.5所示。

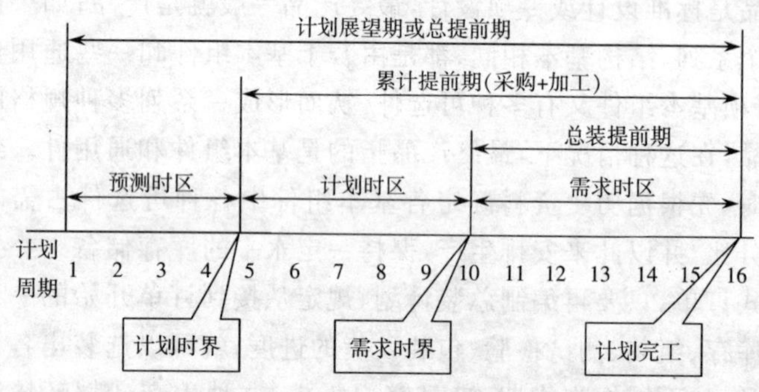

图1.5 计划展望期中各时区、时界分布图

1.2.3.4　主生产计划与其他计划的区别

为了更好地理解主生产计划，下面分析一下主生产计划与其他计划之间的关系与区别。

首先，是主生产计划与销售预测的不同，销售预测是生产计划大纲和主生产计划的原始输入信息，它不考虑物料和能力的可用性问题。

其次，是主生产计划与生产计划大纲之间的不同。生产计划大纲是按产品类规定生产率。主生产计划由生产计划大纲转化而来，它是按最终产品或产品的组件进行描述的。

再次，是主生产计划与物料需求计划的不同。主生产计划和物料需求计划在某些方面是相同的，例如对面向库存生产的产品以及少数在收到用户订单之前最终产品可以确定的面向订单生产的产品，两者是相同的。但对于面向订单装配的产品，主生产计划和物料需求计划则是不同的，前者描述的是构成最终产品的组件，后者则指出产品的最终结构。

最后，是关于主生产计划的自动生成。有些人认为只要把销售预测、客户订单、物料清单、生产成本、库存记录等数据输入到计算机中，就可以自动生成主生产计划，这其实是一种误解。求解各类主生产计划的数学模型只是为科学、合理地制定主生产计划提供重要参考和科学依据，而不是直接求得主生产计划。主生产计划包括了许多来自人们经验的决策，这是无法由计算机完成的。制定和调整主生产计划的责任在人，而不在计算机，而且这是一个手工的过程，这一点应当特别强调。

1.2.3.5　编制主生产计划时应考虑的约束条件

编制主生产计划时应考虑的约束条件主要包括三个方面：

(1)主生产计划所确定的生产总量必须等于生产计划大纲确定的生产总量。该约束条件包括两个方面，第一个方面是每个月各规格品种的最终产品的生产总量必须等于生产计划大纲中所确定的该品种的生产总量。如果生产计划大纲的生产总量不是用产品件数，而是用金额或人工数来表示，那么 MPS 也必须转换成相应的单位。第二个方面是，生产计划大纲所确定的某种产品在某时间段内的生产总量（也就是需求总量）应该以一种有效的方式分配在该时间段内的不同时间生产。MPS 是以周为单位的，但也可以以日、旬或月为单位。当选定单位后，必须根据时间单位来考虑生产批量的大小，其中重要的考虑因素是作业转换成本和库存成本。

（2）生产计划大纲所确定的某种产品在某时间段内的生产总量应该以 种有效的方式分配在该时间段内的不同时间生产。这种分配应该是基于多方面考虑的，如需求的历史数据、对未来市场的预测、订单以及企业资源条件等。主生产计划可以以周为单位的，但也可以以日、旬或月为单位。当选定时间单位以后，必须根据时间单位来考虑生产批量的大小，其中重要的考虑因素是作业转换时设备的调整费用、机会损失和库存成本等。

（3）在决定产品批量和生产时间时必须考虑资源的约束。与生产量有关的资源约束有若干种，如设备能力、人员能力、库存能力、流动资金总量等等。在制定主生产计划时，必须首先掌握这些约束条件，根据产品的轻重缓急分配资源，将关键资源用于关键产品。

制定合理的主生产计划，同时要注意处理好三个相关问题：

（1）主生产计划与生产计划大纲的衔接。主生产计划是对生产计划大纲的具体化，主生产计划要体现生产计划大纲的意图，主要解决两个问题：一是生产计划大纲中的产量是按照产品系列来规定的，为了使之转换成主生产计划中的市场需求量，需要对其进行分解，分解成每一计划期内对每一具体型号产品的需求，在分解时同时根据每种型号的现有库存量和已有顾客订单量等考虑不同型号、规格的适当组合，才能将分解的结果作为主生产计划中的需求预测量；二是生产计划大纲根据生产率、人员变化、调节库存等因素进行平衡，因此，在主生产计划的粗能力的平衡中也可采用相应的策略。

(2)主生产计划的相对稳定化。主生产计划是物料需求计划的基础,主生产计划的改变,尤其是对已开始执行、但尚未完成的主生产计划进行修改时,将会引起一系列计划的改变。当主生产计划中的生产量需要增加时,可能会由于物料短缺而引起交货期延迟;当主生产计划的生产量需要减少时,可能会导致多余物料或零部件的产生,导致库存水平增加、成本增加等许多问题。为此,许多企业设定一个时间段,使主生产计划在该期间内相对稳定,也叫"冻结"期。需要注意的是,主生产计划的稳定是相对的,因为主生产计划的相对稳定尽管可以降低生产成本,但同时也减少了企业对市场变化的适应能力,造成机会成本问题。

(3)不同生产类型下主生产计划的变型。前面讨论主生产计划的编制主要是针对大多数"存货生产型"企业而言。在这类企业中,虽然可能要用到多种原材料和零部件,但最终产品的种类一般较少且大都是标准产品,企业对这种产品的市场需求预测的准确性也较高。因此,通常是将最终产品预先生产出来,放置于仓库,随时准备交货。但是随着市场需求的日益多样化,企业最终产品的"变型"是越来越多,而这些变型产品往往是若干标准模块的不同组合。但这些变型产品主要部件和组件的种类总数比最终产品种类的总数少得多。当构成最终产品的组合部件的种类较少,预测这些主要部件的需求比较容易、也比较准确时,通常维持一定数量主要部件和组件的库存,当最终产品的订货到达后,立即按订单"组装生产"。在这种情况下,主生产计划以主要部件和组件为对象来编制。对于需求波动很大且难以准确预测的最终产品,面向库存生产方式不是一种经济的做法。

1.2.3.6 主生产计划的制定程序

MPS 的主要编制程序如下:首先,它是从生产计划大纲开始的,是对生产计划大纲的分解和细化。MPS 方案的制订也是一个反复试行的过程。当一个方案制定出来以后,需要与所拥有的资源做对比(设备能力、人员、加班能力、外协能力等),如果超出了资源限度,就需修改原方案,直至得到符合资源约束条件的方案,或得出不可能满足资源条件的结论。对于后者,需要对生产计划大纲作出修改,或者增加资源。最终,方案需要拿到决策机构得到批准。然后作为物料需求计划的输入(或前提条件)来制定 MRP。简单地说,MPS 的编制步骤包括确定 MPS 需求数据、编制 MPS 初步计划、编制粗能力计划、评估 MPS、批准下达 MPS 等步骤,它们之间的关系如图 1.6 所示。

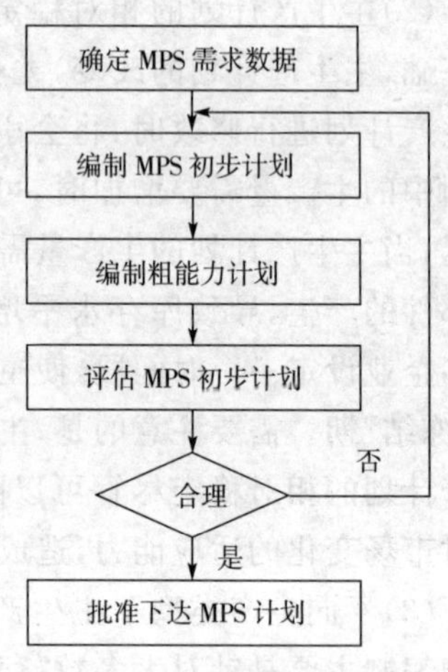

图 1.6　主生产计划的编制步骤

(1)确定 MPS 需求数据

主生产计划中,需求是指对特定产品需要的数量和时间。需求可以分为两种:独立需求和相关需求。独立需求是由 MPS 来编制计划,而相关需求则由 MRP 来完成计划编制工作。

在制定 MPS 时,很重要的一点就是要考虑来自各方面的需求,这是由于在企业中,最容易扰乱整个计划系统的往往是一些"零星"的需求。MPS 的主要需求数据源包括未交付的订货及客户订单、最终产品的预测、工厂内部的需求、备件、客户可选件和附件以及预防维修所产生的需求等。

保证 MPS 需求数据的准确和可靠性,是下一步正确制定 MRP 计划、车间作业计划等计划的基础。如果 MPS 需求数据不准确,将会导致不良后果。如果需求估计偏低,则有可能造成材料短缺,临时增加任务导致交货期延迟,生产过程失控等情况。如果需求估计过高，则可能造成库存产品和在制品增加，资源闲置，资金积压等情况。

(2)编制MPS初步计划

编制MPS初步计划主要包括收集、整理需求数据、确定展望期和时间段并划分时区、计算毛需求、产生MPS初步计划等步骤。其中，收集整理需求数据是指有关MPS的量化数据，如当前库存、安全库存、客户订单和预测数据等。编制MPS初步计划的基本步骤可如图1.7所示。

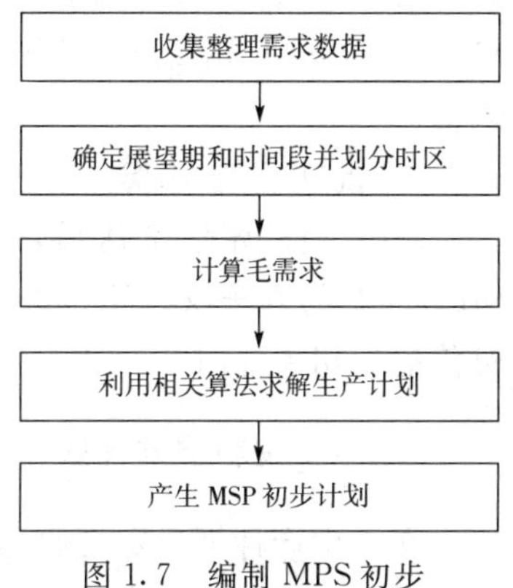

图1.7 编制MPS初步计划的基本步骤

(3)编制粗能力计划

主生产计划的可行性主要通过粗能力计划(Rough Capacity Planning，RCP)进行验证。粗能力计划是对关键工作中心的能力进行运算而产生的一种能力需求计划，它的计划对象仅为关键工作中心的工作能力，计算量要比能力需求计划小得多。粗能力计划的运算与平衡是确认主生产计划的重要过程，未进行粗能力平衡的主生产计划是不可靠的。常用的粗能力计划的编制方法是资源清单法，其基本步骤包括：首先，定义关键资源(关键工作中心)；其次，从主生产计划中的每种产品系列中选出代表产品；接着，对每个代表产品，确定生产单位产品对关键资源的总需求量；最后，分析各关键工作中心的能力情况，并提出平衡能力建议。

(4)评估MPS

在制定出MPS的初步计划后，需向有关决策和管理部门提交该计划及其分析结果。对MPS的审核工作应由企业高层领导负责，并组织市场营销部门、工程技术部门、生产制造部门、财务部门和物料采购部门参加审核。对 MPS 初步计划的审核评估结果主要有两种:一是同意 MPS 初步计划,二是否定 MPS 初步计划。如果同意 MPS 初步计划,则需要正式批准才能下达。如果否定了 MPS 初步计划,则需要对 MPS 的生产量和能力重新进行平衡和调整。

(5)批准下达 MPS

MPS 经过评估确认后,需要召开会议批准 MPS,阐明解决 MPS 问题的方法及选用该方法的原因。MPS 正式批准后,要及时传达到相关部门。

1.2.4 物料需求计划

在主生产计划确定之后,为了使之能顺利实施,下一步要做的事是确保规定的最终产品所需的全部物料(如原材料、零件和部件等)以及其他资源在需要的时候能供应上。

一般将物料的需求方式分为独立需求和相关需求两类。相关需求是指对某种物料的需求量直接与由其作为组成部件装配而成的最终产品的需求量有关,如产品制造所需的主要材料、零件和部件数量的多少都与产成品的生产量直接相关。相关需求量不是随机的,往往以非连续、不均衡的方式发生在特定的时点上。这是因为尽管用户对企业所产生的产品需求量是连续和独立的,但考虑到构成产品的零部件的生产批量以及一种零部件可能用于生产多种不同的最终产品,使得对零部件的需求是间断和波动的。

由于相关需求物料的需求量在时间上不连续,且不同时间点上的需求量可能有很大的差别,为了更有效地控制相关需求物料的库存,物料需求计划系统应运而生。

1.2.4.1 MRP 的概念和作用

物料需求计划(Material Requirements Planning,MRP)是对主生产计划的各个项目所需的全部制造件和全部采购价的网络支持计划和时间进度计划。它根据主生产计划对最终产品的需求量和交货期,推导出构成产品的零部件及材料的需求数量和需求日期,再推导出自制零部件的制造订单下达日期和采购件的采购订单发放日期。并进行需求资源和可用能力之间的进一步平衡。

MPS的对象是最终产品,但是产品的结构是多层次的,一个产品可能会包含成百上千种零配件和外购材料,而且,所有物料的提前期(加工时间、准备时间及采购时间等)各不相同,各零部件的投产顺序也有差别,但是,加工必须是均衡的,才能满足MPS的需求,这些就是MRP要解决的问题。

利用有关输入信息,MRP可以实现各计划时段(即计划周期)的采购计划和制造计划。MRP主要解决以下问题:

(1)要生产(含采购或制造)什么?生产多少?(这些数据从MPS中获得)

(2)要用到什么?(这些数据根据物料清单BOM表获得)

(3)已经有了什么?(这些数据根据物料库存信息获得)

(4)还缺少什么?(这些数据根据MRP计算结果获得)

(5)何时安排(包括何时开始生产,何时完成生产)?(这些数据通过MRP计算获得)

MRP是生产管理的核心,它将主生产计划排产的产品分解成各自制零部件的生产计划和采购计划。物料需求计划子系统能帮助企业摆脱旧的生产管理方式,提供给企业全新的科学的管理方式。MRP可以有效地降低库存,提高生产效率,提高及时交货服务水平,最小化总成本。

1.2.4.2 MRP的工作原理

MRP系统的主要目标是控制库存水平,确定产品生产的优先顺序,满足交货期的要求,计划生产系统的负荷,并使其达到均衡。具体目标如下:第一,采购恰当品种和数量的零部件,在恰当的时间订货,维持尽可能低的库存水平;第二,保证按计划组织生产和向用户提供所需的各种材料、零件和产品;第三,计划充分且负荷均衡,对于未来的负荷要在计划中做适当的考虑;第四,规划制造活动、交货日期和采购活动。

正是出于MRP系统可以同时实现上述目标，采用MRP系统对制造企业生产产品所需的各种相关需求物料的库存进行控制就具有特别重要的意义。在MRP系统中可根据最终产品的交货期，反过来推算出相关需求的零部件生产进度和数量。

MRP的工作原理如图1.8所示。若干输入信息经过MRP系统处理后，得到输出信息。

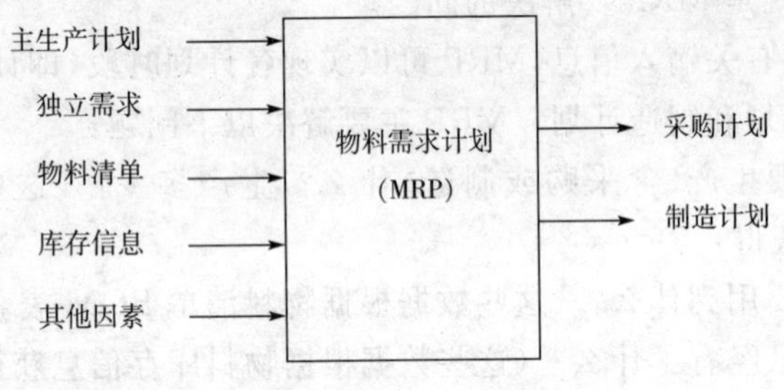

图1.8 MRP的工作原理

(1)MRP系统的输入信息

MRP的输入信息有三个部分：主生产计划、产品结构文件和库存文件。

① 主生产计划是一个综合性计划，是MRP的主要输入、相当于产品出产进度计划，是MRP运行的驱动力量。MPS确定了最终产品的出产时间和出产数量。产品的需求量可以通过用户订单和需求预测得到。主生产计划的制定需要多种输入，如财务计划、消费需求、设备能力、劳动生产率、库存动态、供应商状态以及其他条件。

主生产计划的对象是最终产品，主要指按独立需求处理的产成品。它可以是一件完整的产品，也可以是一个完整的部件，甚至是零件。当一件产品由大量零部件组成时，主生产计划的对象也可以确定在产品构成的下一个层次上，即主要部件、装配件。

MRP 中的主生产计划所体现的产品生产进度，要求以旬、周或日等为生产周期时间单位。为了适应 MRP 的要求，产品生产进度计划也应以相应时间段为计划时间单位。

MPS 中规定的生产量可以是总需要量，也可以是净需要量。如果是总需要量，则需扣除现有库存量，才能得到需要生产的数量；如果是净需要量，则可按此计算出下层零部件的总需要量。一般来说，在产品生产计划中列出的为净需要量，即需要生产的数量。因此，由顾客订货和预测得到的总需要量不能直接列入产品出产计划，还应扣除现有库存量，算出净需要量。

MPS 的计划期间即计划覆盖的时间范围，一定要比最长的产品生产周期长。否则，得到的零部件投入出产计划不可行。产品生产计划的滚动期应该同 MRP 运行周期一致。若 MRP 每周运行一次，则产品生产计划每周更新一次。

另外，可以把产品生产计划从时间上分成两部分：近期为确定性计划，远期为尝试性计划。这是由于近期需要的产品项目一般有确定的顾客订货，而远期需要的产品中只有部分是顾客订货，而另一部分来自预测。确定性计划是一般以旬、周或日为计划的时间单位，尝试性计划一般以季度、月为计划的时间单位。

② 产品结构文件也称物料清单(Bill of Material，BOM)，它是生产某最终产品所需的零部件、原材料、辅助材料的目录。它不仅说明产品的构成情况，而且也要表明产品在制造过程中经历的各个加工阶段。它按产品制造的各个层次说明产品结构，其中每一层次代表产品形成过程中的一个完整阶段。物料清单与物资消耗定额不同，它不但要反映产品生产所需各种物料的数量，还要确切地反映出产品的制造方式。

在产品结构文件中按产品制造的各个阶段将产品分解为若干个装配件。某几种零件组装在一起形成一个装配件，该装配件在更高层次上用以组装另一装配件(又称母体装配件)。将组成产品的所有装配件、零件及原材料统称为“零件”，而不论是外部供应的或内部制造的。

③ 库存状态文件。产品结构文件是相对稳定的，库存状态文件却处于不断变化之中。MRP 每运行一次，它就更新一次，发生一次大的变化。MRP 系统的许多重要信息都储存在库存状态文件中，在库存状态文件中每种物料都必须单独加以记录。在每次物料出库和入库后，都必须及时对记录进行更新。

库存状态文件在 MRP 处理过程中起着重要作用。主生产计划告诉 MRP 最终产品计划出产的时间和数量，MRP 程序根据 MPS 中的产品项按 BOM 展开。确定出每一时段的各种零部件种类，进而确定为生产最终产品需要哪些零部件及需要的数量。对在任一时间需要生产的零部件来说，MRP 程序必须确定零部件在库存中的可用量（现存量＋预计到达量）是否满足当前时段需求。如果零部件在库存中的可用量能满足当前时段需求，则无需再在本期继续生产（或订货），否则必须按生产提前期（提前期）发出生产（或订货）指令。

库存状态文件的功能就是保持每一种零部件的有关数据，如总需求量、现有量、提前期、净需求量、预计到货量、计划下达订货量等，通过确定某零部件的可用库存量是否满足计划期的需求量，由 MRP 系统决定是否发出生产（或订货）指令。

（2）MRP 系统的输出信息

MRP 的输出数据项主要包括订货单和制造订单。

订货单主要包括下面四项内容：采购什么？采购多少？何时开始采购？何时完成采购？

制造订单主要包括下面四项内容：制造什么？制造多少？何时开始制造？何时完成制造？

上述 MRP 输出的采购订单和制造订单，必须经过企业的计划人员检查确认后，才能下达到采购部门和车间去执行。

1.2.4.3 MRP处理过程

MRP的处理逻辑流程图如图1.9所示。

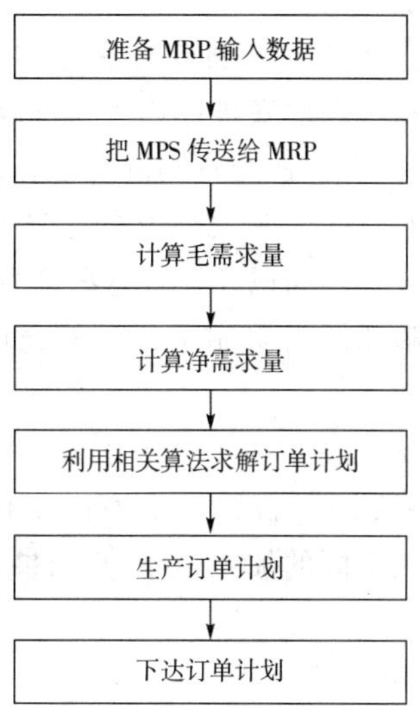

图1.9 MRP处理逻辑流程图

1.2.5 车间作业计划

1.2.5.1 车间作业计划的概念

MRP确定了各项物料的生产、采购计划之后，接下来要实施这些计划，也就是说加工车间在接到物料、工件的加工指令后，要安排这些物料、工件在每台设备上的加工顺序，这一过程称为车间作业计划(Production Activity Control，简称PAC)。

车间作业计划是在MRP所产生的加工制造订单(即自制零部件生产计划)的基础上，按照交货期的前后和生产优先级选择原则以及车间的生产资源情况(如设备、人员、物料的可用性、加工能力的大小等)，将零部件的生产计划以订单形式下达给适当的车间。在车间内部，根据零部件的工艺路线等信息制定车间的日计划，组织日常的生产，同时，在订单的生产过程中，适时地采集车间生产的动态信息，了解生产进度，发现问题并及时解决，尽量使车间的实际生产接近于计划。

良好的车间作业计划可以创造竞争优势，如资源的有效利用能提高生产率，另外，合理地安排作业顺序可以减少工件等待与机器空闲的时间，又能实现快速交货和满足顾客的需求。

车间作业计划的目的是汇总所有的生产加工任务，并寻找完成这些加工任务的合理时间以及完成这些任务所必需的资源。由于完成这些任务的附加因素限制了任务的完成时间，使得这一目的的实现变得复杂。

车间作业计划要解决先加工哪个工件，后加工哪个工件的加工顺序问题，还要解决同一台设备上不同工件的加工顺序问题。不同的目标可以得到不同的加工顺序，其结果也会有很大的差异。常见的目标有：

① 完成时间最短；

② 系统时间最小化；

③ 根据用户要求按时完成加工作业；

④ 反应时间最短；

⑤ 设备和劳动力的利用最大化；

⑥ 闲置时间最小化；

⑦ 在制品库存最小化。

按照排序理论与方法，并综合考虑到用户的需求，可以得出最优或满意的加工顺序。

1.2.5.2 车间作业计划的限制因素

即使最简单的进度计划系统（Scheduling System）也是相当复杂的。当生产提前期较长时，精确预测需求就很难，因此，进度计划必须考虑不确定因素。如果设备日程安排得很紧，微小的变动就能迫使计划中断。例如，假设某零件的加工进度计划正在实施中，这时接到了新的订单，如果提高产量以满足新增的需求，完成任务就可能花费较长的时间。而且有可能延误所有后续的工作任务。另一方面,如果推迟新订单的生产作业时间,就可能失去顾客。这就使进度计划安排变得非常困难。

需要注意的是,进行进度计划是有一定的限制条件的。限制可以是阻碍生产系统实现目标的任何要素或因素;这些限制可以是物资上的(如加工中心的能力限制或物料的缺乏)。也可以是管理上的,如管理策略或工序。下面给出几种常见的限制因素。

(1)完成一项任务所需的特定资源的有限性。机器设备的数量和能力、劳动力状况等都会成为安排作业顺序时的限制因素。不同的设备数量会影响到工件的加工顺序以及完成工件的加工时间,当不同设备数量增多时,安排进度计划的方法也会变得复杂一些。

(2)需要对可替代资源负荷进行平衡。当 N 项任务可由 N 台设备完成时,不同的负荷分配会得到不同的结果,希望得到的是最佳的负荷分配,使完成 N 项任务的总成本或时间最低。

(3)在任何特定时间内选择最佳的可用资源。

(4)完成活动所必须满足的条件。

(5)与其他相关任务的时间关系。

1.2.5.3 车间作业计划的影响因素

(1)作业到达模式。作业可能是成批量到达或者以某种统计分布的时间间隔到达,前者是静态的,后者是动态的。静态到达并不是顾客同时下订单,它是指将一段时间的订单收集后,同时制定生产作业计划(排序)。如果生产管理人员每周制定一次作业排序,只有每周的订单全部收集以后,才开始制定。动态到达是指订单到达后立即安排生产加工,订单是以某些统计分布的时间间隔到达。由于新到达的作业会影响设备的安排,因此需要经常对全部作业排序计划进行调整。

(2)加工中心机器的数量和种类。加工中心机器的数量会明显地影响作业排序。如果仅有一台加工设备,或者有几台相同的加工设备(可以将这几台设备看成一台设备处理),作业排序就会大大简化。当加工设备数量和种类增加时,作业排序会变得越来越复杂。

(3)加工中心工人和机器的比例。如果加工中心工人数量大于或者等于加工设备的数量,这样的加工中心称为机器限制系统。当加工设备的数量大于工人数量时,称为劳动限制系统。劳动限制系统研究问题的重点是如何把一个工人安排在几台设备上工作及最优的安排方案。

(4)作业在加工中心流动模式。作业在加工中心流动模式有多种类型,常见的有流程加工中心和随机加工中心,流程加工中心是指所安排的加工工件具有相同的加工工艺路线,即都是从一台设备(如设备 A)加工完后到另一台设备(如设备 B)上加工。随机加工中心是指安排的加工工件的加上路线是随机的。大多数加工中心的流动模式居于两者之间,确切的模式取决于一台设备到下一台设备的概率大小。

作业在加工中心流动模式的不同,排序的复杂程度也不一样。显然随机加工中心的排序要比流程加工中心的排序难度大。

1.2.5.4 车间作业计划的编制步骤

车间作业计划的主要编制步骤如图 1.10 所示。

(1)核实 MRP 的制造订单

MRP 计划为制造订单规定了下达日期,但它并没有真正下达给车间,它仍然是一个推荐的日期。虽然这些订单是按 MRP 原理编制的,并且经过能力平衡,但是在生产控制人员将这些订单正式批准下达投产之前,还必须检查物

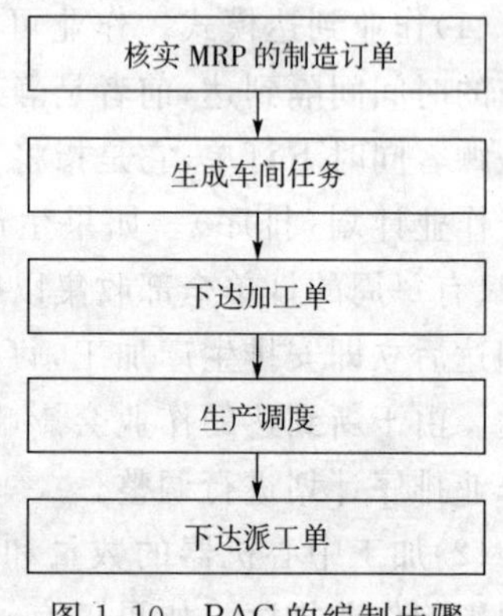

图 1.10 PAC 的编制步骤

料、能力、提前期和机器设备的可用性。作为生产控制人员,要通过计划订单报告、物料主文件、库存报告、工艺路线文件和工作中心以及工厂日历来完成相关任务。

(2)生成车间任务

车间任务常常是以报表形式给出的,在报表中一般应包括任务号、MRP号、物料代码、物料名称、需求量、需求日期、车间代码、计划开工日期、计划完工日期等数据项。车间任务生成并确定后,要对任务的物料再次进行核实,也就是对车间任务进行物料分配。完成物料分配后就可以下达任务,确保任务的执行。

(3)下达加工单

所谓加工单是指面向物料的加工说明文件,包括物料的加工工序、物料名称、物料代码、需求数量、需求日期、工序号、工序名称、工作中心代码、工作中心名称、工作中心工时定额和计划进度等。

(4)生产调度

生产调度就是对工作中心的作业进行排序,即当多项物料在同一时区分配在同一工作中心上加工时,对物料的加工顺序进行排序。各种任务的组合编排是非常复杂的,企业可以根据自身的情况来设置本企业的排序方案。一般地,生产调度问题在理论上很难找到最优解。在现实技术水平调节下,只能根据具体的生产情况,制定某些规则,尽量使车间的日常生产过程达到既定目标。

(5)下达派工单

所谓派工单是指面向工作中心的加工说明文件,包括某时段工作中心的加工任务以及各任务的优先级别。派工单往往也是以报表的形式下达的,该报表中一般应包括车间代码、工作中心代码、物料代码、任务号、工序号、需求数量、开工/完工日期、优先级别等。

1.3 定价的基本理论

1.3.1 定价概念与定价目标

1.3.1.1 定价的概念与作用

定价是制定价格的简称，是企业为在激烈的市场竞争中实现企业目标，根据市场的客观变化，通过灵活制定企业产品的价格，以赢得客户和市场，主动应对市场竞争的营销组合战略之一。

定价概念比以往更加强调以市场和客户为导向，摆脱传统制定价格强调企业的成本和利润的指导思想，是由于产品经济在全世界范围内得到了全面的发展，市场本身也在经历着深刻的变动，市场提供各种产品的种类越来越多，消费者选择的余地也越多，卖方市场向买方市场过渡。企业欲在激烈的市场竞争中实现企业的目标，就必须根据消费群体和市场的持续变化，树立以客户和市场为中心的形象，赢得客户和市场的信任和支持。当然，价格在其中扮演着关键性的角色，价格是沟通消费者与产品之间的桥梁和中介。目前我国企业已经建立以市场为导向的灵活及时定价策略，这也将促使新的产品定价理念向更加宽广的市场渗透。

产品定价是企业在市场营销中为自身的产品确定市场价格的行动，定价是否合理对企业的营销前景会产生很大的影响。企业定价目的在于赢得市场占有率和企业利润，获得市场竞争力和企业的可持续发展。

一切产品的价值用货币表现出来，就是价格。价格是产品价值的货币表现，是产品同货币相交换的比例指数。企业通过确定产品的价格，向市场传递企业的服务理念和产品价值，以此塑造产品在市场消费群体中的忠诚度和影响力。

定价水平的高低影响消费者的市场选择行为。对于收入固定的消费者来说，价格影响消费者去买什么东西和以什么价格去买产品。消费者行为经济学中指出：相当一部分人的消费行为是非理性的，购买选择是随着实际情况的变化而变动，一旦价格出现变动，就有可能导致产品销售的激烈变动，所以定价对企业销售市场的前景有着很大的作用。

定价对企业的利润也起着重要的作用，经济学认为需求与价格成反比例变化，价格的变动会对产品的需求产生影响。对商业企业来说，利润取决于收入与成本之差，收入等于每单位产品的价格乘以销售量。从这个理论上看，价格的变动会危及到企业的总收入和总利润目标。

由于价格竞争仍然是市场竞争的重要手段，因此价格制定得合理与否在一定程度上决定着产品在市场上竞争力的强弱。价格是否合理，决定着产品出售以后能否取得良好的经济效益。价格是企业核心竞争力的外在表现，决定着其产品能否打开销路，赢得市场。

随着现代市场经济的快速变化和调整，营销环境和消费群体的动态发展，客观环境对企业的决策者产生了巨大的压力和挑战，产品和服务定价是否及时与灵活，决定着企业的生存与发展。

1.3.1.2 定价目标

按照一般的定价程序，企业在进行定价决策之前，需要明确定价目标。定价目标是指企业通过制定产品价格，达到其在经营环境中所希望达到的目标。适当的、切合实际的定价目标是企业进行定价决策的前提和主要内容，也是定价决策中选择定价策略和方法、确定评价准则的主要依据。定价目标不仅是企业经营目标在定价决策中的体现，而且也是企业定价决策的主要问题。一般地，定价目标越明确，定价决策就越容易。在企业经营活动过程中，常见的具体定价目标有下面几种：

(1)以获取利润为目标

这种定价目标直接反映企业的基本经营目标，具体分为三种情况。

① 以当前利润最大化为目标。企业为了在短期内获得尽可能多的利润，经常采用这种定价目标。当企业采用这种定价目标时，需要具备一定的条件：一是企业的产品在市场上占有优势，具有良好的声誉，处于寡头地位，具有定价主导权；二是企业的产品在市场上需求旺盛；三是适用于生命周期较短的时尚型消费产品。这种定价目标尽管可以获得最大化利润，但也具有一定的风险性，可能会导致替代品的入侵造成需求减少，市场占有率降低，破坏营销组合的有效性，损害企业的长期利益。

② 以一定的收益率为目标。在给产品定价时，既不是利用低价格来占领市场，也不是让高价格制约占领市场，一般在成本和费用基础上加上一定比例的预期收益。这种定价目标尽量降低价格在营销手段中的地位，不追求一时的高利润，也不是薄利多销，而是获得一定时期内的稳定收入，服务于企业的长期经营目标。一般适用于具有一定市场份额、实力雄厚、经营状况稳定、具有一定规模的大中型企业。

③ 以获取合理利润为目标。大量的中小型企业在激烈的市场竞争中，对价格的控制能力十分有限。为了减少风险或由于自身力量的不足无法与实力强大对手展开竞争，往往采取跟随策略或起补缺者角色，往往把定价目标确定在与同行业平均利润相一致的水平上，以获得平均利润。另外，行业寡头为了排斥市场竞争者，长期占领市场，并能获得长期稳定的利润，往往采用合理利润的定价目标。由于市场情况多变和其他因素的制约，很难界定合理利润，因此这个定价目标实施起来困难重重。

(2)以提高市场占有率为目标

在其他因素保持不变情况下，企业增加利润的途径有两条：一是提高价格；二是提高销售量。销售量的大小取决于企业的市场份额的大小。企业的市场份额尽管受多种因素影响(如实力强弱、产品质量、市场结构及竞争程度等)，不过价格始终是一个非常重要的影响因素。价格和销售量具有反向关系，企业可以采用低价刺激需求，吸引消费者，提高销售量。这种做法虽然单位产品的利润水平可能下降，但是由于销售量增加，利润总量可能不会减少，甚至还会增加。从长期和总体上看，这种定价目标使得企业一方面扩大了市场占有率，提高了产品的影响力和覆盖面，另一方面增加了利润总量。因此，处于挑战者或跟随者地位的企业经常采用这种定价目标以实现企业增长战略。需要指出的是，采用该定价目标必须具备一定的条件：一是产品具有较高的需求价格弹性；二是由于规模经济效应，产品的边际成本不断降低；三是企业具有扩大生产规模的能力；四是企业需要预料和应对由降价可能引起的竞争对手报复性价格反击。

(3)以树立和维护企业形象为目标

企业形象是企业在长期的市场营销活动中，在消费者中建立的一种形象，是企业宝贵的无形资产，它是企业联系客户的重要纽带，提升客户满意度和忠诚度的重要途径。企业要以价格表达自身产品的定位，要以定价行为维护自身的信誉、维护客户利益、遵守商业道德，树立自身品牌形象。

(4)以企业生存为目标

当企业处于经济萧条期、生产能力过剩、消费者需求和偏好发生变化情形时，企业可能为了生存而采用该定价目标。在这种情况下，为了维持经营、降低库存水平、加速资金周转、促使资金回笼，企业往往以低于成本而高于变动成本的价格定价。一般地，以生存为主的定价目标只能是短期目标，从长期来说，企业要么改善处境，走出困境，获取利润；要么退出该领域。以企业生存为目标的定价，只要价格大于变动成本，继续维持经营就有利于企业，因为此时企业的销售收入不仅可以补偿变动成本，而且还可以补偿部分固定成本；如果从市场退出，则意味着无法收回固定成本。

1.3.2 影响企业定价的因素

1.3.2.1 市场需求

(1)价格与需求的关系

价格是产品价值的货币表现形式,是产品同货币相交换的比例指数。从长期来看,产品价值和货币价值以及两者的运动状况决定产品市场价格水平和价格变动状况;从短期来看,产品的市场价格是由市场需求状况和产品供应状况共同决定的。产品的需求量是指一定时期内,假定其他条件不变,在某一价格水平上,消费者愿意并能够购买的产品数量。从需求的概念可以看出:第一,需求量是消费者愿意或希望购买的产品数量,而不是实际购买的产品数量;第二,需求量不是消费者的主观愿望,而是一种有能力实现的愿望。如果消费者对某种产品只有购买欲望而没有购买能力,不能形成需求;如果有了购买能力而没有购买愿望,也不算需求,需求必须同时具备两个条件:购买欲望和购买能力。

影响产品需求数量的因素有多种,主要包括:产品本身的价格水平、消费者货币收入的变化、消费者需求偏好的改变、替代产品价格的变化、消费者对未来的预期、社会收入分配状况的变化、人们取得信贷的成本和难度的变化、政府各种政策的变动及各种管理措施的出台等。

需求尽管受到很多种因素的影响,但是产品的价格是决定需求量的最基本的因素。假定其他因素保持不变,仅仅分析产品价格对该产品需求量的影响,可以把产品的需求量看成是这种产品的价格的函数。产品的价格和需求两者之间具有反向变动关系,即在其他影响因素不变的条件下,产品的需求量随着价格的上升而下降,就是"需求规律"。需要特别注意的是,需求规律的前提是其他需求影响因素不变。如果若干需求影响因素共同发生变动,需求量的变化就可能变得十分复杂。

(2)价格敏感性

价格敏感性即价格弹性，是指消费者的购买数量受价格的影响程度。企业进行价格决策时，要正确运用需求价格弹性：首先，企业根据掌握的数据和历史资料，计算各种产品的价格弹性系数；其次，根据价格弹性与收入的关系，选择正确的价格策略；最后，价格弹性系数作为一种反映市场价格与销售变动趋势的指标，可以成为企业安排生产计划、保持合理生产规模的重要参考指标。

1.3.2.2 成本因素

(1)价格与成本的关系

所谓成本，是指企业为生产或销售某种产品而支出的物质费用和工资费用，其实质就是产品价值中转移价值和劳动者为自己的劳动所创造的价值的货币表现。产品价值中的另一部分，即劳动者为社会的劳动所创造的那部分价值——表现为利润和税金，并不包括在成本之中。这里，税金是指国家按法律规定对企业无偿征收的货币额或无偿征收的实物所转换的货币额。利润则是企业从事生产经营活动等所取得的净收益，是销售收入减去成本和税金之后的余额，它是衡量企业经营效益的最基本指标。一般情况下，成本与价格成正方向变动，成本上升，价格上升；成本下降，价格下降；成本相对稳定，价格也相对稳定。

(2)成本是制定价格的最低界限

从企业角度看，成本实际上是资金的消耗。企业需要利用资金进行生产经营活动，如购买原材料、机器设备、厂房，给职工支付工资，这些都是资金的消耗。当一个生产周期或经营周期结束时，通过出售产品，收回货币，资金的消耗才得到补偿，并获得利润。一个企业的预付资金能否得到补偿，关键是看其产品价格与成本的关系。只有产品价格超过成本时，资金消耗才能得到完全的补偿。如果价格低于成本，资金消耗就得不到补偿，预付资金就会减少，导致企业亏损。

产品出售价格的最低界限是由产品的成本决定的。如果产品以低于它的成本出售，资本的消耗就不能够全部由出售价格得以补偿，如果这个过程继续下去，预付资本价值就会消失。从再生产的角度来看，如果产品价格低于成本，那么企业就没有足够的资金去购买再生产所需要的生产资料和支付工资，企业的再生产规模就会缩小，简单再生产就无法维持，更不可能进行扩大再生产了。因此，成本作为制定价格的最低界限是企业维持简单再生产的基本条件。

(3)成本的构成

成本主要包含固定成本、可变成本和其他相关成本。固定成本是指不随着产品产销量的增减而变化，基本上相对稳固或固定不变的费用，如：厂房设备折旧、正式职工工资、管理费用等。固定成本并不是说绝对固定不变，而是在一定的生产经营规模以内保持相对稳定。固定成本总额分摊到企业生产经营的所有产品中，形成单位产品固定成本。在一定的生产经营规模以内，产品产销量越大，单位固定成本越低；反之，产品产销量越小，单位固定成本越高。

变动成本，也叫可变成本，是指随着产品产销量的变化而变动的费用。如临时人员工资，生产企业的原材料费用、辅助材料费、外购的零部件费用、运费等。单位产品变动成本与变动成本总额的运动形态是不同的。在一定的生产经营规模以内，不论企业的产品产销量如何变化，单位产品变动成本都保持相对稳定。

(4)影响成本变动的一般因素

① 技术进步是促进社会生产发展的最重要的因素，技术状况也是决定一个部门成本变动的最重要的因素。技术进步能够极大地改进生产条件，使机器设备的性能与效率大幅度提高。同时，技术进步也促使劳动者技术素质和劳动能力的提高，提高了劳动的熟练程度，有利于提高劳动生产率。技术进步促进了生产资料的节约，从而降低了单位产品的物质耗费。技术进步不仅能够降低成本，而且还能够改变产品成本结构。

② 自然资源状况。自然资源是制约社会生产发展的基本因素。丰富的自然资源能够减少劳动消耗，提高劳动生产率，有利于降低成本。如果自然资源条件较差，那么劳动生产率的提高就比较困难。随着科技的发展，自然资源对成本的影响将会逐步减小，但对不同部门产品成本变动的差别仍然有很大的影响。直接以自然资源为劳动对象的那些部门，产品成本下降的速度总会小于其他部门。

③ 管理水平和管理体制。管理水平和管理体制也是影响成本变动的基本因素。企业即使拥有很好的技术人员和工人、先进的设备、优质原材料，但是管理不善，照样会出现亏损。经济管理体制对成本的影响也是很大的，一些国有企业长期依赖政府的优惠政策，缺乏自主经营的动力和压力，内部管理松弛，浪费现象严重，其成本就很难降低。

(5)影响成本变动的具体因素

① 劳动生产率。劳动生产率的变动与成本变动成反比，劳动生产率提高，会减少单位成本生产过程中所消耗的活劳动量，从而就有可能减少劳动报酬费用。劳动生产率提高必然会促进产量相应提高，从而减少生产过程的一些固定费用。

② 工资水平。工资水平是指一个企业、地区和全国范围内劳动者在单位劳动时间的工资，也叫工资率。提高工资水平会增加企业的固定费用，从而导致产品成本增加。工资水平与成本是正向变动的关系。当劳动生产率保持不变时，提高工资水平一般会增加成本。如果工资提高幅度大于劳动生产率增长幅度，也可能导致成本上升。对于那些劳动密集型的部门或工资费用在成本中占有较大比重的部门来说，工资水平的变化对成本的影响尤为突出，例如制造业、纺织业等。

③ 物质消耗率。物质消耗率就是单位产品所耗费的某种原材料、燃料、动力等生产资料数量。物质率同产品成本成正向变动，如果物质消耗率下降，则成本可能会下降，反之，则可能上升。

物质消耗在产品成本中所占比重很大,节约原材料、降低能源消耗是降低成本的重要途径。

④ 原材料、燃料、动力等的价格。原材料、燃料、动力的价格与成本成正向变动。一般地,原材料价格提高,会使产品成本提高。在其他条件不变的情况下,如果原材料价格上升幅度大于物质消耗降低幅度,则成本就会上升。

⑤ 固定资产占用水平和利用率。固定资产占用水平和利用率主要用固定资产产值率或固定资产占用率来表示。如果固定资产利用率高,就会减少分摊到各种产品上的折旧费用,从而可能降低成本;反之,就会使单位产品成本中的折旧费用增加,可能导致成本增加。

⑥ 固定资产估价和折旧率。折旧费就是固定资产总额乘以折旧率。固定资产估价很复杂,从理论上说,在一般情况下,计提折旧费应根据固定资产的原始价格。再来看折旧率,折旧率过低,同样会造成成本低估,而折旧率提高,就有可能增加折旧费,从而使产品成本上升。这一点对那些资金密集型行业产品成本影响较大。

除了上述这六个具体因素外,影响成本变动的具体因素还有许多,例如产品质量水平、废品率等。而且,在不同的部门、行业,影响产品变动的具体因素还有很多区别,比如:原材料消耗水平是影响工业企业成本的一个重要因素,但是在商业企业成本中却没有这一因素。应当根据各个行业特点分析成本变动的具体因素。

(6)机会成本

机会成本是指企业从事某项生产经营活动而放弃另一项生产经营活动的机会,或者利用一定资源获得某种收入时放弃另一种收入。另一项生产经营活动所应取得纯收益或者另一种收入就是正在从事的生产经营活动的机会成本。例如,在企业定价决策过程中,选择高价厚利少销策略可以迅速收回投资回报,规避市场风险,是以牺牲低价薄利多销、扩大市场占有率为其机会成本的。

在企业定价决策过程中，根据机会成本分析，当面对多种定价策略可供选择时，所选择方案的实际收益应该大于其机会成本，使有限的企业资源获得最大化的回报。

机会成本不是实际支出，不记入财务账册，但在企业生产经营决策和定价决策时，不能忽视机会成本，必须作为一个重要的成本加以分析和考虑。机会成本分析是一项十分困难的工作，具有很大的不确定性。

成本在市场经济条件下，实际上就是资金耗费。企业从事生产经营活动，首先必须预付一定量的资金购买原材料、机器设备、厂房、劳动力等。当一个生产经营周期结束时，这些资金耗费必须通过销售产品，获得销售收入才能得到补偿。合理的定价对企业资金的补偿具有十分重要的意义。虽然企业资金的投入可以有多种渠道，如银行贷款、财政拨款、发行股票或债券等，但是，资金的补偿通常只能来自通过销售产品而获得的货币收入。

当成本已经发生而且无法收回时，这种成本是沉入成本(sunk cost)，沉入成本不再是机会成本。假设，企业不能通过暂时停产来收回它的固定成本，则在短期中，企业的固定成本就是沉入成本，企业在决定生产多少时可以不考虑这些沉入成本。企业的短期供给曲线是在平均可变成本曲线以上的边际成本曲线的那一部分，固定成本的大小对供给决策无关紧要。

1.3.2.3 竞争对手

(1)行业竞争情况

随着市场经济的发展，市场已不仅仅是从事产品买卖的交易场所，市场可以是一个有形的买卖产品的交易场所，也可以是利用现代化通讯工具进行各种交易的平台，市场是交换关系的总和。产品价格的形成不仅受到产品的价值、成本和市场供求关系的制约，而且还要受到行业环境竞争程度或市场结构的制约。在不同的竞争市场结构中，价格形成的机制具有不同的特点。

市场结构是指一个行业内部买方和卖方的数量及其规模分

布,产品差别的程度和新企业进入该行业的难易程度的综合状态。也可以说,市场结构就是指某种产品的竞争状况和竞争程度。根据竞争程度的强弱,可以把市场划分为四种类型:完全竞争市场、完全垄断市场、垄断竞争市场和寡头垄断市场。

(2)竞争对手情况

企业为了针对不同竞争者的不同竞争行为作出及时准确地反应,必须明确掌握各个竞争者的营销战略和营销目标。每个企业的营销战略和定价策略是不一样的,常见如获利能力、市场占有率、现金流量、技术领先等,了解竞争对手情况,对企业准确地进行价格定位具有非常重要的意义。

为了制定有效的竞争定价策略,企业必须尽可能寻找竞争对手的资料,经常与那些实力相当的竞争对手在营销战略、市场占有情况、品牌定位与特色(含产品质量)、产品成本与价格方面进行比较。只有这样,企业才能正确地处理与竞争对手的关系,是展开合理的竞争,还是展开合作实现共赢。

1.3.2.4　营销成本

企业的产品定价还受到营销过程中产生的一系列营销费用的影响,这些营销费用不仅包括前期的市场调研费用,而且还包括广告费用、促销费用、销售渠道费用、运输费用和配送费用、交易费用、市场价格等。这些营销费用的高低直接影响企业产品的定价水平,也影响产品的市场销售价格。

(1)市场调研费

很多企业在向市场投入新产品前,都会进行详细的市场调查,以确定产品的市场需求状况和市场潜力。如果企业自身拥有调研部门,那么调研部门的人工费、差旅费、办公费等就成为产品成本中的一部分,这些费用会影响最终的产品价格;如果企业外包市场调研任务,那么就要支付给外包调查机构一笔咨询费用,这笔咨询费用成为产品成本中的一部分。这两种处理方式所产生的费用虽然在总营销费用中只占很小的比例,但是对整个营销活动的成功与否具有很大的指导意义。

(2)广告费

随着市场竞争日趋激烈，产品间的竞争已经不仅局限在产品的核心层上，而竞相向产品的附加值层等层次移动。特别是处在当前产品多样化、顾客需求个性化的时代，加强广告的宣传，从视觉感官和心理感受上来吸引消费者，促进产品的市场销售。广告越来越成为达到这种目的的手段，广告费用的投入也对企业产品定价和销售产生影响。

企业竞争方式不断创新。企业已经不单纯从产品质量、包装、促销上来促进消费，而是在产品的附加值上来满足消费者的需求。一旦产品的品牌效应和市场效应获得大幅度的提升，那么企业在制定产品价格时将拥有更强的主动性。不过，很多营销失败的例子也警示，在广告费用上的投入要把握好分寸，也就是要处理好费用支出和剩余资金之间的关系。广告费用的大小要参照企业的前期预算，避免一时头脑过热而投入过多，要考虑市场的接受度和消费者的实际需求情况，要促使企业产品定价能在最大程度上与消费者愿意支付的价格相一致。

(3)促销费用

促销是企业为增加产品的销售而采取的手段，一般是与具体的价格手段相结合的，如心理定价、招徕定价、薄利多销等定价策略。促销费用一般在产品销售过程中占有很小的比例，特别是那些在大型超市销售的产品，促销费用包括促销人员费用、促销折价与实际销售价格之间的差额等。企业的促销费用要与所获得的企业总效益相联系，这样才能在企业知名度、产品质量、价格制定上获得预期的效果。

(4)销售渠道费用

销售渠道的维护和构建，越来越成为很多企业生存和发展的关键因素。销售渠道的构建有几种方式：①企业自有的销售网络，如设置专卖店和连锁店，或是总批发、总分销。②向各卖场和商店分销。③通过业务人员的层级来构建产品的销售网络。

这三种销售渠道的人员设置、运作方式、费用支出等构建方式各有不同,需要支付费用多少也不同。企业结合自身的资源条件和企业发展战略来合理构建销售渠道,这部分的费用支付将分摊到企业产品的销售价格中,对企业价格的制定也将产生影响。

其他的一些费用,如:运输和配送费用、交易费用等支出同样对企业产品的定价产生影响,这些费用支付既反映企业运作效率,又反映企业的价格成本。不过,企业应该根据其整体价格策略,面对市场来制定价格,各种成本仅仅是作为定价的参考,不能绝对地以此作为制定价格的依据。因为制定价格的策略很多,如市场导向、成本导向、竞争导向、心理定价等,而成本策略仅仅是其中的一种策略。企业要尽可能采取有效的措施,降低销售过程中的成本支出,为企业定价留出更大的空间,以便企业在市场的竞争中能灵活变动、游刃有余。

1.3.3 定价的信息管理

1.3.3.1 价格信息的内涵

信息是关于客观事实的可通讯的知识。价格信息是社会经济生活中一切反映商品市场价格形成、状态及其变动的数据、情报和消息等的组合。由此可见,价格信息的内容是非常广泛的。按照对价格运动各种变化与特征的描述,可以把价格信息划分为两类:直接价格信息和间接价格信息。

(1)直接价格信息

直接价格信息是指对价格构成和价格运动各种变化与特征进行直接描述的价格信息,主要包括:

① 构成价格各要素方面的信息。包括生产成本、销售费用、利润、税收、市场供求状况、收入水平等方面的信息。

② 具体产品价格信息。包括分类产品价格信息,如交通运输价格、商业服务价格、单个产品价格等。

③ 价格关系信息。包括商品之间的比价和差价关系。如购销差价、地区差距、季节差价、质量差距、批零差价等。

④ 价格变动信息。主要指某一时期内国家指导价、市场调节价等价格变动信息。

⑤ 主要竞争对手的价格水平和定价策略等信息。

⑥ 价格的历史资料和趋势信息。主要指价格变动的历史信息和趋势信息。

一般地,直接信息是由企业信息机构在企业生产经营活动中进行信息的收集、加工、分析而获得的有关价格状况描述和趋势预测分析。

(2)间接价格

间接价格信息是指经营环境中影响价格运动和变化的各种因素的信息,主要包括:

① 价格法律法规和政策信息。如国家对石油、煤炭等能源产品的定价规定,对水稻、小麦、蚕茧等农副产品的最低保护价。价格管理的有关原则、方法、制度和程序,如重要商品的定价原则和方法、商品价格的审批制度、价格监督和协调的程序等。

② 价格环境信息。包括货币流通状况、消费偏好、消费习惯、市场结构、市场购买力、市场供应能力与供应结构状况等。

③ 某一时期的社会价格总水平信息。如市场零售价格水平、城镇职工生活费用价格水平等。

④ 对价格有影响的政治、经济、文化等企业经营环境信息。

企业一般可以通过互联网、期刊杂志、统计年鉴等信息源,获取这些信息;也可以根据需要委托专门的咨询机构提供研究报告获取这些信息。

(3)影响价格决策的关键信息

在价格信息中,影响定价决策的关键信息是关于产品需求状况、生产销售成本及市场竞争状况等方面的信息。

① 产品需求信息。需求是指在一定时期内,在某一价格水平

下，消费者愿意并且有能力购买的一种产品的数量。因此需求与价格是直接相关的，两者之间的关系在经济学中称为需求规律，即价格提高，需求减少，两者之间呈反比关系。严格地讲，一种产品的市场需求和企业需求是不一样的，但是企业需求也同样遵循需求规律，问题的症结在于如何确定这种产品的企业需求曲线，比较可行的办法是以产品的需求价格弹性结合顾客对价格变化的敏感性来估计企业需求与价格的变化关系。

需求价格弹性的大小可以用价格弹性系数表示。由于价格弹性系数是负的，通常用弹性系数的绝对值来表示价格弹性的大小。当弹性系数绝对值大于 1 时，价格弹性大，需求对价格变化的反应灵敏，价格下降“一点”，需求会增加“很多”，适合采用薄利多销的策略。而当弹性系统的绝对值小于 1 时，需求对价格的变化反应不太灵敏，可以适当提价获得更多的利润。

② 产品成本信息。从理论上讲，产品的市场需求和成本决定了企业定价的上下限。价格的上下限是企业定价决策的定价空间。产品的价格只有在定价空间区域内才能收回成本并获得利润。

③ 竞争对手的成本、价格和定价策略信息。了解竞争对手的成本、价格、定价策略，是企业定价的基础，也是企业主动适应价格竞争的前提。特别是在若干家企业间的价格存在相互影响、价格博弈趋势十分明显的情况下，企业的定价决策往往需要针对竞争对手采取的价格策略来制定，在这种情况下，了解竞争对手的价格和定价策略尤为重要。

1.3.3.2 价格信息的作用

在定价决策中，价格信息的作用至关重要。

(1)价格信息是企业价格管理的前提

企业价格管理是对企业价格制定、价格执行、价格协调控制及价格协调的全过程管理。因此，价格管理过程就是价格决策、价格指挥与协调、价格监督与控制等职能往复运动的过程。在这个过程中,价格管理工作的任务是收集、处理价格相关信息并根据这些信息作出价格制定、执行和调整的有关决策。具体来说,价格决策是收集和处理价格信息、形成价格策略和定价方案决策的活动;价格指挥与协调是推动定价方案的实施、协调价格关系的活动;价格监督和控制是根据价格实施的实际效果的信息反馈,作出适应市场变化的价格调整决策。价格管理系统是一个价格信息处理系统,价格管理过程同时也是价格信息流通与处理的过程。

(2)价格信息是企业价格决策的基础

由于价格决策贯穿于价格管理的全过程,价格决策又是价格信息综合处理的结果,因此价格信息是价格决策的基础。价格决策过程就是价格信息的处理过程。从决策的一般程序看,价格决策的第一个阶段是明确价格决策的问题并提出定价决策目标。在这个过程中,既要依据过去和现在的经营环境的各种价格相关信息,分析、预测和判断未来价格的变化情况和发展趋势,又要根据企业的战略目标、产品要求、市场竞争和生产成本等信息的综合分析,才能明确企业当前面临的价格决策问题并提出恰当的定价决策目标,同时,明确定价决策问题阶段也是调查研究、收集相关价格决策信息的阶段。价格决策的第二阶段是拟定各种备选价格决策方案的阶段,企业价格研究人员必须在对收集到的信息进行科学的归纳、整理、分析评价和预测的基础上,提出若干个定价决策备选方案,为决策者的最终决策提供依据。在这个阶段中备选方案的提出完全依赖于对价格信息的整理、分析和预测。可以说这个阶段也是价格信息的加工处理阶段。价格决策的第三阶段是对备选方案进行分析和比较,从中挑选出最优或满意的价格决策方案的阶段,在这个阶段中,更需要根据价格信息,对备选方案的必要性和可行性进行综合分析,才能提高价格决策的科学性。因此,这个阶段也是对价格信息进行综合处理和深度应用的阶段。可见,价格信息的收集、分析、应用贯穿价格决策过程始终,价格信息是价格决策的基础。

(3)价格信息是价格执行和调整的依据

价格执行与调整是指在价格决策方案实施过程中，将定价方案实施的效果信息反馈回来，对实际效果与预测效果的偏差进行分析比较，根据出现的偏差作出价格调整，从而达到监督和控制价格运动的目的。在价格决策执行过程中，由于市场价格受多种因素的制约和影响，各种影响因素的动态变化和不确定性决定了价格实施过程中需要根据实际情况的变化来调整决策。因此，价格反馈信息是价格执行过程中价格决策进行不断修正和调整的主要依据。

1.3.3.3　定价信息管理

企业定价信息管理是指对定价信息的收集、加工、传递、存储、检索和使用的过程进行管理。定价信息管理的任务是运用科学的管理方法，保证及时有效地收集、处理和使用价格信息。

(1)价格信息的收集

价格信息是随着经济生活中价格的运动变化而客观存在的信息，价格信息无处不在，无时不在，是影响经济生活的重要经济信息。企业定价决策过程中，如何有效地利用价格信息，首先需要企业信息管理机构有意识、有目的、有选择地进行收集相关价格信息，价格信息收集是定价管理工作的基础。

可以采用多种方法收集价格信息，应根据所需信息内容与企业自身客观条件加以选择。常用的方法主要有以下几种：

① 调查法。企业价格信息机构在明确信息收集的目的和具体任务后，深入企业基层单位和各个目标市场进行实地调查。根据具体情况采用典型调查、抽样调查等方式，利用面谈、电话、问卷和会议调查等多种形式，直接获取经济信息和价格运动变化的第一手资料，也可以委托专门咨询公司提供调查报告。调查法成功与否的关键在于要事先设计好调查的问题和问卷，以确保获取信息的全面性和真实性。

② 台账收集法。台账是企业内部对自己生产经营情况的原

始记录，如采购记录、库存记录、设备维护使用记录、生产成本记录、销售记录、会计分类账等，这些记录可以作为观察企业经营情况和市场供求状况及销售价格水平的信息源。经常化、制度化的台账记录是保持价格信息连续性和系统性的最佳信息来源。

③ 报表收集法。企业全面系统的报表资料是收集价格信息的一个有效信息源。特别值得注意的是，各级统计部门编制的各类经济统计资料和统计年鉴是关于宏观价格信息的非常有价值的信息来源。

④ 期刊杂志。期刊杂志内容丰富多样，有综合性的、也有专业性的。期刊杂志涵盖的信息量非常大，可以从中获取大量的价格信息资料。

⑤ 政策法规。国家颁布的方针政策、法律法规、指示文件等也是重要的信息源，通过研读这些文件资料，可以获得与企业定价决策直接或间接相关的重要信息。

⑥ 会议法。各种各样的经济工作会议，以及各种经营性的会议等(如展销会、订货会、经贸会)，既提供了信息交流平台，同时也提供了大量的信息资料。企业通过参加各类会议，可以及时了解和交流各方面的动态，从而获得大量的经济信息和价格信息。

⑦ 网络收集法。信息技术的迅速发展使得互联网成为跨越企业、地区甚至国界的信息交流和共享平台。在全球互联网上，既有各级宏观经济信息中心网站，也有各种市场中介和交易机构建立的市场商情网站，还有各类企业建立的电子商务网站。这些网站可以为价格信息的收集提供非常便捷、经济的信息来源。

总之，价格信息的收集方法是多种多样的，只要合理运用就可能达到事半功倍的效果。

(2)价格信息的处理

价格信息的处理是在价格信息收集基础上，对收集得到的价格相关原始信息进行加工、存储、传递、检索、应用和反馈的过程。从系统的角度看，价格信息处理系统具有下面几种功能：价格信息加工整理、存贮、传递、检索和反馈等，价格信息处理过程就是系统周而复始的应用过程。

① 价格信息的加工整理

价格信息加工是指将第一阶段收集得到的价格原始信息按照来源、性质、用途等进行登记、核实、筛选、分类、比较、计算等处理，使之便于存贮、检索和使用。价格信息加工的目的是要把收集得到的原始信息进行去粗取精、去伪存真与逻辑关联分析相结合的加工转换成为有序、联系、相互关联、便于存贮和使用的再生信息，提供价格信息的应用价值。

② 价格信息的存贮

价格信息的存贮就是为了方便以后的使用，将收集和加工整理后的再生信息以一定的形式保存起来，要做到分类存贮、便于检索、及时补充信息、不断改进和完善信息库。

随着信息技术高度发展，企业通常采用计算机存贮和处理价格信息，建立计算机价格信息数据库系统和信息管理系统，极大地提高了价格信息的检索和传递效率，大大提高了信息处理的质量和效率，可以提供价格信息实时共享和交流功能，为企业定价决策提供了科学的强有力的决策支持功能。

③ 价格信息的检索

价格信息的检索是按照特定的检索和查询条件，将存储的价格信息迅速而又方便地查找出来。计算机检索是建立在价格信息数据库基础上的现代化检索手段，也是价格信息管理系统的基本功能之一。计算机价格信息管理系统可以提供极为高效、便捷的信息查询，检索条件可以多种多样，为信息使用者提供了极大的检索方便。

④ 价格信息的传递

价格信息传递是将信息使用者所需要的价格信息按照一定的方式传递给信息使用者的过程。信息传递是价格信息处理的最后环节，也是最重要的环节，没有信息传递，信息使用者就无法使用信息，信息的价值就无法得到体现。信息传递效率的高低、质量的好坏，将直接影响到信息价值的大小。因此，根据信息传递的要求，首先，传递的信息量要大，传输速度要快，应尽可能全面的包括使用者所需要的信息，最大限度地满足信息使用者的要求；其次，传递信息的质量要好，一方面按照使用者的要求准确地提供信息，另一方面避免信息在传输过程中发生扭曲和失真；再次，传递及时、速度要快，价格信息系统应及时地对信息使用者要求作出快速反应，保证所需要的信息在尽可能短的时间内传递到达，以确保价格信息的时效性；最后，传递要经济合理，在满足信息传递要求的前提下，选择经济的传递手段和渠道来传递信息。

1.3.4 定价策略

1.3.4.1 需求导向定价策略

需求导向定价策略是以消费者需求为基本依据，确定或调整企业营销价格的定价方法。引起消费者需求变化的因素很多，如需求价格弹性、消费者价格心理、收入水平等等，这些因素在很大程度上影响着消费者对价格的反应。可以这么说，价格制定得合理与否，最终衡量标准并不取决于生产者或经营者，而是取决于消费者。消费者愿意支付的价格高低取决于产品满足消费者欲望程度的高低，即企业产品提供效用的大小。产品的效用大小不仅取决于该产品满足顾客某种欲望的客观物质属性，而且还取决于消费者的主观感受和评价。

企业的实际运用中，需求导向定价策略又称为需求效用定价策略，就是在产品供给成本相同或基本相同的情况下，根据产品物质属性的差别和不同，顾客对相同产品的不同偏好及评价进行差别定价。差别定价的目的是在顾客满意的基础上，促使产品销售总收入最大化。差别定价既采用低价吸引对价格十分敏感的低收入消费者，又采用高价吸引对价格不敏感而对质量十分追求的高收入消费者，容易在竞争中取得有利地位。

需求导向定价法是从客户的角度出发，主要考虑到购买者的接受程度，依据购买者对产品价格的反应和接受能力来制定价格；而不是依据企业的成本定价。认知价值定价法，也称为理解价值定价法，是需求导向定价法中一种最基本，也是最重要的定价方法。研究表明，基于自身需求的迫切程度、支付能力以及对市场供给状况的认知等，消费者对希望购买的产品通常都有一个价值判断，这个判断通常就是消费者对产品的认知程度。

一般来说，消费者在购买产品时，对产品的质量、性能、用途及价格都有自己一定的认知和基本的价值判断，消费者会判断以一定的价格购买某产品是否值得。当消费者的价值理解和认知水平与产品价格相同时，消费者就会接受该价格；反之，消费者拒绝接受。一般地，企业在生产某产品前，首先要预测消费者对该产品的认知程度，并以此制定价格，然后再根据价格预测可能的需求量、生产能力、生产成本等，最后决定生产还是放弃生产。企业制定价格时，依据消费者对产品认知价值的高低，可以提高产品的市场接受度，促进产品销售，提高企业经营效益。

1.3.4.2　感知价值定价策略

感知价值定价策略，实际上相当于按产品的使用价值定价。这种定价方法符合市场定位的观念，即当企业为某个特定的目标市场推出一种产品时，这种产品在质量、价格和各项服务等方面与其他产品相比具有一定的差异性，保证它在市场上占据某种特定的地位。

生产企业采用价值感知法制定价格时，首先要求在生产特定产品以前，对产品的感知价值或使用价值和价格作出预测；然后预测在该价格下可能的需求量；根据该需求量计算所需投资、设备、生产能力和成本；最后，计算企业能否获得满意的利润，决定是着手开发还是放弃这种产品。

采用价值感知定价策略，关键是准确预测消费者对产品的感知价值。如果高估了产品的感知价值，定价就会偏高；如果低估了,定价又会偏低,影响企业利润。当然,并不是要求产品的最终售价必须和感知价值一致。根据不同的定价策略,企业的产品售价围绕感知价值上下波动,要么有利于增加市场销售量、扩大市场占有率,要么有利于利润最大化。

1.3.4.3 竞争导向定价策略

竞争价格导向策略是指某些市场竞争十分激烈的产品的价格制定,不是主要依据成本和需求状况,而是主要依据同行业的主要竞争对手的价格。竞争导向定价策略并不一定要求企业产品价格和竞争对手的产品价格完全保持一致。在其他营销手段的配合下,企业可以根据自己的竞争实力,结合企业的成本和市场需求,制定高于竞争对手或低于竞争对手的价格,以谋求企业的生存和发展,从而实现本企业的定价目标和总体经营战略目标。

1.3.4.4 需求差别定价策略

企业在确定了市场营销目标后,分析产品需求、成本、竞争者的价格,选择合适的定价方法,从而制定出产品价格。由于市场上存在着不同的顾客群体、顾客具有不同的消费需求和偏好,因此,根据需求差异,企业常常对市场进行细分,实行差别定价。

差别定价策略是指同一产品在不同顾客间或不同细分市场采用不同的价格。如对最终用户的定价可能会比对中间商高,不同地区或国家的市场上因需求弹性的差异而采取不同的定价等都是采用了差别定价。运用差别定价法,通常可以使企业充分发挥价格的作用,扩大销售量,提高企业的利润水平。

差别定价策略如果运用不当,往往会引发商品倒卖活动,甚至损害企业形象。为避免这些不良后果的出现,企业采用差别定价法时,一定要对各个细分市场进行系统地调查研究,考虑市场需求特点,注意与包装、品牌、促销等营销策略结合起来综合运用,才能取得良好的效果。

总之,在激烈的市场竞争中,差别价格策略有助于企业扩大销售,加速资金周转,实现企业的利润最大化目标。在现实经济生活中，此策略运用得十分广泛。不过，该策略也有其适用条件，企业应在对市场、产品、消费需求、消费心理和竞争状况进行科学分析的基础上，并与各种营销策略结合起来使用，才能取得最大经营效益。

1.3.4.5 折扣定价策略

产品价格分为目录价格与成交价格，目录价格是指产品价格簿或标价签标明的价格，成交价格是指企业为了鼓励顾客及早付款、大量购买、淡季购买等，在目录价格的基础上降低其价格，公司会给予购买者价格优惠，这种价格调整叫做价格折扣。价格折扣是企业为在激烈的市场竞争中，力求保持价格的稳定，以树立自己的形象，采取隐蔽的方式降价，即企业根据交易对象、成交对象、交货时间、付款条件等，采取不同的成交价格以促进销售。

折扣策略实质上是一种优惠策略，直接或间接地降低价格，以争取顾客、扩大销量。灵活运用折扣定价策略是提高企业经济效益的重要途径。折扣价格法包括：现金折扣、数量折扣、批量价格折扣、季节性折扣、交易折扣、折让、其他价格折扣等。

1.3.4.6 组合销售定价策略

企业通常利用自身资源优势将产品线或产品种类向上、向下扩展，产品种类间存在着或多或少的联系，当某种产品成为产品组合的一部分时，企业要寻找一组在产品组合方面能获得最大利润的共同价格。

1.3.4.7 薄利多销定价策略

薄利多销定价策略是指价格决策者在制定产品价格时有目的地压低单位产品利润水平，以相对较低的价格刺激需求，扩大销量，提高市场占有率，达到追求长期总利润最大化的目的。“薄利”是指单位产品利润水平低于一般利润水平，“多销”则指尽可能多地扩大产品销量，提高市场占有率。

薄利与厚利是一对矛盾的统一体，在一定条件下会朝着各自的对立面转化，把赚钱少与薄利混为一谈其实是一种误解，薄利在本质上是追求长期总利润最大化。价格成为市场竞争的重要手段,主要指的就是薄利多销策略。薄利多销策略是一种保本微利的价格策略,是企业有意识地削减单位产品的利润,以较低价格刺激需求、扩大销售量、降低成本、快速向市场渗透,建立稳定的消费者群,从而谋求市场份额的增加和企业长期利润的提高,形成"低价——多销——多产——规模经济——市场最大化——利润最大化"的良性循环。具体说,通过"薄利"提供更多的"消费者剩余"吸引顾客,拓宽销路,增加市场份额,达到"多销",加速资金周转,提高资金利用水平,同时促进企业扩大生产经营规模,产生规模效应,最终实现企业利润最大化,巩固市场竞争优势。

产品价格中的"薄利",意味着企业单位产品的销售利润相对减少,企业产品的"多销",导致单位产品薄利的累积。然而,并不是所有产品在任何条件下的"薄利"都可以实现"多销","多销"也并非在任何条件下"薄利"都可以积累增长到企业利润最大化的程度。"薄利"激发足够的"多销","多销"实现利润最大化,必须具备一定的前提条件:一是产品具有较大的需求价格弹性;二是收入增量必须大于成本增量;三是企业具备增产扩容的能力;四是消费者具有求利型的购买动机。

1.3.4.8 产品生命周期定价策略

产品生命周期是现代营销学的十分重要的内容。研究产品生命周期的发展变化,可使企业掌握各个产品的市场地位和竞争动态,为制定产品的价格策略提供依据,对增强企业的竞争能力和应变能力有重要意义。

产品生命周期是指产品的经济寿命,即一种新产品从开发、投入、由弱到强、从盛转衰,直至被市场淘汰为止的过程。在产品经历的每个时期,产品的成本、利润、市场销售都会呈现出不同的变化规律和特点。大多数学者将产品的寿命周期分为四个阶段,即:

(1)产品导入期。是指新产品投入市场,产品销售呈缓慢增长状态的阶段。

(2)产品的成长期。是指该产品在市场上迅速为顾客所接受、销售额迅速上升的阶段。

(3)产品的成熟期。是指大多数购买者已经接受该产品,市场销售额缓慢增长或下降的阶段。

(4)产品的衰退期。是指销售额急剧下降,利润渐趋于零的阶段。

1.3.4.9 心理定价策略

企业在制定定价策略时,有时必须认真研究消费者心理活动及其指向性。例如,随着经济的发展,消费需求层次趋向多样化和个性化,消费者购买产品已不再是从无到有的过程,而是追求完美与展示个性。由于消费者的经济收入、文化程度、社会阶层及个性特征各不相同,对产品的心理价值的评定会大相径庭。因而,为了满足顾客不同层次的需要,应有不同的定价策略。例如,一些高科技和技术密集型产品,在知识分子聚集区,售价高一些,也能为目标市场接受。由此可见,在适当的销售场所,针对目标顾客,制定符合其心理要求的价格,就能获得成功,否则,可能会遭受冷遇。

1.4 影响联合决策问题建模的主要因素

联合决策问题的建模及其算法复杂度取决于优化模型涉及的因素。影响联合决策问题的主要因素如下。

(1)价格

按在计划期内是否随时间变化而变化,价格分为固定定价和动态定价。固定定价是指价格决策一旦确定,价格在计划期内保持不变,是常数。甚至需求是动态的,价格仍然可以是固定的。动态定价是指价格在计划期内随时间变化而变化,可能是需求量、库存水平或其他参数的函数。

(2)需求类型

按在计划期内是否随时间变化而变化,需求分为静态需求和动态需求。显然，静态需求是指需求在计划期内不随时间变化而变化；动态需求是指需求在计划期内随时间变化而变化。按是否预先可知，需求可以分为确定性需求和随机性需求。确定性需求是指需求预先已知；随机性需求是指需求服从某种概率分布。按某种产品的需求与其他产品是否关联，分为独立性需求和相关性需求。独立性需求是指该品的需求不取决于其他产品的批量决策，单阶段批量问题中的需求就是独立性需求；在多阶段批量模型中，物料间存在母子关系，当前阶段的需求由上一阶段(母阶段)的需求决定，当前阶段的需求就是相关性需求。动态的、相关性需求批量问题比静态的(或独立性)需求批量问题复杂得多。随机性需求批量问题比确定性需求批量问题复杂得多。本文主要研究动态的、独立性需求批量模型。

(3)需求函数形式

通常用各种函数形式表示需求和价格(或其他参数如库存等)之间的关系。常见的需求函数是关于价格的线性函数，即 $d_t=a_t+b_tp_t$。如果需求是随机的，随机项可能是加法形式，如 $d_t=a_t+b_tp_t+\varepsilon$；也可能是乘法形式，如 $d_t=a_t+\varepsilon b_tp_t$。需求函数也可能是指数函数，甚至是其他函数形式。

(4)计划期

计划期就是主生产计划从当前时刻延伸到未来的一段时期，通常分为若干个周期。计划期可能是有限的，也可能是无限的。有限计划期情形下，通常考虑动态需求的批量模型(lot sizing model)；无限计划期情形下，通常考虑静态需求的经济批量模型(economic order quantity)。本书研究的批量模型计划期是有限的。另一方面，从时间是连续还是离散的角度，可以把批量问题分为连续时间下的批量模型和离散时间下的批量模型。本书主要研究离散时间下，计划期是有限的批量模型。

(5)阶段数

根据产品的加工工艺流程中的工序数，可以分为单阶段批量问题和多阶段批量问题。单阶段批量问题是指原材料(或零部件)经过一道工序,如锻压(或铸造等)就成为最终产品。产品的需求直接来自于顾客订单或者市场预测,是独立性需求。多阶段批量问题是指原材料(或零部件)经过一系列加工工序成为最终产品,某阶段的输出是下一阶段的输入。由于某一阶段的需求依赖于其上一阶段的输出,因此这种需求是依赖性需求。根据生产结构之间的关系可以将多阶段批量问题分为串联型、组装型(assembly)、拆卸型和一般型(即 MRP 系统),如图 1.11 所示。本书主要研究单阶段批量问题。

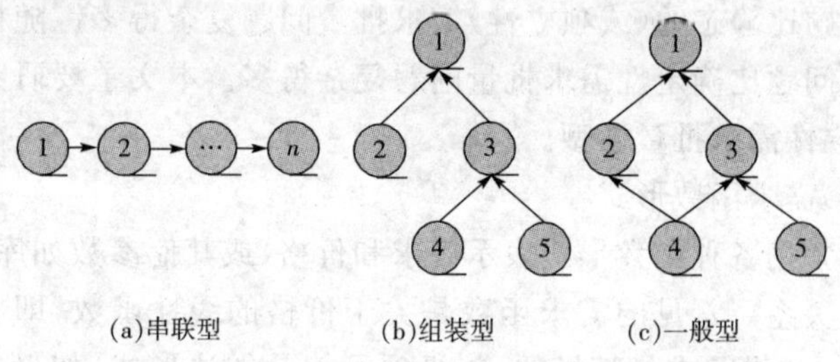

图 1.11 多阶段批量问题的生产结构关系

(6)产品数

根据生产系统中的最终产品数,批量问题分为单产品批量问题和多产品批量问题。多产品批量问题的时间复杂度比单产品批量问题的时间复杂度高得多。产品数是生产批量问题研究的一个重要方面,同时也是影响生产批量问题求解复杂度的重要因素之一。

(7)能力

能力是指生产系统中的资源,如人力资源、资金、设备和机器等是有限的。能力没有限制的批量问题称之为无能力受限批量问题。考虑能力约束的批量问题称之为能力受限批量问题。能力受限批量问题的求解过程要比无能力受限批量问题复杂得多。能力受限批量问题的算法的时间复杂度比无能力受限批量问题的时间复杂度高得多。很多无能力受限批量问题是多项式时间内可解的，然而相应的能力受限批量问题却是 NP-hard 问题（Non-deterministic Polynomial problem）。能力受限是批量问题研究的一个重要方面，同时也是影响批量问题求解复杂性的重要因素之一。

(8)产品变质性

产品的变质性是指有些产品具有一定的保质期，譬如水果、蔬菜、牛奶、药品等，有些产品具有挥发性，如酒精、汽油等，有些产品具有较高的无形损耗，如高科技电子产品等，这些类产品都具有变质性。

(9)库存短缺

是否允许缺货是影响建模和算法时间复杂度的一个重要因素。批量问题可以分为允许缺货的批量问题和不允许缺货的批量问题。允许缺货批量模型包含未被满足的需求只允许延迟而不允许放弃批量问题、未被满足的需求只允许放弃而不允许延迟批量模型、未被满足的需求既允许延迟又允许放弃批量模型。只允许需求延迟是指当前周期未被满足的需求只能推迟，由未来某个周期的生产量来满足。只允许需求放弃批量问题是这类批量问题：未满足的需求只能完全放弃。

(10)生产启动成本（或生产启动时间）

生产启动成本（或生产启动时间）在数学建模时通常引入 0—1 变量，它也是影响生产批量问题求解复杂性的重要因素之一。生产启动成本的结构一般分有两种类型：简单生产启动成本和复杂生产启动成本。简单生产启动成本是指某周期的生产启动成本独立于此前的生产决策和此前所有周期的生产启动成本。反之，复杂生产启动成本是指某周期的生产启动成本取决于此前的生产决策或此前某些周期的生产启动成本。复杂生产启动成本包含三种情形：第一种情形，从前一周期到当前周期，继续进行生产活动，而不需要其他的生产启动成本，这种生产启动成本也称之为生产启动传递（setup carry-over）；第二种情形，根据生产过程中的相似性和成组技术，产生主生产启动成本，在同一组产品中，不同产品间的切换产品产生次要生产启动成本；第三种情形，产品的生产启动成本取决于生产周期的序列。

1.5 联合决策问题的时间复杂度

单产品无能力受限批量问题是多项式时间内可解的。一般情况下的单产品能力受限批量问题属于 NP-hard 问题。经过几十年的研究，提出了各种多项式算法或伪多项式算法求解某些具有特殊结构的成本函数的能力受限批量问题。然而，大多数能力受限批量问题属于强 NP-hard 问题。尽管许多研究者用各种启发式算法求解这些强 NP-hard 问题，但是得到的解的性能一般差强人意。目前仍然没有有效的求解方法求解这些 NP-hard 问题。

为了更好地理解批量问题的计算复杂度，下面简要介绍计算复杂度的相关理论。广义地说，一个算法的效率，可以用该算法在执行过程中所耗费的各种计算资源的量来度量。两个主要的计算资源是：所需的运行时间（即迭代和比较的次数）和占用的内存空间。其中，最广泛采用的标准是时间复杂度。当算法的时间复杂度函数随着问题例子长度的增加而多项式地增长时，我们认为这个算法是实用的、有效率的。

多项式时间算法(polynomial time algorithm)：是指存在某个以输入长度 T 为变量的多项式函数 $P(T)$，使其时间复杂度函数为 $O(P(T))$算法。例如 Wagner-whitin 模型的时间复杂度是 $O(T^2)$[9]，其中 T 是周期数。

指数时间算法(exponential time algorithm)：是指其时间复杂性函数不可能用多项式函数去界定的，而是某个输入长度 T 为变量的指数函数，如 $O(2^T)$。

NP-hard 问题(Non-deterministic Polynomial problem)：是指一类可以利用算法在多项式时间内对一个问题的解是否正确做出

判断的问题,如果能在多项式时间内对问题的解作出正确判断,则为多项式时间算法;否则为 NP-hard 问题。

如果对于一个问题来说,它可以经过适当的多项式次数的变形转化为一个 NP-hard 问题,那么我们称这个问题为 NP-hard 问题。

如果某个算法,若它的时间复杂性函数可以由问题输入的长度 T 和问题中出现的最大整数的具体值 A 为变元的某个多项式函数所界定,则称之为伪多项式时间算法(pseudo-polynomial time algorithm)。

对于单产品能力受限批量问题,尽管各种启发式算法在实际应用中取得了一定成效。但由于算法往往是针对某类具体问题而提出来的,常常存在一定的局限性和缺陷,难以保证全局最优或近似最优。因此,对于一般情况下的单产品能力受限批量问题,在理论上改进现有启发式算法;同时,对某些具有特殊结构的成本函数的批量问题,探索多项式或伪多项式算法,将是人们研究批量问题的理想目标。

1.6 本书的结构安排

第 1 章概要介绍研究的动机和目标、生产计划体系和定价的基本理论、影响所研究问题建模的因素和问题复杂度。第 2 章文献综述,主要分两个部分:经典批量问题(即不考虑定价的批量问题)和定价与生产/库存的集成问题。第 3 章研究定价与允许需求延迟批量问题的联合决策,分两种情形:固定定价和动态定价。第 4 章研究了动态定价与库存能力受限批量问题的联合决策。第 5 章研究定价与生产能力受限批量问题的联合决策,分两种情形:固定定价和动态定价。第 6 章研究了需求延迟且生产能力受限批量问题与定价的联合决策。第 7 章研究市场细分下定价与批量问题的联合决策,分两种情形:允许需求延迟和考虑能力受限。第 8 章对全文进行总结,指出将来进一步的研究方向。

第2章 文献综述

本章主要介绍了经典的单阶段批量问题的相关文献和离散时间下多周期生产/库存与定价的集成问题的相关文献。虽然生产/库存与定价的集成问题的相关文献非常广泛,但是在离散时间多周期批量问题中考虑定价的文献很少。本书2.1节给出了几类经典的批量问题模型,并对相关的文献工作进行简介;2.2节介绍了生产/库存与定价的集成问题的相关文献;2.3节对本章内容进行小结,指出研究的工作与内容。

2.1 不考虑定价的批量问题

本节主要回顾不考虑定价的批量问题方面的文献。首先回顾无能力约束情形,然后回顾能力受限情形。

2.1.1 基础的批量问题

基础的批量问题是指单产品、不允许需求延迟且无能力约束批量问题。它是研究多产品、允许需求延迟、能力受限或其他更加复杂批量问题的前提和基础。基础的批量问题的建模相对简单,易于求解。许多复杂的生产批量问题,诸如能力受限的单产品批量问题、能力受限的多产品、多阶段批量问题,通常可以分解成基础的批量问题,通过求解基础批量问题得到原问题的下界,再经过调整得到性能较好的满意解。因此,研究基础的批量问题具有重要意义。许多文献致力于研究基础的批量问题。

2.1.1.1　数学模型

这类批量问题的模型建立在以下假设基础上：

① 计划期是有限的且包含 T 个周期；

② 每个周期的需求是已知的，且在该周期期初得到满足；

③ 单位产品的可变生产费用独立于生产量；

④ 每个产品间生产时相互独立；

⑤ 提前期已知，且为常数(不失一般性，提前期设为零)；

⑥ 不允许缺货；

⑦ 不失一般性，计划期初和期末的库存量为零。

状态参数：

T—— 计划期内的周期数；

d_t—— 第 t 周期的需求；

K_t—— 第 t 周期的生产启动费用；

v_t—— 第 t 周期的单位产品生产费用；

h_t—— 第 t 周期的单位产品库存费用；

I_t—— 第 t 周期末的库存量。

决策变量：

x_t—— 第 t 周期的生产量；

y_t—— 二进制变量，第 t 周期生产时为 1，不生产时为 0。

我们给出基础批量问题的四种数学模型：标准数学模型、不含库存变量的数学模型、最短路数学模型和设备选址式模型。在特定的情形下采用适当的模型可以得到更加快速有效的算法。

(1) 基础批量问题的标准数学模型

模型 2.1
$$\text{Min} \sum_{t=1}^{T} (y_t K_t + v_t x_t + h_t I_t) \tag{2.1}$$

s. t.
$$x_t + I_{t-1} = d_t + I_t, \quad t = 1, \cdots, T \tag{2.2}$$

$$x_t \leqslant y_t \sum_{i=t}^{T} d_i, \quad t = 1, \cdots, T \tag{2.3}$$

$$y_t \in \{0,1\}, \quad t=1,\cdots,T \tag{2.4}$$

$$x_t, I_t \geqslant 0, \quad t=1,\cdots,T \tag{2.5}$$

目标函数(2.1)要求总成本最小，总成本等于生产启动费用、生产费用以及库存费用之和。约束条件(2.2)表示物料平衡关系，即上一周期末的库存与本周期的生产量之和应等于本周期的需求和本周期末库存之和。约束条件(2.3)表示若某周期生产则产量不能超过从本周期到计划期末的需求之和。约束条件(2.4)定义了0—1变量。约束条件(2.5)要求每周期的生产量和库存量是非负的。

在上述数学模型中，$I_t = \sum_{i=1}^{t} x_i - \sum_{i=1}^{t} d_i$，且 $I_t \geqslant 0, t=1,\cdots,T$。因此，很容易推导出不含库存变量 I_t 的数学模型。

(2) 不含库存变量 I_t 的数学模型

令 $d_{ut} = d_u + d_{u+1} + \cdots + d_t$。

模型 2.2 $\mathrm{Min} \sum_{t=1}^{T} K_t y_t + \sum_{t=1}^{T} (v_t + \sum_{i=t}^{T} h_i) x_t - \sum_{t=1}^{T} h_t d_{1t}$ (2.6)

s. t.

$$\sum_{t=1}^{T} x_t = d_{1t} \tag{2.7}$$

$$\sum_{t=1}^{t} x_t \geqslant d_{1t}, \quad t=1,\cdots,T-1 \tag{2.8}$$

$$x_t \leqslant y_t d_{tT}, \quad t=1,\cdots,T-1 \tag{2.9}$$

$$y_t \in \{0,1\}, \quad t=1,\cdots,T \tag{2.10}$$

$$x_t \geqslant 0, \quad t=1,\cdots,T \tag{2.11}$$

目标函数(2.6)的最后一项是常数，可以去掉。

(3) 最短路数学模型

利用网络图技术,可以用最短路方法求解基础的批量问题。结点表示周期,联结结点 t 和 q 间的弧表示周期 t 是否进行生产,满足从周期 t 到周期 $q-1$ 的累积需求。令 Z_{tq} 表示从周期 t 到周期 $q-1$ 的累积需求在周期 t 生产的比率,v_{tq} 表示周期 t 生产量为 d_{tq} 时的生产费用和库存费用之和。

模型 2.3
$$\text{Min} \sum_{t=1}^{T}(K_t y_t + \sum_{q=t+1}^{T+1} v_{tq} Z_{tq}) \tag{2.12}$$

s.t.
$$\sum_{i=1}^{T+1} Z_{1i} = 1 \tag{2.13}$$

$$\sum_{i=1}^{t-1} Z_{it} = \sum_{i=t+1}^{T+1} Z_{ti}, \quad t=2,\cdots,T \tag{2.14}$$

$$\sum_{i=t+1}^{T+1} Z_{ti} \leqslant y_t, \quad t=1,\cdots,T \tag{2.15}$$

$$y_t \in \{0,1\}, \quad t=1,\cdots,T \tag{2.16}$$

$$Z_{tq} \geqslant 0, \forall t,q \tag{2.17}$$

约束条件(2.13)要求从结点 1 出发的弧数不超过 1。约束条件(2.14)保证流量平衡。

(4) 设备选址式数学模型

令 x_{qt} 表示周期 q 为周期 t 生产的产品数,$c_{qt} = v_q + \sum_{i=q}^{t-1} h_i$。

模型 2.4
$$\text{Min} \sum_{t=1}^{T}(K_t y_t + \sum_{i=t}^{T} c_{ti} x_{ti}) \tag{2.18}$$

s.t.
$$\sum_{t=1}^{T} x_{it} = d_t, \quad t=1,\cdots,T \tag{2.19}$$

$$x_{qt} \leqslant d_t y_q, \forall t,q \tag{2.20}$$

$$y_t \in \{0,1\}, \quad t=1,\cdots,T \tag{2.21}$$

$$x_{qt} \geqslant 0, \forall t, q \tag{2.22}$$

相对最短路数学模型,设备布局式数学模型更具优势,其线性松弛模型存在最优解,使得 $y_t(\forall t)$ 为整数。

2.1.1.2　基础的批量问题的求解方法

由于基础的批量问题是研究多产品、允许需求延迟、能力受限或其他更加复杂批量问题的前提和基础,因此很多文献致力于研究基础的批量问题。Wolsey[1]、Drexl 等[2] 和 Brahimi 等[3] 对单产品无能力约束的批量问题进行了较为全面的归纳和总结。

1913 年美国的电气工程师 Harris[4] 提出了著名的经济订购批量(economic order quantity, 简称 EOQ)模型。1934 年, Wilson[5] 把 EOQ 应用于实践中,因此 EOQ 又被称为 Wilson 批量公式。EOQ 模型是最小化生产启动费用和库存费用之和。EOQ 模型中,计划期是无限的,需求率、生产和库存成本函数是静态的。Hax 和 Candea[6] 把基本的 EOQ 模型拓展到交货延迟、允许需求放弃和数量折扣情形。Lev 和 Weiss[7]、Gascon[8] 把能力约束引入到 EOQ 模型中,提出相应的求解方法。

1958 年 Wagner 和 Whitin[9] 首次把动态需求引入到批量问题。假设单位产品生产费用在各周期间是恒定不变的情形下,提出了基于动态规划的单产品批量问题的精确算法,时间复杂度为 $O(T^2)$。不过,已经有几位研究者[10-12] 提出了计算效率更高的算法求解 Wagner 和 Whitin 模型,时间复杂度为 $O(T)$。Wagelmans 和 Hoeesl[10]、Aggarwal 和 Park[11]、Federgruen 和 Tzur[12] 三个独立研究小组分别提出了不同的精确算法,可以在 $O(T \log T)$ 时间内求解基础批量问题,特别地,可以在 $O(T)$ 时间内求解 Wagner 和 Whitin 模型。三个小组提出的算法都是基于动态规划,不过 Wagelmans 和 Hoesel 结合几何图形形象且严谨地解释了他们算法的基本思想。Federgruen 和 Tzur 提出了交替执行的前向式算法,Wolsey[13] 归纳了几种基础的批量问题的求解方法。

Stadtler[14] 通过预测计划期外的需求，建立了基础批量问题的修正模型。Tempelmeier[15] 在另一篇论文中提出了基于最短路的算法。Yongjian Li[16] 等提出了具有使用期的耐用性产品的批量问题，提出了精确算法，同时设计了计算复杂度为线性的近似算法。Hsu V N[17] 研究了库存品具有线性变质率的批量问题，提出了基于动态规划的精确算法，时间复杂度为 $O(T^4)$。Gutierrez 等[18] 研究了具有库存容量限制的批量问题，提出了时间复杂度为 $O(T^3)$ 的精确算法。Loparic 等[19] 研究了考虑各周期销售量和安全库存的批量问题，当安全库存在各周期间为常数时，运用割平面法，分析了解空间的特征。Sox[20] 研究了随机需求下的批量问题，提出了类似 Wagner-whitin算法的精确算法。梁樑等[21] 研究了类似 Wagner-whitin 模型的订货批量模型，并与经典的几种订货技术进行了比较。余玉刚等[22] 研究线性价格折扣下的供应链买卖双方 1：n 协调订货批量问题的 Stackelberg 模型。张岩和顾培亮[23] 研究了多机并行加工情况下的批量问题，提出基于动态规划的多项式时间内可解的精确算法。

2.1.2 允许需求延迟的批量问题

制造商受企业内部条件制约或外部环境影响，有时不能按期交货。由于 Wagner-Whitin 模型的一个重要假设是不允许缺货，因此该模型不适合交货推迟情形。Zangwill[24] 松弛了不允许缺货这条假设，其他假设不变。他把 Wagner-Whitin 模型拓展到允许缺货情形，当前周期未被满足的需求可以推迟，由未来某个周期的生产量来满足，但是不允许放弃未被满足的需求。

2.1.2.1 数学模型

符号说明如下：I_t^+，第 t 周期末的库存量；I_t^-，第 t 周期的缺货量；h_t^+，第 t 周期的单位产品存贮费用；h_t^-，第 t 周期的单位产品延迟费用；γ，需求延迟的最大周期数；其余参数见 2.1.1.1 节。

下面给出允许需求延迟批量问题(Lot Sizing Problem with

Backlogging,简称 LSPB) 的数学模型。

模型 2.5 $$\text{Min}\sum_{t=1}^{T}(K_t y_t + v_t x_t + h_t^+ I_t^+ + h_t^- I_t^-) \tag{2.23}$$

s.t. $$x_t + I_{t-1}^+ + I_t^- = d_t + I_t^+ + I_{t-1}^-,\quad t=1,\cdots,T \tag{2.24}$$

$$x_t \leqslant y_t \sum_{i=t-\gamma}^{T} d_i,\quad t=1,\cdots,T \tag{2.25}$$

$$y_t \in \{0,1\},\quad t=1,\cdots,T \tag{2.26}$$

$$I_t^- \leqslant \sum\nolimits_{t-\gamma+1}^{t} d_t,\quad t=1,\cdots,T \tag{2.27}$$

$$x_t \geqslant 0, I_t^+ \geqslant 0, I_t^- \geqslant 0,\quad t=1,\cdots,T \tag{2.28}$$

目标函数(2.23)要求总成本最小,总成本等于生产启动费用、生产费用、库存费用以及延迟费用之和。约束条件(2.24)描述了相邻周期的生产量、库存量、需求延迟量、需求量间的关系。约束条件(2.25)和(2.26)显示某周期是否生产。约束条件(2.27)要求未被满足需求的延迟周期数不能超过 γ 个。约束条件(2.28)要求相关变量的非负性。

2.1.2.2 *允许需求延迟批量问题的求解方法*

生产能力不受限制情形下,Zangwill(1966)[24] 把 Wagner-Whitin 模型拓展到允许需求延迟情形,提出了含子问题的动态规划算法,时间复杂度为 $O(T^2)$,如果用 Wagner-Whitin 算法求解 Zangwill 模型,则时间复杂度为 $O(T^3)$。在另一篇论文(1969)[25] 中,Zangwill 利用单发点网络图,提出了交替迭代的动态规划算法,其计算效率更高。Blackburn 和 Kunreuther[26] 研究了库存和延迟费用函数都是凹函数的批量模型,提出了复杂度为 $O(T^2)$ 的动态规划算法。Pochet 和 wolsey[27] 利用网络流技术,建立了批量问题的工厂选址模型,提出时间复杂度为 $O(T^2)$ 的动态规划算法。Pochet 和 Wolsey[28] 运用割平面法得到解空间的完整多面体。Agra 和 Constantino[29] 把 Pochet 和 Wolsey[28] 拓展到考虑机器启动费用的情形，建立了更为简洁的数学模型。Hsu 和 Lowe[30] 研究了库存费用（或延迟费用）与库存（或延迟）起始、结束周期有关的批量问题，针对特例，提出了时间复杂度为 $O(T^3)$ 的动态规划算法。仝凌云等[31] 研究了一个制造商和一个零售商构成的两级供应链下静态需求的允许缺货的经济订货批量问题。Ganas 和 Papchristos[32] 研究了各周期需求和各种费用参数都常数的批量问题，进行参数分析，得到解的稳定区域。Chu[33] 研究了允许需求延迟和外包的批量问题，提出了基于动态规划的精确算法，外包能力不受限制时，时间复杂度为 $O(T^2)$；外包能力受限时，时间复杂度为 $O(T^2\log T)$。

生产能力受限情形下，Florian 和 Klein[34,35] 研究了允许需求延迟且能力受限的批量问题，延迟周期数不受限制时提出了时间复杂度为 $O(T^4)$ 的动态规划算法。Swoveland[36] 研究了生产、库存和延迟费用函数都是分段凹函数的且能力受限批量问题，提出了时间复杂度为拟多项式的动态规划算法。Pochet 和 wolsey[28] 把最短路法与割平面法结合，提出了求解多产品能力受限批量问题的近似算法。Shaw 和 Wagelmans[37] 研究了分段线性生产费用函数、单产品能力受限生产批量，提出了时间复杂度为拟多项式的动态规划算法。Vyve[38] 研究了允许需求延迟且能力受限批量问题的更为有效的线性规划模型，分析了解空间多面体特征。

2.1.3　单产品能力受限批量问题

制造商的生产资源经常是有限的，如人力资源、资金、设备和机器等。考虑生产资源有限的批量问题称之为能力受限批量问题。能力受限批量问题的求解过程要比无能力受限批量问题复杂得多。能力受限批量问题的算法的时间复杂度比无能力受限批量问题的时间复杂度高得多。很多无能力受限批量问题是多项式时间内可解的，然而相应的能力受限批量问题却是 NP-hard 问题。

能力受限是批量问题研究的一个重要方面，同时也是影响批量问题求解复杂性的重要因素之一。

2.1.3.1 数学模型

单产品能力受限批量问题是基础批量问题的一种拓展。因此，前者的模型是在后者模型基础上引入能力约束。类似地，单产品能力受限批量问题的数学模型也分为四种：标准模型、不含库存变量的模型、最短路模型和设备选址式模型。

(1) 标准模型(2-*CSF*)

用下面的能力约束条件替代模型 2.1 中的约束条件(2.3) 式即可：

$$x_t \leqslant C_t y_t, \quad t=1,\cdots,T \tag{2.29}$$

(2) 不含库存变量的模型(2-*CNIF*)

用能力约束条件(2.29) 式替代模型 2.2 中的约束条件(2.9) 式即可。

(3) 最短路模型(2-*CSHP*)

在模型 2.3 中加入下面的能力约束条件即可：

$$\sum_{i=t+1}^{T+1} d_{t,i-1} Z_{ti} \leqslant C_t, \quad t=1,\cdots,T \tag{2.30}$$

(4) 设备选址式模型(2-*CFAL*)

在模型 2.4 中加入下面的能力约束条件即可：

$$\sum_{i=t}^{T} X_{ti} \leqslant C_t, \quad t=1,\cdots,T \tag{2.31}$$

2.1.3.2 问题的计算复杂度

单产品能力受限批量问题是多产品能力受限批量问题的特例，前者的算法对后者具有借鉴意义。不少文献涉及单产品能力受限批量问题。Karimi 等[39]、Brahimi 等[3] 和 Jans 等[40] 从不同侧面对 CLSP 方面的文献进行较为系统的归纳和总结。为了方便起见，讨论问题复杂度时用四维数组 $\alpha/\beta/\gamma/\delta$ 描述问题特征[41]，其中 α、β、γ 和 δ 分别表示生产启动费用、库存费用、生产费用和生产能力的类型。它们的值可以取 G、C、ND、NI 和 Z。"G" 表示一般类型；"C" 表示常数；"ND" 表示非降；"NI" 表示非增；"Z" 表示零。例如，NI/ND/C/G 表示这样一类批量问题：在计划期内，生产启动费用 K_t 是非增的；库存费用 h_t 是非降的；生产费用 v_t 是常数；生产能力取值不受限制。

只有少数几类特殊单产品能力受限批量问题是多项式时间内可解（见表 2.1），大多数单产品能力受限批量问题是 NP-hard 问题，例如 Florian 等[42] 和 Bitran 等[41] 证明了以下类型批量问题是 NP-hard 问题：C/Z/NI/NI、C/Z/ND/ND、ND/Z/Z/ND、NI/Z/Z/NI、C/G/Z/NI 和 C/C/ND/NI 等。不过，Chen 等[43] 指出一般的单产品能力受限批量问题尽管是 NP-hard 问题，然而不是强 NP-hard 问题，可以用拟多项式算法进行求解。

表 2.1　多项式时间内可解的单产品能力受限批量问题

问题类型	复杂度	作者及文献
NI/G/NI/ND	$O(T^4)$	Bitran 和 Yanasse[41]
	$O(T^2)$	Chung 和 Lin[46]
NI/G/NI/C	$O(T^3)$	Bitran 和 Yanasse[41]
C/Z/C/G	$O(T\log T)$	Bitran 和 Yanasse[41]
ND/Z/ND/NI	$O(T)$	Bitran 和 Yanasse[41]
G/G/G/C	$O(T^4)$	Florian 和 Klein[34]
	$O(T^3)$	Van Hoesel 和 Wagelmans[45]

2.1.3.3　求解方法

根据得到的最终解的性能，算法可以分为精确算法和近似算法。精确算法是指可以得到最优解的算法，包括动态规划法和分枝定界法。

(1) 动态规划法

动态规划法是求解单产品批量问题的最重要的算法。对于几类特殊的单产品能力受限问题(见表2.1),是多项式时间内可解问题,可以用动态规划法进行求解。

生产能力为常数情形下,Florian 等[35] 研究了一般的单产品能力受限批量问题,提出了时间复杂度为 $O(T^4)$ 的动态规划算法。考虑机器启动时间情形下,Vanderback[44] 提出了时间复杂度为 $O(T^6)$ 的动态规划算法。当生产费用是凹函数且库存费用是线性函数时,Van Hoescl 等[45] 提出了基于动态规划的时间复杂度为 $O(T^3)$ 的算法。当生产费用和生产费用都非增时,Bitran 等[41] 提出时间复杂度为 $O(T^3)$ 的动态规划算法。

对于一类 NI/G/NI/ND 问题,Bitran 等[41] 提出时间复杂度为 $O(T^4)$ 的动态规划算法。Chung 等[46] 把复杂度降到 $O(T^2)$。

对于一类 C/Z/C/G 问题,时间复杂度为 $O(T\log T)$[41]。

对于一类 ND/Z/ND/NI 问题,通过尽可能在前面周期生产满足后面周期的需求,可以在 $O(T)$ 时间内求解出问题的最优解。

对于一类 G/G/G/G 问题,Chen 等[43] 提出了拟多项式算法,首次可以求解超过 24 个周期的单产品能力受限批量问题。Shaw 等[47] 研究了生产费用函数是分段线性且允许需求延迟时的 G/G/G/G 问题,提出了时间复杂度为 $O(T^2\bar{q}\bar{d})$ 的拟多项式算法,其中 $\bar{q}$ 表示生产费用函数的平均线段数,$\bar{d}$ 表示平均需求量。

(2) 分枝定界法

Baker 等[48] 和 Lotfi 等[49] 采用分枝定界法求解单产品能力受限问题,时间复杂度为 $O(2^T)$。Chung 等[50] 把动态规划法与分枝定界法结合起来,求解单产品能力受限批量问题。

(3) 分枝切割法

分枝切割法是利用有效的不等式,分析解空间几何形体特征,通常分析连续 0－1 背包问题得到有效不等式。Leung 等[51]、

Loparic 等[52] 和 Miller 等[53] 都利用分枝切割法研究单产品能力受限批量问题。然而，分枝切割法只能得到解空间的外部形体，不能得到最优解。

(4) 近似算法

用近似算法求解单产品能力受限批量问题的文献很少。据我们所知，Van Hoesel[54] 详细地讨论了利用多项式算法近似求解单产品能力受限问题。Megala 等[55] 利用遗传算法求解能力受限、允许缺货且考虑价格折扣的批量问题。Prasad 等[56] 利用遗传算法求解固定 / 滚动计划期下多层批量问题。Hindi[57] 利用禁忌搜索求解考虑机器启动成本的能力受限批量问题。

2.1.4　多产品能力受限批量问题

2.1.4.1　数学模型

状态参数：

T—— 周期数；

J—— 产品数；

d_{jt}—— 第 t 周期产品 j 的需求；

K_{jt}—— 第 t 周期产品 j 的生产启动费用；

v_{jt}—— 第 t 周期产品 j 的单位变动生产费用；

h_{jt}—— 第 t 周期产品 j 的单位存贮费用；

a_{jt}—— 第 t 周期生产单位产品 j 所需的资源量；

R_t—— 第 t 周期可用的资源量；

I_{jt}—— 第 t 周期结束时产品 j 的库存量；

$M_{jt}=\sum_{k=t}^{T} d_{jk}$—— 产品 j 第 t 周期的生产量的上界。

决策变量：

x_{jt}—— 第 t 周期产品 j 的生产量；

y_{jt}—— 二进制变量，第 t 周期生产产品 j 时为 1，不生产产品 j 时为 0。

下面给出多产品能力受限批量问题(Multi-Item Capacitated Lot Sizing Problemg,简称 MCLSP)的数学模型。

模型 2.6 $\mathrm{Min}\, W = \sum_{t=1}^{T} \sum_{j=1}^{J} (K_{jt} y_{jt} + v_{jt} x_{jt} + h_{jt} I_{jt})$ (2.32)

s.t. $\sum_{j=1}^{J} a_{jt} x_{jt} \leqslant R_t, \quad t = 1, \cdots, T$ (2.33)

$$x_{jt} + I_{j,t-1} = d_{jt} + I_{jt}, \quad \forall j, t \tag{2.34}$$

$$x_{jt} \leqslant M_{jt} y_{jt}, \quad \forall j, t \tag{2.35}$$

$$y_{jt} \in \{0,1\}, \quad \forall j, t \tag{2.36}$$

$$x_{jt} \geqslant 0, I_{jt} \geqslant 0, \quad \forall j, t \tag{2.37}$$

目标函数(2.32)是总成本,包括生产启动费用、生产费用和存贮费用;约束条件(2.33)是能力约束;约束条件(2.34)描述了相邻周期的库存、需求和生产量间的关系;约束条件(2.35)和(2.36)跟踪显示在某周期某产品是否生产;约束条件(2.37)要求每周期各产品的生产量和库存量是非负的。

2.1.4.2 求解方法

Chen 等[42] 证明了多产品能力受限批量问题是强 NP-hard 问题。因此,对于 MCLSP,只能设计有效的启发式算法求解满意解。

(1) 一般启发式算法(见表 2.2)

① 逐期启发式算法。Eisenhut[58]、Maes 等[59,60]、Lambrecht 等[61]、Dixon 等[62] 和 Kirca 等[63] 采用逐期启发式算法求解 MCLSP。逐期启发式算法就是从周期 1 执行到周期 T 的单向算法。当前周期生产了各种产品所必须的产量后,为了节省生产启动费用,多余的生产能力用来生产产品以满足未来周期的需求。

选择生产何种产品，生产多少，不同的启发式算法采用不同的优先规则。

② 逐个产品启发式算法。Kirca 等[63] 采用逐个产品法求解 MCLSP。把 N 个产品能力受限批量问题转换成 N 个单产品能力受限批量问题。每当计算完一个产品后，更新各周期剩余生产能力，接着计算下一个产品。实验结果显示这种启发式算法比其他著名的启发式算法[59,61,62,64] 更加有效。

表 2.2 一般启发式算法的特点

Lot shifting	Feasibility check	Priority indices	Initial solution	Algorithm	Literature
——	——	Period by period	——	Period by period heuristics	Eisenhut[58]
Left shifting	Feedback	Silver-Meal	——		Lambrecht[61]
Left shifting	Look-ahead	Silver-Meal	——		Dixon[62]
Left shifting	Look-ahead	Several indices	——		Maes[59,60]
——	Cumulative feasibility	EOQ	——		Kirca[63]
L &R shifting	Cumulative feasibility	A simple rule	Lot-for-Lot	Improvement heuristics	Dogramaci[65]
L &R shifting	Cumulative feasibility	A simple rule	Wagner-Whitin		Karni[66]
Left shifting	Look-ahead	Groff	Lot-for-Lot		Gunther[67]
Left shifting	Look-ahead	Groff	Lot-for-Lot		Selen[68]
Left shifting	Feedback	Silver-Meal	Lot-for-Lot		Trigeiro[69]

③ 改进型启发式算法。Dogramaci 等[65]、Karni 等[66]、Gunther[67]、Selen 等[68] 和 Trigeiro[69] 采用改进型启发式算法求解 MCLSP。改进型启发式算法一般分三个步骤:第一步,确定批量过程;第二步,可行化过程;第三步,算法改进过程。

具体来说,一般采用基础批量问题求解方法确定批量,获得初始解。当初始解不可行时,需要在各周期间调整批量。有两种基本的可行化机制:反馈机制和预测机制。反馈机制就是一旦某周期的需求超过了能力,结合产生的生产启动费用和库存费,把需求超出部分调整到前面的能力富余周期。预测机制就是预先计算出每周期的累积需求,因此可以预料到某个周期的库存是不可行的。然后调整批量,使得生产计划满足约束条件。在算法改进中,采用某些规则,改进当前解,减少总成本。

(2) 基于数学规划的启发式算法

一般的启发式算法是针对特定问题提出的,当问题发生变化,原有的启发式算法需要修改。通常修正算法的难度很大,甚至改变了整个启发式算法。基于数学规划的启发式算法通常是利用数学规划方法进行求解。这类启发式算法具有通用性,可以轻松地应用到原问题的各种拓展情形,而且解的性能通常较好。另外,由于基于数学规划的启发式算法可以得到最优解的下界,因而可以评价最终满意解的性能。

① 拉格朗日松弛法

通过松弛能力约束,可以把多产品能力受限批量问题转换成若干个单产品无能力受限批量问题。后者容易求解(求解方法见本书 2.2.1 或 2.2.2 章节)。在各种能力松弛方法中,由拉格朗日松弛法得到的下界通常优于由其他松弛法得到的下界。因此,拉格朗日松弛法更加受欢迎。

Thizy 等[70] 运用拉格朗日松弛法松弛能力约束后,把原问题分解成 N 个单产品无能力约束批量问题。用 Wagner-Whitin 算法求解每个单产品无能力约束批量问题。得到原问题的一个下界,然后求解其对偶问题得到原问题的一个上界。采用子梯度法更新拉格朗日乘子，继续迭代，直到下界等于上界、上界与下界之差小于预先规定的数、或达到预先规定的迭代数，算法停止，得到原问题的最优解或满意解。Trigeiro[71] 提出的算法与 Thizy 等[70] 基本相同，不同之处在于采用平滑方法从对偶问题中构建原问题的可行解。Billington 等[72]、Trigeiro 等[73] 和 Diaby 等[74] 采用的方法与 Thizy 等[70] 基本相同。

Millar 等[75] 建立多产品允许需求延迟且能力受限批量问题的网络流模型，提出采用拉格朗日松弛法，得到一个可行解，并提出满意解性能的评价方法。Thizy[76] 采用拉格朗日松弛法求解 MCLSP。

虽然拉格朗日松弛法是求解 MCLSP 的有效方法，然而拉格朗日松弛法不适用于某些比较复杂的批量问题，如多阶段批量问题、复杂生产启动费用结构的批量问题等。

② 分枝定界法

分枝定界法通常用来求解整数规划问题，用来求解大规模 CLSP 问题则非常耗时。因此，利用分枝定界法一般不能求得大规模 CLSP 问题的最优解。通常可以把分枝定界法与拉格朗日松弛法结合起来，后者为前者提供下界。

Gelders 等[77] 提出分枝定界算法，在每个结点利用拉格朗日松弛法求得该结点处的一个下界，利用子梯度法求得该结点处的一个可行上界。Diaby 等[78] 研究了考虑生产启动时间、有限正常生产时间、有限加班时间的 MCLSP，提出了分枝定界法、拉格朗日松弛法和子梯度法相结合的算法。

Hindi[79] 建立了 MCLSP 的最短路模型，用带能力约束的列生成法求得原问题的一个下界，采用分枝定界法求得原问题的满意解。Armentano 等[80] 建立了考虑生产启动时间的 MCLSP 问题的网络流模型，设计了一个启发式算法求得初始解，然后利用分枝定界法求得原问题的满意解。

(3) 亚启发式算法

① 遗传算法。单阶段情形下,Xie 等[81] 把多产品能力受限批量问题松弛为若干无能力约束的批量问题,制定调整规则,对得到的解进行可行化。熊红云等[82] 研究了模糊能力约束下的生产批量计划,提出了遗传算法和参数线性规划相结合的混合算法。王全勇和姜启源[83] 研究了随机需求下,多产品能力受限的批量问题,提出了基于遗传算法的启发式算法。熊红云和何钺等[84] 把模拟退火与遗传算法相结合,求解多产品能力受限的批量问题。

多阶段情形下,Dellaert 等[85] 研究了多产品多阶段批量问题。杨红红和吴智铭[86] 研究了分布式多工厂协作生产的供应链的约束批量计划问题,提出了基于两级遗传算法优化的求解策略。杨红红和吴智铭[87] 研究了具有模糊客户需求与多工艺约束的批量生产计划问题,提出了分级构造初始种群的遗传算法。Kimms[88] 研究了多机器多阶段批量问题。

② 模拟退火算法。熊红云等[82] 把模拟退火与遗传算法相结合,求解多产品能力受限的批量问题。Tang[89] 研究了无能力约束下,运用 0－1 矩阵把多产品多阶段批量问题转换成组合优化问题,并用模拟退火法求解组合优化问题。Barbarosoglu 等[90] 研究了多产品多阶段能力受限批量问题。Ozdamar 等[91] 研究了多产品多阶段能力受限批量问题,利用拉格朗日松弛法把原问题分解成 N 个单产品多层能力受限批量问题,在每次拉格朗日循环中保证解的可行性,并采用模拟退火改进解的性能。

③ 禁忌搜索算法。田俊峰和杨梅[92] 研究多种产品、多折扣类型和买卖双方的能力约束下,卖方提供数量折扣时,买方优化动态订货批量的决策问题。Gopalakrishnan[93] 研究了允许生产启动跨期的多产品能力受限批量问题。Hung[94] 研究了多产品能力受限批量,邻近的解依据其优先权构成候选单,利用候选单改进禁忌搜索算法的性能。

2.2　定价与生产 / 库存的联合决策

2.2.1　动态定价

2.2.1.1　不考虑生产启动费用

早期定价与库存集成方面的文献[95~99]主要致力于最优解的性质和求解方法。一般地，对需求和各种费用结构给定假设，使得问题易于求解。例如，Zabel[100]在给定假设下，证明了解存在性和唯一性。目标函数是利润最大化，未被满足的需求可以放弃。分别考虑了加法形式和乘法形式的随机需求。当需求是加法形式时，即 $d=\mu(p)+\eta$，可以求得唯一的最优解，其中 $\mu(p)$ 是凹函数，随机变量 η 服从平均分布或指数分布。

Thowsen[101]研究了定价与生产的动态模型。需求是关于价格的线性函数，含有加法形式的随机变量。不考虑生产启动费用，库存费用是凸函数，缺货费用是线性函数。未被满足的需求部分延迟部分放弃。提出了 (y,p) 生产策略。即对于周期 t，如果库存量 I_{t-1} 高于 y_t，则不生产，价格定为 $p_t(I_{t-1})$；否则组织生产，使得库存 I_{t-1} 达到 y_t，价格定为 $p_t(y_t)$。

Federgruen 等[102]研究了定价与库存的联合决策问题。生产费用是线性的。需求是关于价格的一次函数，含加法形式随机量。未被满足的需求只能延迟不能放弃。

据我们所知，考虑生产能力约束的定价与生产集成方面的文献很少。Biller 等[103]和 Kachani 等[104]研究了多产品生产能力受限的定价与生产联合决策。

2.2.1.2　考虑生产启动费用

早期也有不少研究者研究定价与生产联合决策时，考虑生产启动费用。与其他研究者一样，Eliashberg 等[105]把生产启动费用加到目标函数中，目标函数虽然仍然是凹函数，但是更加难以求解。例如，Kunreuther 等[106] 研究了静态的、确定性需求下，带（或不带）生产启动费用的定价与库存联合决策问题。

许多带生产启动费用的定价与生产联合决策问题属于经济订购批量（EOQ）领域。在联合决策中，价格是决策变量，需求是关于价格的单调减函数。研究的焦点在于设计算法（如微分法、求导或迭代法等）求得最优价格和最优生产量。

例如，早期考虑定价的 EOQ 文献[107,108]。Arcelus 等[109] 把问题拓展到不同类型利润函数（利润、投资收益、或剩余收益）的情形，运用基于求导的求解方法。Cheng[110] 把库容和库存投资限上限引入到考虑定价的 EOQ 模型中，需求是价格的线性函数。Chen 等[111] 考虑的目标函数类似文献[109]，提出了可以求得最优价格与生产量的算法。Hwang 等[112] 在定价 EOQ 模型中考虑了信用期，库存产品随着需求量大小和时间变化而发生变质。Lee 等[113] 考虑了营销费用。Kim 等[114] 把能力约束（考虑能力为常数和时变两种情形）"引入到EOQ模型中"。Arcelus[115] 在模型中考虑了一次性折扣。Abad[116] 考虑了需求部分延迟问题，延迟量与顾客等待时间有关。文献[117-122] 也是考虑定价的 EOQ 方面的重要论著。

Thomas[123] 首次研究动态需求的定价与生产的联合决策，不允许需求延迟，提出了前向式动态规划算法，可以求得最优生产计划和各周期最优价格。在另一篇论文中[124]，Thomas 研究了需求函数是随机的且允许需求延迟的定价与库存联合决策问题，提出了逐期评审的简单策略(s,S,p)。所谓(s,S,p) 策略，具体来说就是，库存策略采用(s,S)：周期 t 期初的库存量如果低于订货点 s_t 时，则补充订货使库存量达到 S_t；否则不订货。周期 t 的定价取决于该周期期初库存量 I_{t-1}。当价格的可行集是离散集时，Thomas 提出了一个反例举证了按(s,S,p) 策略得到的订货计划和价格方案不是最优的。不过，Thomas 指出，如果价格值域为连续区间，则(s,S,p) 策略得到的解是最优的。

Chen 等[125] 考虑了类似 Thomas[124] 的模型，把 Thomas 等[124] 模型拓展到更为一般的需求类型（分别讨论了加法形式和乘法形式），假设需求函数是：$D_t(p,\varepsilon_t)=\alpha_t D_t(p_t)+\beta_t$，其中，随机扰动量 ε_t 是由一对随机变量 (α_t,β_t) 构成的。不失一般性，假设 $E\{\alpha_t\}=1, E\{\beta_t\}=0$。需求函数的加法形式 $D_t(p_t)+\beta_t$ 和乘法形式 $\alpha_t D_t(p_t)$ 是原问题的两类特例。$D_t(p_t)=b_t-a_t p_t(a_t>0,b_t>0)$ 和 $D_t(p_t)=b_t p_t^{a_t}(a_t>1,b_t>0)$ 是常见的两类特殊的需求函数。对于需求为加法形式的模型，Chen 等证明了 Thomas 提出的 (s,S,p) 策略是最优的，同时也提出了最优策略 (s,S,A,p)。在 (s,S,A,p) 策略中，库存策略采用 (s,S) 策略，集合 $A_t\subset[s_t, 0.5(s_t+S_t)]$。当周期 t 期初的库存量 I_{t-1} 低于 s_t 或 $I_{t-1}\in A_t$ 时，进行订货且订货量为 S_t-I_{t-1}；否则不订货。周期 t 的定价取决于该周期的期初库存量 I_{t-1}。

在文献[126] 中，Chen 等考虑了无限计划期、静态参数的定价与库存的联合决策问题，证明了在平均利润和考虑折扣的期望利润两种目标准则下，(s,S,p) 策略都是最优的。在另一篇文献[127] 中，他们进一步考虑了含有连续库存检查的定价与库存联合决策问题，证明了平均利润和考虑折扣的期望利润两种目标准则下，(s,S,p) 策略都是最优的。Polatoglu 等[128] 考虑了类似 Thomas[123] 模型，假设需求延迟费用是价格的非降函数，给出了最优策略的充分条件。

尽管通常假设需求是价格的函数，然而也有研究者考虑需求是其他参数的函数。Datta 等[129] 考虑了需求取决于价格和剩余库容的模型，该模型适用于易逝品的定价与库存的联合决策问题，需求是库存量 I_{t-1} 和加值率 k 的函数，其中 k 是产品售价与成本的比率。需求函数为 $D(I(t),k)=f(k)(I_{t-1})^{\beta}$，其中 $f(k)$ 是关于 k 的非增函数，取值为正；$0<\beta<1$。Rajan 等[130] 和 Smith 等[131] 考虑了当前周期的需求是价格与该周期期初库存量的函数情形的模型。

有些物品具有变质性，如药品过期失效、食品过期不能食用、计算机等高科技产品的升级换代造成的无形损耗等。Cohen[132]是早期考虑变质性产品定价与库存联合决策的研究者之一，提出了EOQ的修正模型。需求是价格的线性函数，服从恒定指数型变质。Chakravarty等[133]考虑了需求服从时变的指数型变质，变质率为常数，考虑生产费用而忽略库存费用。Rajan等[130]考虑了类似Cohen[132]的EOQ修正模型，把问题拓展到在一个周期内允许价格变动的情形，指出目标函数是平均利润时，最优定价可能与周期长度无关，当需求是价格的线性或指数函数时，最优价格是唯一的。Abad[134]推广了Rajan等[130]模型，允许需求部分延迟，提出了最优订货策略。

2.2.2 固定定价

关于定价与生产的联合决策方面的文献大多数致力于动态定价，不过也有一些文献考虑固定定价与生产的联合决策。考虑固定定价的原因很多，例如：日常生活中，还是有许多类别的商品的价格在相当长的时期内保持不变；价格变动可能会带来不利的影响；制定短期计划时，由于时间跨度比较小，为简单起见，可以忽略价格的变化，等等。因此研究固定定价是必要的、有理论和现实意义的。

据我们所知，Kunreuther等[135]首次研究了固定定价与库存的集成问题。需求是确定性的关于价格的线性函数，不允许缺货，不考虑能力约束，目标函数是利润最大化。提出了类似“爬山”的启发式算法，得到最优价格的上界和下界。

Gilbert[136]研究了类似Kunreuther等[135]的模型，需求函数是乘法形式：$d_t(p)=\beta_t D(p)$，其中$D(p)$表示需求强度，边际生产费用、生产启动费用和边际库存费用都是静态的，提出了基于动态规划的时间复杂为$O(T^3)$的算法。在另一篇文章[137]中，他把文献[136]拓展到考虑多产品且生产能力受限情形，不过忽略了生产启动费用。需求函数是乘法形式：$D_{jt}=\beta_{jt}D_J$，其中J为产品数。

基于对偶理论，提出了迭代算法求解原问题的最优解。Van den Heuvel 等[138] 研究了 Kunreuther 等[136] 的模型，提出了时间复杂度为 $O(T^3 \log T)$ 的精确算法。

表 2.3 定价与生产/库存集成问题的分类要素及其描述

分类要素	符 号	描 述	符 号
价格	¥	动态，静态	D，F
需求类型	DT	确定型，随机型	D，S
需求函数类型	DF	凹，指数，一般，线性，乘法，非线性，泊尔松	C，E，G，L，M，NL，P
需求函数参数	DI	价格，时间，库存量，销量，广告，产品，产量，市场	P，T，I，S，A，Pt，Pn，M
销售	Sa	延迟，放弃，不允许缺货	B，L，NS
重新订货	R	Yes，No	Y，N
生产启动费用	Se	Yes，No	Y，N
能力约束	CL	Yes，No	Y，N
产品数	#P	单产品，多产品	S，M

表 2.4 定价与生产/库存集成问题的主要文献及其归类

	¥	DT	DF	DI	Sa	R	Se	CL	#P
Thomas[123]	D	D	G	T，P	NS	Y	Y	N	S
Zabel[100]	D	S	L，M	P	L	Y	N	N	S
Thomas[124]	D	S	G	T，P	B	Y	Y	N	S
Thowsen[101]	D	S	G	T，P	O	Y	N	N	S
Cohen[132]	F	D	G，L	P，I	B	Y	Y	N	S
Rajan 等[130]	D	D	G，L	T，P，I	B	Y	Y	N	S
Abad[134]	D	D	L	T，P	B	Y	Y	N	S
Smith 等[131]	D	D	G，E	T，P，I	NS	Y	N	N	S
Smith 等[131]	D	D	G	P，A，M	NS	N	N	N	S

(续表)

	¥	DT	DF	DI	Sa	R	Se	CL	#P
Federgruen 等[102]	D	S	C	T,P	B	Y	N	Y	S
Gilbert[136]	F	D	M,C	T,P	NS	Y	Y	N	S
Gilbert[137]	F	D	M,C	T,P,Pt	NS	Y	N	Y	M
Datta 等[129]	D	D	O	P,I	NS	Y	Y	N	S
Biller 等[103]	D	D	C	P,I,Pt	L	Y	N	Y	M
Chan 等[139]	D,F	S	G	T,P	B	Y	Y	N	S
Chen 等[125-127]	D	S	G	T,P	B	Y	Y	N	S
Kachani 等[104]	D	D	O,L	P,I	NS	Y	N	Y	M
Haugen 等[144]	D	D	L	P	B	Y	Y	Y	M

前面提及的关于固定定价与生产的联合决策,需求都是确定性的。Chan 等[139] 研究了生产能力受限的随机性需求模型,需求是一般地随机性函数,不考虑生产启动费用。销售是任意的,即当前周期的库存继续保存,以满足未来周期的需求,为此,当前周期的需求可以放弃。提出了动态规划算法,采用延期策略。具体地,在计划期初进行价格决策(或生产决策),在各周期期初进行生产决策(或价格决策),这种决策策略称之为延迟生产策略(或延迟定价策略)。在所有情形中,当作出定价决策和生产决策后,各周期的客户需求才到达。给定初始价格向量,延迟生产策略下,利润函数是凹函数,因而,最优策略可以用两个参数来描述:(y_t^*, s_t^*),其中 y_t^* 表示修正的库存水平,s_t^* 表示目标库存水平,这两个参数都独立于初始库存量。订货策略就是根据当前库存量和生产能力,订货使得库存量达到目标库存水平。延迟定价策略下,给定初始生产量向量,即使需求函数是线性的,利润函数也不是凹函数,因此,最优定价和最优补充量都与初始库存有关。根据已实现的客户需求改进销售决策,提出了启发式算法,以确定型情形时的近似值作为初始决策的起点,可以求解延迟生产策略(或延迟定价策

略）下的定价方案与生产计划。实验结果显示，当不确定性较低且生产费用较低时，延迟定价策略优于延迟生产策略。其他情形时，延迟生产策略的效果较好。

2.2.3 多产品定价

多产品问题主要致力于向市场提供何种产品，提供多少，何时提供，使得利润最大化或总成本最小化。正如 Morgan 等[140] 指出的那样，多产品问题主要从市场角度出发，而忽视了产品的生产决策。Morgan 等在生产线设计模型中虽然考虑了每个产品的费用及产品间的相关费用，但是价格只是参数而不是决策变量。

Birge 等[141] 考虑了单周期具有替代品的多产品定价问题，生产能力受到限制。Gallego 等[142] 和 Smith 等[143] 考虑了清仓定价问题。Biller 等[103] 分析了定价与生产的集成问题，多产品可以分享有限的生产能力。产品间的需求相互独立，利润函数是凹函数，提出了贪婪算法求解最优定价与生产决策。

Haugen 等[144] 考虑了多产品的动态定价与生产的联合决策问题，若干产品分享有限的生产能力。提出了基于拉格朗日松弛的启发式算法，把多产品能力受限批量问题解成若干单产品无能力约束的批量问题。通过在拉格朗日上界问题和下界问题间的相互迭代，得到原问题的定价方案和生产计划，迭代 10 次左右，得到的满意解与最优解间的差距很小，不足 0.6%。

2.3 小 结

定价与批量问题的联合决策模型，其目标函数是非线性的，因此求解方法比较复杂。根据各周期之间价格是否变化，联合决策问题可以分为固定定价和动态定价两种情形；根据是否允许缺货，可以分为不允许缺货、允许需求延迟和允许放弃需求等情形。根据有无生产能力约束，分为无生产能力约束和生产能力受限两种情形。本文主要着眼于上述联合决策的几种情形。从文献中可以知道,不论是固定定价还是动态定价,联合决策模型的求解思路是一样的。求解思路如下:首先分析最优价格的特征,确定最优价格候选集合;然后,对于最优价格候选集合中的每一个最优价格(或最优价格向量),利用经典批量问题算法进行批量决策;最后,选择利润最大者对应的价格(生产计划)为最优价格(生产计划)。

第 3 章　定价与允许需求延迟批量问题的联合决策

3.1 引　言

制造商受内部条件制约或外部环境影响，有时不能按期交货。由于 Wagner-Whitin 模型[9] 的一个重要假设是不允许缺货，因此该模型不适合推迟交货情形。Zangwill[24] 松弛了不允许缺货这条假设，其他假设不变，他把 Wagner-Whitin 模型拓展到允许缺货情形，当前周期未被满足的需求可以推迟，由未来某个周期的生产量来满足，但是不允许放弃未被满足的需求。当出现缺货时，客户可能愿意等待，不过企业可能需要支付一定数额的违约罚金（即需求延迟费用）。据我们所知，在定价与批量问题的集成方面，Thomas[123] 首次研究不允许需求延迟且无能力约束下，动态需求的定价与生产的联合决策。该文提出了前向式动态规划算法，计算复杂度为 $O(T^3)$，可以求得最优生产计划和各周期最优价格。Kunreuther 等[135] 首次研究了不允许需求延迟且无能力约束下，固定定价与库存的集成问题。需求是确定性的关于价格的线性函数，目标函数是利润最大化。该文提出了类似“爬山”的启发式算法，虽然可以得到最优价格的上界和下界，但是不一定能求得最优价格。Gilbert S. M. [136] 研究了当生产费用和库存费用都是静态的情形下，固定定价和单产品批量的联合决策问题，提出了动态规划算法，计算复杂度为 $O(T^3)$。在另一篇文章[137] 中，问题被拓展到多产品问题，不过不考虑生产准备费用，该文章提出了基于对偶理论的算法。Heuvel 和 Wagelman[138] 把 Gilbert[136] 拓展到生产费用和库存费用都是动态的情形，或者说改进了 Kunreuther 等[135] 提出的启发式算法，他们提出了多项式时间内可求解的精确算法。

本章主要的工作是分别把文献[123] 和文献[135] 拓展到允许需求延迟情形。研究了允许需求延迟情形下，定价和批量问题的联合决策模型及其算法。本章结构安排如下：3.2 节研究了动态定价与单产品批量问题的联合决策；3.3 节研究了固定定价与单产品批量问题的联合决策；3.4 节对本章内容进行小结。

3.2 动态定价与允许需求延迟批量问题的联合决策

假设价格在各周期间是变动的，缺货时未满足的需求延迟到未来某个周期得到满足，延迟时间受到限制，不考虑生产能力约束。为动态定价与批量的集成问题建立了非线性混合整数规划模型。分析了最优解的特征。提出了基于动态规划、在多项式时间内可解的精确算法。

3.2.1 模型

符号说明如下：p_t，第 t 周期的价格；$d_t(p_t)=\alpha_t-\beta_t\cdot p_t$，第 t 周期的需求函数；其余参数参见 2.2.2.1 节。本节作如下假设：① 初始库存量 I_0^+ 和缺货量 I_0^- 都为 0；计划期末的库存量 I_T^+ 和缺货量 I_T^- 都为 0。② 未满足的需求只许延迟而不允许放弃。

问题的数学模型：

模型 3.1

$$\operatorname{Max} F=\sum_{t=1}^{T}(\alpha_t-\beta_t\cdot p_t)p_t-\sum_{t=1}^{T}(K_t y_t+h_t^+ I_t^+ +h_t^- I_t^- +v_t x_t) \tag{3.1}$$

s.t.　$x_t + I_{t-1}^+ + I_t^- = d_t(p_t) + I_t^+ + I_{t-1}^-, \quad t=1,\cdots,T$ (3.2)

$$x_t \leqslant y_t \sum_{i=\max\{1,t-\gamma\}}^{T} (\alpha_i - \beta_i \cdot p_i), \quad t=1,\cdots,T \tag{3.3}$$

$$y_t \in \{0,1\}, \quad t=1,\cdots,T \tag{3.4}$$

$$I_t^- \leqslant \sum\nolimits_{t-\gamma+1}^{t} (\alpha_t - \beta_t \cdot p_t), \quad t=1,\cdots,T \tag{3.5}$$

$$x_t \geqslant 0, I_t^+ \geqslant 0, I_t^- \geqslant 0, \quad t=1,\cdots,T \tag{3.6}$$

$$\frac{\alpha_t}{\beta_t} \geqslant p_t \geqslant 0, \quad t=1,\cdots,T \tag{3.7}$$

目标函数(3.1)是企业的利润，由总收入减去总成本得到的，总成本包括固定生产费用，库存费用，延迟费用和成本费用；约束条件(3.2)描述了相邻周期的库存、需求和生产量间的关系；约束条件(3.3)和(3.4)显示某周期是否生产；约束条件(3.5)要求未被满足的需求延迟的期限不能超过 γ 个周期；约束条件(3.6)要求相关变量的非负性；约束(3.7)要求每个周期的需求量是非负的。

3.2.2　定义和定理

定义 3.1　如果 $I_i^+ = 0$ 且 $I_i^- = 0$，则称周期 i 为再生点；如果 $x_i > 0$，则称周期 i 为生产点。

令 $P = \{p_1, \cdots, p_T\}$ 表示从周期 1 到周期 T 的价格向量，$X(P)$ 表示价格向量 P 的生产计划。

定义 3.2　如果 $S_{uv}(1 \leqslant u < v \leqslant T)$ 表示可行生产计划 $X(P)$ 的一个子集，且 $S_{uv} = \{x_i, i=u, u+1, \cdots, v \mid u-1$ 和 v 是再生点，$I_j^+ > 0$ 或 $I_j^- > 0, u \leqslant j < v\}$，则称 S_{uv} 是生产计划 $X(P)$ 的子生产计划，相应的问题称为子问题(u,v)。

定理 3.1　对于一个 $T-$周期问题，存在某个最优生产计划，具有以下性质：在任意两个连续的生产点 $t^0, t^1 (1 \leqslant t^0 < t^1 \leqslant T)$ 之间，至少有一个再生点 $j, t^0 \leqslant j < t^1$；换句话说，在任意两个连续

的再生点之间，至多有一个生产点。

证明：反证法，假设最优生产计划 $X(P)$ 存在连续生产点 t^0，t^1，它们之间没有再生点，即 $I_i^+>0$ 或 $I_i^->0(t^0\leqslant i<t^1)$。分三类：第一类，$I_i^+>0(t^0\leqslant i<t^1)$；第二类，$I_i^->0(t^0\leqslant i<t^1)$；第三类，存在某个周期 $j^0(t^0<j^0<t^1)$，有 $I_{j^0-1}^+>0$ 且 $I_{j^0}^->0$。

以第三类为例进行证明，分两种情形讨论：

第一种情形：$v_{t^0}+\sum_{i=t^0}^{j^0-1}h_i^+\neq v_{t^1}+\sum_{i=j^0}^{t^1-1}h_i^-$。

如果 $v_{t^0}+\sum_{i=t^0}^{j^0-1}h_i^+<v_{t^1}+\sum_{i=j^0}^{t^1-1}h_i^-$，则周期 j^0 的需求全部由生产点 t^0 满足，总费用更低，从而总利润更高；否则，全部由生产点 t^1 满足，总费用更低，从而总利润更高，这与 $X(P)$ 是最优解相矛盾。

第二种情形：$v_{t^0}+\sum_{i=t^0}^{j^0-1}h_i^+=v_{t^1}+\sum_{i=j^0}^{t^1-1}h_i^-$。

这时，周期 j^0 的需求既可以全部由生产点 t^0 来满足（此时，$I_{j^0}=0$），也可以全部由生产点 t^1 来满足（此时，$I_{j^0-1}=0$），总费用不变。因此，存在某个最优解 $X'(P)$，具有定理 3.1 的性质。

第一类，取 $j^0=t^1-1$；第二类，取 $j^0=t^0$ 可以类似地证明。证明完毕。

由定理 3.1 可知，存在某个最优生产计划，任意两个连续的再生点，至多有一个生产点。因此，很容易得到下面的推论。

推论 3.1 存在某个最优生产计划，对于任意周期 t，要么不生产，要么生产量是几个连续周期的需求量之和。

设周期 s 是生产点，令周期 $r(s)$ 是不超过周期 s 的最迟的再生点。

定理 3.2 如果 t^0 和 $t^1(t^0<t^1)$ 是生产计划 $X(P)$ 的两个连续生产点，那么在周期 $t(t=r(t^0)+1,r(t^0)+2\cdots,t^0-1)$ 的最优价格是函数

$$(p_t - v_{t^0} - \sum_{i=t}^{t^0-1} h_i^-)(\alpha_t - \beta_t \cdot p_t) \tag{3.8}$$

的最大值点所对应的价格，即

$$p_t^* = \frac{\alpha_t + \beta_t(v_{t^0} + \sum_{i=t}^{t^0-1} h_i^-)}{2\beta_t}$$

类似地，周期 $t(t=t^0, t^0+1, \cdots, r(t^1))$ 的最优价格是函数

$$(p_t - v_{t^0} - \sum_{i=t^0}^{t-1} h_i^+)(\alpha_t - \beta_t \cdot p_t) \tag{3.9}$$

的最大值点所对应的价格，即

$$p_t^* = \frac{\alpha_t + \beta_t(v_{t^0} + \sum_{i=t^0}^{t-1} h_i^+)}{2\beta_t}$$

证明：存在最优解 $X(P^{**})$，其中 $P^{**}=\{p_1^{**}, p_2^{**}, \cdots, p_T^{**}\}$。$t^0$ 和 $t^1(t^0<t^1)$ 是 $X(P^{**})$ 的任意两个连续的生产点。由于从周期 $r(t^0)+1$ 到 $r(t^1)$ 之间只有一个生产点 t^0，所以对于周期 $t(r(t^0)+1 \leqslant t \leqslant t^0-1)$，价格分别为 p_t^* 和 p_t^{**} 时，利润之差为

$$(p_t^* - v_{t^0} - \sum_{i=t}^{t^0-1} h_i^-)d_t(p_t^*) - (p_t^{**} - v_{t^0} - \sum_{i=t}^{t^0-1} h_i^-)d_t(p_t^{**}) \tag{3.10}$$

根据 p_t^* 的定义可知，(3.10)式的值是非负的。因此，价格 p_t^* 也是周期 t 的最优定价。类似地，可以证明周期 $t(t^0 \leqslant t \leqslant r(t^1))$ 的情形。

综上所述，价格向量 $P^*=\{p_1^*, \cdots, p_T^*\}$ 也是原问题的一个最优价格决策序列。证明完毕。

3.2.3　算法及计算复杂度

根据定理 3.1，模型 3.1 存在某个最优生产计划，是由若干个子问题的最优子生产计划构成。因此，可以把模型 3.1 分解成若

干子问题,分别对子问题进行求解。所以求解模型 3.1 的关键就是如何求解子问题的最优解。

3.2.3.1　子问题的决策模型

不失一般性,下面以子问题$(1,n)(1\leqslant n\leqslant T)$为例。由于最大延迟周期数为$\gamma$,所以子问题$(1,n)$的生产点可能是周期$1,\cdots,\gamma+1$。例如,当延迟周期数为$m$,则周期$m+1$是生产点周期。根据定理 3.1 及其推论可知,子问题$(1,n)$只有一个生产点$t(1\leqslant t\leqslant\gamma+1)$且生产量为子问题所有周期的需求总和。对于给定生产点,运用定理 3.2 可以求解子问题的每个周期的价格。遍历所有可能的生产点(从周期 1 到周期$\gamma+1$),选择利润最大者所对应的生产策略和价格向量为子问题的最优生产策略和最优价格向量。

$E(1,n,t)$表示子问题$(1,n)$生产点为t时的最大利润:

$$E(1,n,t)=\text{Max}\left\{\sum_{i=1}^{t-1}d_i(p_i)\left(p_i-v_t-\sum_{l=i}^{t-1}h_l^-\right)+\sum_{i=t}^{n}d_i(p_i)\left(p_i-v_t-\sum_{l=t}^{i-1}h_l^+\right)-K_t\right\}$$

根据定理 3.2,当生产点为t^0时,子问题$(1,n)$中周期t的最优价格为

$$p_t=\frac{\alpha_t+\beta_t\left(v_{t^0}+\sum_{i=t}^{t^0-1}h_i^-\right)}{2\beta_t},\quad t=1,2,\cdots,t^0-1 \tag{3.11}$$

$$p_t=\frac{\alpha_t+\beta_t\left(v_{t^0}+\sum_{i=t^0}^{t-1}h_i^+\right)}{2\beta_t},\quad t=t^0,t^0+1,\cdots,n \tag{3.12}$$

在所有可能的生产点情形中,选择利润最大者的解作为子问题$(1,n)$的解。不妨设最优生产点为t^*,则子问题$(1,n)$的最优生产策略为

$$x_{t^*} = \sum_{t=1}^{n} (\alpha_t - \beta_t p_t^*) \tag{3.13}$$

3.2.3.2　整个问题的决策模型

$F(k)$ 表示从计划期初到周期 k 末的总利润，$E(i,k,t)(1 \leqslant i \leqslant t \leqslant k \leqslant T)$ 表示子问题(i,k) 生产点为 t 时的利润。令 $\delta = \mathrm{Min}\{i+\gamma, k\}$。

由定理 3.1，得到顺序动态规划递推公式：

$$F(k) = \underset{1 \leqslant i \leqslant k}{\mathrm{Max}}\{F(i-1) + \underset{t \leqslant t \leqslant \delta}{\mathrm{Max}}\{E(i,k,t)\}\},\quad k = 1,\cdots,T \tag{3.14}$$

$$F(0) = 0 \tag{3.15}$$

其中，(3.15) 式为初始条件。(3.14) 式中的 $E(i,k,t)$ 可以根据 3.2.3.1 的算法思想进行求解，$F(T)$ 就是模型 3.1 的最大利润，对应的价格向量(或生产计划) 就是模型 3.1 的最优价格向量(或最优生产计划)。

3.2.3.3　计算复杂度分析

以子问题$(1,n)$ 为例，先分析子问题的计算复杂度。对于某个生产点，根据定理 3.1 中的(3.14) 式和(3.15) 式，求解子问题每周期的价格计算复杂度为 $O(n)$，可能的生产点数为 $\gamma+1$，由于 γ 是与 T 无关的常数，所以子问题的计算复杂度为 $O(n)$。由于原问题包含的子问题数是 $0.5T(T-1)$，所以整个问题的计算复杂度为 $O(T^3)$。

3.2.3.4　算法的具体步骤

步骤 1：给定 $i,k_1 \leqslant i \leqslant k \leqslant T$，运用 3.2.3.1 子问题决策模型求解子问题$(i,k)$ 的最优价格向量和最优生产计划；

步骤 2：求解所有可能的子问题(i,k) 的最优价格向量和最优生产计划；

步骤 3:运用 3.2.3.2 中的(3.14)式和(3.15)式,用动态规划顺推解法求解出模型 3.1 的最大利润、最优价格向量和最优生产计划。

3.2.4 实验结果与参数分析

允许需求延迟的最大周期数 $\gamma=3$,提前期 $LT=1$,其他参数取值见表 3.1。

表 3.2 给出了动态定价和生产批量联合决策下的 MRP 物料需求计划。联合决策下,各周期的最优需求和最优价格见表 3.2 的第一行和第二行;表 3.2 显示,最优生产计划是由子问题(1,6)和(7,10)构成;再生点是周期 0、6、10,生产点是周期 2 和周期 8,周期 2 的生产量满足前 6 个周期的需求,周期 8 的生产量满足后 4 个周期的需求。从表 3.2 可以看出,联合策略需求计划与传统的分散策略下净需求计划主要有三点不同:第一,前者各周期的需求量和价格事先未知,是决策变量;后者各周期的需求量和价格事先已知,是状态变量;第二,前者允许需求延迟,不过缺货量必须在以后补足,不允许放弃;后者不允许需求延迟;第三,前者的利用较为复杂的算法制订生产计划;后者生产策略比较简单,出现净需求就立即生产。

图 3.1 分析了不同固定费用下,不允许延迟情形下联合决策和允许延迟情形下联合决策的利润变化。从图 3.1 可以看出,两条曲线呈张开的剪刀形,说明允许需求延迟情形下的联合决策对固定生产费用的变化较为“迟钝”。从管理角度来说,当固定生产费用较大时,采用允许需求延迟的联合决策可以给企业增加更多的利润;当固定费用较小时,两种情形下的利润差别不大。

可以从理论角度解释这个现象,当固定生产费用较大时,采用允许需求延迟的联合决策模型可以减少生产的次数,如果减少的固定生产费用大于由于生产批次的减少而增加的延迟费用和库存费用,则利润就会增加。

表 3.1　相关参数的值

周　期	1	2	3	4	5	6	7	8	9	10
v_t	25.6	25.7	26.1	26.1	26.5	26.6	26.7	26.5	26.5	26.6
h_t^+	0.3	0.3	0.4	0.5	0.4	0.4	0.3	0.3	0.5	0.5
h_t^-	0.4	0.4	0.5	0.6	0.5	0.5	0.4	0.4	0.6	0.6
K_t	1000	1000	1000	1000	1000	1000	1000	1000	1000	1000
α_t	12000	11800	11500	11000	10000	10500	11000	11500	11500	12000
β_t	400	390	380	360	330	350	360	380	380	400

表 3.2 定价和生产批量联合决策下的 MRP 需求计划

周期	1	2	3	4	5	6	7	8	9	10
需求量	780	888.5	810	748	561.5	472.5	658	715	658	540
价格	28.05	27.9782	28.1316	28.4778	28.6015	28.65	28.7273	28.3816	28.5316	28.65
期末库存量	0	2592	1782	1034	472.5	0	0	1198	540	0
期末缺货量	780	0	0	0	0	0	658	0	0	0
计划到达量	0	4260.5	0	0	0	0	0	2571	0	0
下达订单量	4260.5	0	0	0	0	0	2571	0	0	0
库存需求费	0	777.6	712.8	517	189	0	0	359.4	270	0
需求延迟费	312	0	0	0	0	0	263.2	0	0	0
固定生产费	0	1000	0	0	0	0	0	1000	0	0
生产费用	20046	22834.5	20817	19223.6	14430.6	12143.3	17437	18947.5	17437	14310
各期总费用	20358	24612.1	21529.8	19740.6	14619.6	12143.3	17700.2	20306.9	17707	14310
各期收益	21879	24858.6	22786.6	21301.4	16059.8	13537.1	18902.9	20292.8	18773.8	15471

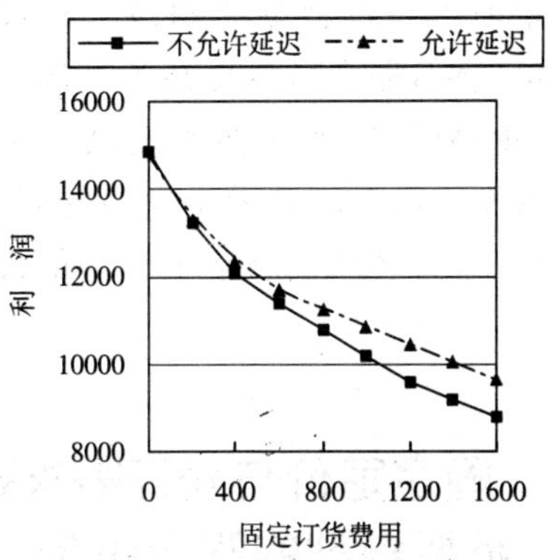

图 3.1　固定生产费用的灵敏度分析

图 3.2 选择了 12 种分散策略下的生产计划与联合策略下的生产计划进行比较。为方便起见，分散策略下的各周期价格取值是联合决策模型下各周期最优价格（见表 3.2 第二行）的倍数。12 种分散策略下的价格分别是联合决策下最优价格的 94%，95%，96%，97%，98%，99%，101%，102%，103%，104%，105%，106%。从图 3.2 可以看出，联合决策模型下生产计划的

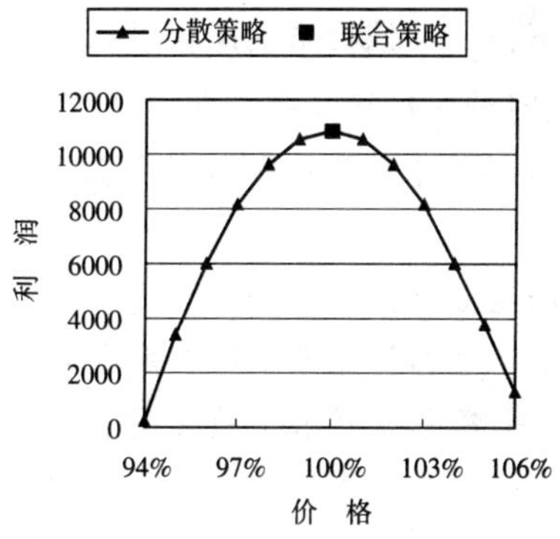

图 3.2　分散策略与联合策略的比较

利润要优于分散策略下生产计划的利润。从管理角度来看，如果分散策略下价格过低，那么虽然提高了市场占有率，但降低了边际利润率；如果价格过高，那么虽然提高了边际利润利润率，但降低了市场占有率。联合决策模型在边际利润率和市场占有率之间找到了平衡点，为各周期制定了合理的价格水平，使得企业利润最大化。

3.3 固定定价与允许需求延迟批量模型的联合决策

假设价格在各周期间是保持不变的，缺货时未满足的需求延迟到未来某个周期得到满足，最大延迟时间受到限制，不考虑生产能力约束。建立了非线性混合整数规划模型。提出了基于迭代搜索、在多项式时间内可解的精确算法，每次迭代包含一个最小化总成本问题与一个无条件约束的非线性规划问题。

3.3.1 数学模型

符号说明如下：I_t^+=周期t末的库存量；I_t^-=周期t末的需求延迟量；h_t^+=周期t时的单位产品存贮费用；h_t^-=周期t时的单位产品需求延迟费用；γ=需求延迟时间不能超过γ个周期；其余参数参见3.3.1节。

使用的主要假定如下：

(1) 初始库存量为0，计划期末库存量也为0。

(2) 缺货时，顾客愿意等待，但是等待时间不能超过γ个周期。

问题的数学模型如下：

模型3.2

$$\prod(p)=\text{Max}\sum_{t=1}^{T}[(\alpha_t-\beta_t p)p-(K_t y_t+v_t x_t+h_t^+ I_t^+ + h_t^- I_t^-)\tag{3.16}$$

$$\text{s.t.}\quad I_{t-1}^+ + I_t^- + x_t = I_t^+ + I_{t-1}^- + (\alpha_t-\beta_t p),\quad t=1,\cdots,T\tag{3.17}$$

$$x_t\leqslant y_t\sum_{i=\text{Max}\{1,t-\gamma\}}^{T}(\alpha_i-\beta_i\cdot p),\quad t=1,\cdots,T\tag{3.18}$$

$$y_t=\{0,1\},\quad t=1,\cdots,T\tag{3.19}$$

$$I_t^-\leqslant\sum\nolimits_{t-\gamma+1}^{t}(\alpha_t-\beta_t p),\quad t=1,\cdots,T\tag{3.20}$$

$$x_t\geqslant 0, I_t^+\geqslant 0, I_t^-\geqslant 0,\quad t=1,\cdots,T\tag{3.21}$$

$$\frac{\alpha_t}{\beta_t}\geqslant p\geqslant 0,\quad t=1,\cdots,T\tag{3.22}$$

目标函数(3.16)表示产品的利润，等于总的销售收入减去总成本(含生产启动费用、存贮费用、需求延迟费用和生产费用等)；约束条件(3.17)表示库存量、缺货量、生产量和需求之间的关系；约束条件(3.18)和(3.19)表示在周期 t 时是否组织生产；约束条件(3.20)要求需求延迟时间不超过 γ 个周期；约束条件(3.21)要求生产量、库存量和需求延迟量为非负；约束(3.22)要求每个周期的需求量是非负的。

对于售价 p 的任意一个确定的值，由于(3.16)式右边的第一项总和(即总的销售收入)是一个常数。因此，一旦确定了价格，原问题就转变成了 LSP-B：

$$C(p)=\text{Min } w'=\sum\nolimits_{t=1}^{T}(K_t y_t+v_t x_t+h_t^+ I_t^+ + h_t^- I_t^-)\tag{3.23}$$

s. t.　约束条件　(3.17) ~ (3.21)

3.3.2 算法

算法是由一个主程序和两个函数(Basic 和 Improv)组成的。算法的基本思想如下:首先,不断地交替进行价格决策和批量决策,得到最优价格的上、下界;然后,设法重新启动交替决策过程,递归地搜索上、下界间的区域,求出最优价格和相应的生产计划。

算法的核心思想是把定价和批量联合决策问题转换成大量的批量问题。因此,在介绍算法之前,先给几个有关 LSP-B 最优解的定理[24,25]。

性质 3.1　存在某个最优解 $X(p^*)$,对于任意周期 t,有:

如果 $I_{t-1}^+ > 0$,则 $I_t^- = 0$;

如果 $x_t > 0$,则 $I_t^- = 0$;

如果 $I_{t-1}^+ > 0$,则 $I_t^- = 0$

性质 3.2　对于一个 t — 周期问题,存在某个最优解 $X(p^*)$,具有以下性质:在任意两个连续的再生点 $i,k(i<k)$ 间,至多有一个生产点 $j(i<j\leqslant k)$。

性质 3.3　存在某个最优解 $X(p^*)$,对于任意周期 t,要么不生产,要么生产量是几个连续周期的需求量之和。

性质 3.4　存在某个最优解 $X(p^*)$,如果周期 t^* 的需求量 $d_{t^*}(p_{t^*})$ 是由某周期 t^{**} 产量 $x_{t^{**}}$ 来满足,则当 $t^{**}<t^*$ 时,周期 $t(t=t^{**}+1,\cdots,t^*-1)$ 的需求量也是由周期 t^{**} 产量 $x_{t^{**}}$ 来满足;当 $t^{**}\geqslant t^*$ 时,周期 $t(t=t^*,t^*+1,\cdots t^{**})$ 也是由周期 t^{**} 产量 $x_{t^{**}}$ 来满足。

一个生产计划可以由一系列生产点和再生点来确定。例如,可以用 $\{0,s_1(p),z(s_2(p)),s_2(p),\cdots,z(s_l(p)),s_l(p),T\}$ 表示生产计划 $X(p)$,其中 $\{s_1(p),s_2(p),\cdots,s_l(p)\}$ 按增序排列,是生产计划 $X(p)$ 的生产点集合,$z(s_i(p))$ 是不超过生产点 $s_i(p)$ 的再生

点($i \in \{1,2,\cdots,l\}$)。为了便于说明,令 $s_{l+1}(p)=T+1$,显然 $z(s_{l+1}(p))=T, z(s_1(p))=0$。

根据上述性质,生产计划 $X(p)$ 的总成本 $S(p)$ 可以表示如下:

$$
\begin{aligned}
S(p) = \sum_{i=1}^{l} [& K_{s_i(p')} + v_{s_i(p)} \sum_{t=z(s_i(p))+1}^{z(s_{i+1}(p))} d_t(p) \\
& + \sum_{t=z(s_i(p))+1}^{s_i(p)-1} (\sum_{k=t}^{s_i(p)-1} h_k^-) d_t(p) \\
& + \sum_{t=s_i(p)+1}^{z(s_{i+1}(p))} (\sum_{k=s_i(p)}^{t-1} h_k^+) d_t(p)] \\
= \sum_{i=1}^{l} [& K_{s_i(p)} + v_{s_i(p)} \sum_{t=z(s_i(p))+1}^{z(s_{i+1}(p))} (\alpha_t - \beta_t p) \\
& + \sum_{t=z(s_i(p))+1}^{s_i(p)-1} (\sum_{k=t}^{s_i(p)-1} h_k^-) (\alpha_t - \beta_t p) \\
& + \sum_{t=s_i(p)+1}^{z(s_{i+1}(p))} (\sum_{k=s_i(p)}^{t-1} h_k^+) (\alpha_t - \beta_t p)]
\end{aligned} \tag{3.24}
$$

(3.24) 式显示,生产计划 $X(p)$ 的总成本 $S(p)$ 是售价 p 的线性函数。

令 $c(p') = \{0, s_1(p'), z(s_2(p')), s_2(p'), \cdots, z(s_l(p')), s_l(p'), T\}$ 是售价为 p' 时的最优生产计划,

$R(p) = \sum_{i=1}^{T} (\alpha_t - \beta_t p) p$ 表示整个计划期的收入。

令 $S(p',p)$ 表示在生产计划 $c(p')$ 下,售价为 p 时的生产费用,即

$$
\begin{aligned}
S(p',p) = \sum_{i=1}^{l} [& K_{s_i(p')} + v_{s_i(p')} \sum_{t=z(s_i(p'))+1}^{z(s_{i+1}(p'))} (\alpha_t - \beta_t p) \\
& + \sum_{t=z(s_i(p'))+1}^{s_i(p')-1} (\sum_{k=t}^{s_i(p')-1} h_k^-) (\alpha_t - \beta_t p) \\
& + \sum_{t=s_i(p')+1}^{z(s_{i+1}(p'))} (\sum_{k=s_i}^{t-1} h_k^+) (\alpha_t - \beta_t p)]
\end{aligned}
$$

$S_0(p) = \text{Min}\ p' S(p',p)$。显然,$S_0(p) = S(p,p)$。

算法的具体步骤如下：

步骤 1：确定最优价格的一个下界 p_L 和一个上界 p_U。对于 $\forall t(t=1,2,\cdots,T)$，假设 $K_t=0$，根据 LSP-B 可以确定 p_L；仅仅在第 1 周期组织生产，满足所有 T 个周期的需求，可以确定 p_U。

步骤 2：调用函数 Basic(p_L)，令函数调用终止时的价格为 p_L^*（循环上升程序）。

步骤 3：调用函数 Basic(p_U)，令函数调用终止时的价格为 $p_U{}^*$（循环下降程序）。

步骤 4：如果 $p_L^*=p_U{}^*$，则程序终止，最优价格是 p_L^* 或 $p_U{}^*$。否则，转下一步。

步骤 5：调用函数 Improv(p_L^*, p_U^*)。

Function Basic(p_{ini})

① 令 $i=0, p_i=p_{ini}$。

② 根据 $d_t(p_i)=\alpha_t-\beta_t p_i$ 计算周期 $t(t=1,2,\cdots,T.)$ 的需求量。由于价格确定后，原问题就转变成 LSP-B。LSP-B 可以由 Aggarwal-Park 算法[11] 求解。存贮所有的生产点 $s_i(p_i)$ 和所有的再生点 $z(s_i(p_i))$。

③ 根据 ② 求得的生产计划，计算 $R(p)-S(p_i,p)$；再由 $d(R(p)-S(p_i,p))/dp=0$，得到价格 p_{i+1}。

④ 如果 $R(p_i)-S(p_{i-1},p_i)>R(p_{i-1})-S(p_{i-1})$，则令 $i=i+1$，转至 ②。

⑤ 输出 p_i。

End Function

Function Improv(p_L, p_U)

令 $S(p_L, p)=S(p_U, p)$，得到 $\bar{p}$

If $S_0(\bar{p})=S_0(p_L,\bar{p})=S_0(p_U,\bar{p})$

then End Function

Else

调用函数 Basic($\bar{p}$)，令函数终止时的价格为 $\bar{p}^*$。如果目标函数值大于此前面得到最佳目标函数值，则存贮 $\bar{p}^*$ 和相应的生产策略。

If $\bar{p}^* > \bar{p}$, then

调用函数 Improv(p_L，$\bar{p}$)；调用函数 Improv($\bar{p}^*$，p_U)

Else

调用函数 Improv(p_L，$\bar{p}^*$)；调用函数 Improv($\bar{p}$，p_U)

End if

End if

End Function

接下来，将给出一个定理，说明上面给出的算法在前后相邻的两次迭代中没有忽略最优价格。在引入定理前，先给出下面的引理。

引理 3.1　当 p' 固定不变时，随着 $|p-p'|$ 的增加，$S(p',p)-S_0(p)$ 单调增加。

证明：因为 $S(p',p)$ 是关于 p 的线性函数，$S_0(p)$ 是关于 p 的分段线性凹函数，所以 $S(p',p)-S_0(p)$ 是关于 p 的分段线性凸函数。并且当 $p=p'$ 时，函数 $S(p',p)-S_0(p)$ 取最小值，凸函数远离它的最小值时，总是单调增加的。证明完毕。

定理 3.3　如果 p_{i-1} 和 p_i 是由算法产生的两个连续的价格，那么对于 p_{i-1} 和 p_i 间任意的价格 p，有

$$R(p_i)-S_0(p_i) \geqslant R(p)-S_0(p)$$

也就是说，算法在由 p_{i-1} 到 p_i 过程中，没有忽略最优价格。

证明：对于任意价格 p，

$$R(p)-S_0(p)=R(p)-S(p_{i-1},p)+S(p_{i-1},p)-S_0(p) \tag{3.25}$$

特别地，当 $p=p_i$，(3.25) 式为

$$R(p_i)-S_0(p_i)=R(p_i)-S(p_{i-1},p_i)+S(p_{i-1},p_i)-S_0(p_i) \tag{3.26}$$

由引理 3.1 可知，对于 p_{i-1} 和 p_i 间任意的价格 p：

$$S(p_{i-1},p)-S_0(p)\leqslant S(p_{i-1},p_i)-S_0(p_i) \tag{3.27}$$

由算法中的函数 Basic(p_{ini}) 的第(Ⅳ)步可知：

$$R(p)-S(p_{i-1},p)\leqslant R(p_i)-S(p_{i-1},p_i) \tag{3.28}$$

(3.27) 式加(3.28) 式后，我们发现(3.25) 的左边不大于(3.26) 的左边。定理证明完毕。

3.3.3 算法的计算复杂度分析

本节将证明，可能的最优价格的个数是关于周期 T 的多项式。进一步，对于每个预先确定的价格，由于 LSP-B 可以在 $O(T\log T)$ 时间内可解[11]。因此，算法可以在多项式时间内求解。

首先证明下面的引理。

令 a_i 和 $-b_i$ 分别表示线段 $l_i(p)$ 的截距和斜率，则线段 $l_i(p)$ 可以表示如下：

$$l_i(p)=a_i-b_ip$$

引理 3.2 对于 $n(n\geqslant 2)$ 对线段 $l_1,l_2,\cdots,l_{2n},F_n(p)$ 表示这些线段的下包络线。如果这些线段具有下面的性质：$a_{2i-1}-a_{2i}=\Delta a$ 和 $b_{2i-1}-b_{2i}=\Delta b(\Delta b\neq 0)$，那么计算包络线时至少可以排除 $n-1$ 条线段。

证明：假设有 n 对具有上述性质的线段，第 i 对线段为 l_{2i-1} 和 l_{2i}。不失一般性，假设 $\Delta b>0$，当 $p<p_{2i-1,2i}$ 时，$l_{2i-1}(p)>l_{2i}(p)$；当 $p>p_{2i-1,2i}$ 时，$l_{2i-1}(p)<l_{2i}(p)$。用 $F_n(p)$ 表示这些线段的下包络线(如图 3.3 中的粗黑线 ABC)：

$$F_n(p) = \operatorname*{Min}_{i=1,\cdots,2n} l_i(p)$$

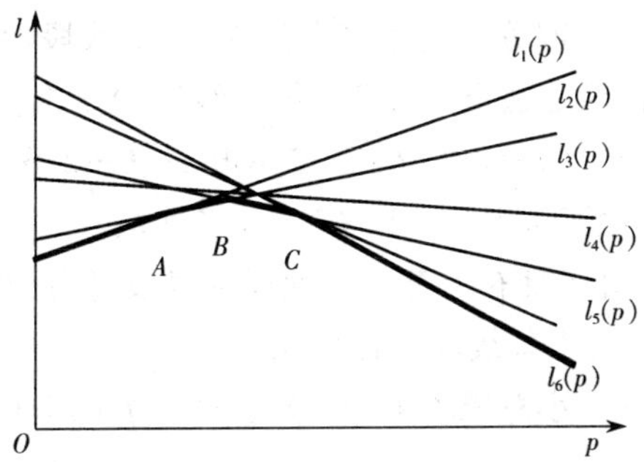

图 3.3　计算下包络线示意图

现在我们可以分以下两种情况进行讨论：

Case(i) 有且仅有一对线段 $l_{2i}(p)$ 和 $l_{2i-1}(p)$ 在此相交于点 $F_n(p_{2i-1,2i})$，也就是说，存在唯一 i，使得

$$i = \arg \operatorname*{Min}_{j=1,\cdots,n} l_{2j-1}(p_{2i-1,2i})$$

可以证实如下事实：任意线段对 $l_{2j}(p)$ 和 $l_{2i-1}(p)$($j \neq i$)，两条线段中至多只有一条线段是 $F_n(p)$ 一部分。如果 $p_{2j,2i} < p_{2i-1,2i}$，则有 $b_{2j} < b_{2i}$，因而线段 $l_{2j}(p)$ 可能是 $F_n(p)$ 一部分。但是线段 $l_{2j-1}(p)$ 不会是 $F_n(p)$ 的一部分，这是因为：

$$b_{2j-1} = \Delta b + b_{2j} = b_{2i-1} - b_{2i} + b_{2j} < b_{2i-1}$$

$$\text{且 } l_{2j-1}(p_{2i-1,2i}) > l_{2i-1}(p_{2i-1,2i})$$

由上面两式可知，当 $p > p_{2i-1,2i}$ 时，$l_{2j-1}(p) > F_n(p)$。

如果 $p_{2j-1,2i-1} > p_{2i-1,2i}$，则可以类似地得出 $l_{2j-1}(p)$ 可能是 $F_n(p)$ 一部分，但是线段 $l_{2j}(p)$ 不会是 $F_n(p)$ 一部分。总而言之，在这种情形下，第 i 对线段是 $F_n(p)$ 一部分，而其余 $n-1$ 对线段每对至多只有一条线段是 $F_n(p)$ 一部分。因此，至少可以排除 $n-1$ 条线段。

Case(ii) 有 $k(k \geqslant 2)$ 对线段相交于点 $F_n(p_{2i-1,2i})$。

在这种情形下，k 对线段中只有两对线段，其中每对中有一条线段是 $F_n(p)$ 的一部分。对于其余的 $n-k$ 对线段，我们可以用第一种情形中的证明方法类似证明，每对线段中至多只有一条线段是 $F_n(p)$ 一部分。因此，$F_n(p)$ 至多是由 $n+k-2$ 条线段组成。结果，我们至少排除了 $n+k-2>n-1$ 条线段。

综上所述，对于具有引理 3.2 性质的线段对，计算下包络线时可以至少排除 $n-1$ 条线段。证明完毕。

定理 3.4 最小总成本 $C(p)$ 关于价格 p 的断点数至多为

$$\frac{T^4-6T^3+15T^2-2T}{8}$$

证明：最小总成本 $C(p)$ 实际上是所有生产计划费用的下包络线。用一个 $T(T\geqslant 3)$ 位二进制数表示一个生产点序列(1 表示生产点，0 表示非生产点)。

考虑下面一对生产点序列簇：

$$\bullet\ \bullet\cdots\bullet\ \ 1\ \circ\cdots\circ \tag{3.29}$$

$$\underbrace{\bullet\ \bullet\cdots\bullet}_{T-n-2}\ \ 1\ \underbrace{\circ\cdots\circ}_{n} \tag{3.30}$$

“•”表示某个周期，当且仅当在生产点序列簇(3.30)中是生产点，则在生产点序列簇(3.29)中也为生产点。“◦”表示在所有的“◦”周期中，生产点序列簇(3.29)和生产点序列簇(3.30)不完全相同。

设 s_{i-1} 和 s_i 是给定的生产点序列中相邻的两个生产点。根据性质 3.2，这两个生产点之间至少存在一个再生点。令 $b=\mathrm{Min}\{\gamma, s_i-s_{i-1}-1\}$，再生点有 $b+1$ 种可能。先考虑周期 s_i-b，如果 $v_{s_{i-1}}+\sum_{j=s_{i-1}}^{s_i-b-1}h_j^+>v_{s_i}+\sum_{j=s_i-b}^{s_i-1}h_j^+$，则周期 s_i-b 的需求延迟，由生产点 s_i 来

满足，根据性质 3.4，周期 $s_i-b-1,\cdots,s_i-1$ 的需求都由生产点 s_i 来满足，此时周期 s_i-b-1 是再生点；否则，由生产点 s_{i-1} 来满足周期 s_i-b 的需求，此时，类似地，考虑周期 $s_i-b+1,\cdots$，至多经过 $b+1$ 次确定再生点。因此，对于给定的生产点序列，至多经过 T 次运算可以找到对应的库存点序列，构成一个完整的生产计划。

设 $s^1(p)$ 和 $s^2(p)$ 是具有上述特点的生产计划对：

$$s^1(p)=(0,s_1(p),\cdots,z(s_k(p)),s_k(p),z(m_1),m_1,\cdots,z(n_1),n_1,T)$$

$$s^2(p)=(0,s_1(p),\cdots,z(s_k(p)),s_k(p),z(m_2),m_2,\cdots,z(n_2),n_2,T)$$

令 $\Phi(s(p))$ 表示生产计划 $s(p)$ 的所有生产点集合。

$$\begin{aligned}
s^1(p)-s^2(p)=&\sum_{t=s_k(p)}^{z(m_1)}\alpha_t(v_{s_k(p)}+\sum_{j=s_k(p)}^{t-1}h_j^+)\\
&+\sum_{\substack{i\in\Phi(s^1(p))\\ i\geqslant m_1}}(K_i+\sum_{t=z(i)+1}^{i-1}\alpha_t(v_i+\sum_{j=t}^{i-1}h_j^-)+\sum_{t=i}^{z(i+1)}\alpha_t(v_i+\sum_{j=i}^{t-1}h_j^+))\\
&-\sum_{t=s_k(p}^{z(m_2)}\alpha_t(v_{s_h(p)}+\sum_{j=s_k(p)}^{t-1}h_j^+)-\sum_{\substack{i\in\Phi(s^2(p))\\ i\geqslant m_2}}(K_i+\sum_{t=z(i)+1}^{i-1}\alpha_t(v_i+\sum_{j=t}^{i-1}h_j^-)\\
&+\sum_{t=i}^{z(i+1)}\alpha_t(v_i+\sum_{j=i}^{t-1}h_j^+))-p[\sum_{t=s_k(p)}^{z(m_1)}\beta_t(v_{s_k(p)}+\sum_{j=s_k(p)}^{t-1}h_j^+)\\
&+\sum_{\substack{i\in\Phi(s^1(p))\\ i\geqslant m_1)}}(\sum_{t=z(i)+1}^{i-1}\beta_t(v_i+\sum_{j=t}^{i-1}h_j^-)+\sum_{t=i}^{z(i+1)}\beta_t(v_i+\sum_{j=i}^{t-1}h_j^+))\\
&-\sum_{t=s_k(p)}^{z(m_2)}\beta_t(v_{s_k(p)}+\sum_{j=s_k(p)}^{t-1}h_j^+)-\sum_{\substack{i\in\Phi(s^2(p))\\ i\geqslant m_2}}(\sum_{t=z(i)+1}^{i-1}\beta_t(v_i+\sum_{j=t}^{i-1}h_j^-)\\
&+\sum_{t=i}^{z(i+1)}\beta_t(v_i+\sum_{j=i}^{t-1}h_j^+))]
\end{aligned}\tag{3.31}$$

由(3.31) 可知，截距的差和斜率的差独立于 $s_1(p),\cdots,$

$s_{k-1}(p)$。标为"•"的周期的个数是 $T-n-1$，表明有 2^{T-n-1} 对生产计划具有引理2的性质。根据引理3.2，至少可以排除 $2^{T-n-1}-1$ 个生产点序列。

下面用数学归纳法证明：标为"。"的周期的个数是 n 时，至少可以排除 $n2^{T-n-1}-\dfrac{n^3+n}{2}$ 个生产点序列。

在证明过程中，如果出现 K 对具有引理3.2特征的生产点序列，则规定恰好排除 $K-1$ 个生产点序列，且每对生产点序列至多排除其中一个生产点序列（根据引理3.2的证明过程，是可以这么规定的）。

步骤1：当 $n=1$ 时，考虑下面的生产点序列：

$$\begin{matrix} \bullet & \bullet & \cdots & \bullet & 1 & 0 \\ \bullet & \bullet & \cdots & \bullet & 1 & 1 \end{matrix}$$

根据引理3.2，命题成立。

步骤2：假设 $n=k$ 时，命题成立。

$$\begin{matrix} \bullet & \bullet & \cdots & \bullet & 1 & 0 & 0 & \cdots & 0 & \quad A(k,0) \\ \bullet & \bullet & \cdots & \bullet & 1 & 1 & 0 & \cdots & 0 & \quad A(k,1) \\ \bullet & \bullet & \cdots & \bullet & 1 & 0 & 1 & \cdots & 0 & \quad A(k,2) \\ & & & & \cdots\cdots & & & & & \\ \underbrace{\bullet \quad \bullet \quad \cdots \quad \bullet}_{2^{T-k-1}} & & & & 1 & \underbrace{0 \quad 0 \quad \cdots \quad 1}_{k} & & & & \quad A(k,k) \end{matrix}$$

步骤3：当 $n=k+1$ 时，考虑下面的生产点序列簇：

$$\begin{matrix} \bullet & \bullet & \cdots & \bullet & 1 & 0 & 0 & \cdots & 0 & \quad A(k+1,0) \\ \bullet & \bullet & \cdots & \bullet & 1 & 1 & 0 & \cdots & 0 & \quad A(k+1,1) \\ \bullet & \bullet & \cdots & \bullet & 1 & 0 & 1 & \cdots & 0 & \quad A(k+1,2) \\ & & & & \cdots\cdots & & & & & \\ \underbrace{\bullet \quad \bullet \quad \cdots \quad \bullet}_{2^{T-k-2}} & & & & 1 & \underbrace{0 \quad 0 \quad \cdots \quad 1}_{k+1} & & & & \quad A(k+1,k+1) \end{matrix}$$

生产点序列 $A(k+1,1)$ 是 $A(k,0)$ 的子集，设 $A(k+1,1)$ 已经被排除了 $D(k+1,1)$ 个生产点序列。和该 $D(k+1,1)$ 个生产点序列配对的线段分别属于生产点序列 $A(1,1)$、$A(2,1)$、$A(2,2)$、…、$A(k,1)$、…、$A(k,k)$，设其数目分别为 $R(0,1,1)$、$R(0,2,1)$、$R(0,2,2)$、…、$R(0,k,1)$、…、$R(0,k,k)$（显然，$D(k+1,1)=\sum_{j=1}^{k}\sum_{i=1}^{j}R(0,j,i)$）。$A(k+1,0)$ 分别与 $A(1,1)$、$A(2,1)$、$A(2,2)$、…、$A(k,1)$、…、$A(k,k)$、$A(k+1,1)$ 构成的生产点序列对的对数分别为 $R(0,1,1)$、$R(0,2,1)$、$R(0,2,2)$、…、$R(0,k,1)$、…、$R(0,k,k)$、$2^{T-(k+1)-1}-D(k+1,1)$，设可以排除生产点序列的个数为 $D(k+1,k+1,0)$，则

$$D(k+1,k+1,0)=\mathrm{Max}\{R(0,1,1)-1,0\}+\mathrm{Max}\{R(0,2,1)-1,0\}$$

$$+\cdots+\mathrm{Max}\{R(0,k,k)-1,0\}+2^{T-(k+1)-1}-D(k+1,1)-1$$

$$\geqslant 2^{T-(k+1)-1}-\sum_{i=1}^{k}i-1$$

设 $A(k+1,0)$ 已经被排除的线段数是 $D(k+1,0)$，和该 $D(k+1,0)$ 个生产点序列配对的生产点序列分别属于生产点序列簇 $A(1,1)$、$A(2,1)$、$A(2,2)$、…、$A(k,1)$、…、$A(k,k)$、$A(k+1,1)$，设其个数分别为：$R(2,k,1)$、$R(2,2,1)$、$R(2,2,2)$、…、$R(2,k,1)$、…、$R(2,k,k)$、$R(2,k+1,1)$。$A(k+1,2)$ 分别与 $A(1,1)$、$A(2,1)$、$A(2,2)$、…、$A(k,1)$、…、$A(k,k)$、$A(k+1,0)$、$A(k+1,1)$、构成的生产点序列对的对数分别为 $R(2,k,1)$、$R(2,2,1)$、$R(2,2,2)$、…、$R(2,k,1)$、…、$R(2,k,k)$、$2^{T-(k+1)-1}-D(k+1,0)$、$R(2,k+1,1)$，设可以排除生产点序列的个数为 $D(k+1,k+1,2)$，则

$$D(k+1,k+1,2)=\mathrm{Max}\{R(2,1,1)-1,0\}+\mathrm{Max}\{R(2,2,1)-1,0\}$$

$$+\mathrm{Max}\{R(2,2,2)-1,0\}+\cdots+\mathrm{Max}\{R(2,k,1)-1,0\}$$

$$+\mathrm{Max}\{R(2,k,k)-1,0\}+2^{T-(k+1)-1}-D(k+1,0)-1$$

$$+\operatorname{Max}\{R(2,k+1,1)-1,0\}\geqslant 2^{T-(k+1)-1}-\sum_{i=1}^{k}i-1$$

$$\geqslant 2^{T-(k+1)-1}-\sum_{i=1}^{k}i-2$$

设 $A(k+1,2)$ 已经被排除的线段数是 $D(k+1,2)$。和该 $D(k+1,2)$ 个生产点序列配对的生产点序列分别属于生产点序列簇 $A(1,1)$、$A(2,1)$、$A(2,2)$、…、$A(k,1)$、…、$A(k,k)$、$A(k+1,0)$、$A(k+1,1)$，设其个数分别为：$R(2,k,1)$、$R(2,2,1)$、$R(2,2,2)$、…、$R(2,k,1)$、…、$R(2,k,k)$、$R(2,k|1,1)$、$R(2,k+1,1)$。$A(k+1,3)$ 分别与 $A(1,1)$、$A(2,1)$、$A(2,2)$、…、$A(k,1)$、…、$A(k,k)$、$A(k+1,0)$、$A(k+1,1)$、$A(k+1,2)$ 构成的生产点序列对的对数分别为 $R(3,1,1)$、$R(3,2,1)$、$R(3,2,2)$、…、$R(3,k,1)$、…、$R(3,k,k)$、$R(3,k+1,0)$、$R(3,k+1,1)$、$2^{T-(k+1)-1}-D(k+1,2)$，设可以排除生产点序列的个数为 $D(k+1,k+1,3)$，则

$$D(k+1,k+1,3)=\operatorname{Max}\{R(3,1,1)-1,0\}+\operatorname{Max}\{R(3,2,1)-1,0\}$$

$$+\operatorname{Max}\{R(3,2,2)-1,0\}+\cdots+\operatorname{Max}\{R(3,k,1)-1,0\}$$

$$+\operatorname{Max}\{R(3,k,k)-1,0\}+\operatorname{Max}\{R(3,k+1,0)+\operatorname{Max}\{R(3,k+1,1)$$

$$+2^{T-(k+1)-1}-D(k+1,2)-1\geqslant 2^{T-(k+1)-1}-\sum_{i=1}^{k}i-1$$

$$\geqslant 2^{T-(k+1)-1}-\sum_{i=1}^{k}i-3$$

类似地，设 $A(k+1,3)$、…、$A(k+1,k)$ 时，已经被排除生产点序列的个数分别为 $D(k+1,3)$、…、$D(k+1,k)$，设在 $A(k+1,4)$、…、$A(k+1,k+1)$ 时，可以排除生产点序列的个数分别为 $D(k+1,k+1,4)$、…、$D(k+1,k+1,k+1)$，则 $D(k+1,k+1,4)\geqslant 2^{T-(k+1)-1}-\sum_{i=1}^{k}i-4$、…、$D(k+1,k+1,k+1)\geqslant 2^{T-(k+1)-1}-\sum_{i=1}^{k}i-(k+1)$。

当 $n=k+1$ 时，总计可以排除生产点序列的个数至少为

$$D(k+1,k+1,0)+\sum_{i=2}^{k+1}D(k+1,k+1,i)$$

$$\geqslant (k+1)2^{T-(k+1)-1}-(k+1)\sum_{i=1}^{k}i-\sum_{i=1}^{k+1}i$$

$$=(k+1)2^{T-(k+1)-1}-\frac{(k+1)^3+(k+1)}{2}$$

因此，$n=k+1$ 时，命题成立。

由步骤一、二、三可得，标为"◦"的周期数是 n 时，可以至少排除 $n(2^{T-n-1}-1)-(n-1)$ 个生产点序列。n 的取值范围是从 1 到 $T-2$，因此总计可以排除生产点序列的个数至少为：$\sum_{n=1}^{T-2}[n(2^{T-n-1}-1)-(n-1)]$。由于 T 周期问题的生产点序列的最大数为 2^T，因此可能是最优解的生产计划数等于

$$2^T-\sum_{n-1}^{T-2}(n2^{T-n-1}-\frac{n^3+n}{2})$$

$$=2^T-(2^T-\frac{T^4-6T^3+15T^2-2T+8}{8})\frac{\partial^2\Omega}{\partial u^2}$$

$$=\frac{T^4-6T^3+15T^2-2T+8}{8}$$

从而，最小总成本 $C(p)$ 关于价格 p 的断点数至多为 $\frac{T^4-6T^3+15T^2-2T}{8}$，显然，$1\leqslant T<3$ 时，定理也成立。定理证明完毕。

根据定理 3.3 及其证明过程，可能的最优价格的数目为 $O(T^4)$，求解任意一个可能的最优价格（即根据一个生产点序列确定一个可能的最优生产计划）的计算复杂度为 $O(T)$。由于对于每个预先确定的价格，联合决策转变为传统的 LSP-B 问题，可以在

$O(T\ \log T)$ 时间内可解[11,12]，所以我们算法的计算复杂度为 $O(T^6 \log T)$。

3.3.4 实验结果

表 3.3 八种产品相应状态参数值

产品类别	α_t			β_t	h_t^+	h_t^-	K_t
	1～6	7～11	12				
A	614.4	865.8	1056.5	284.7	0.015	0.013	10
B	141.4	175.5	201.3	146.0	0.0039	0.0034	10
C	183.8	204.0	219.3	243.9	0.0072	0.0066	5
D	176.4	200.5	218.8	184.5	0.009	0.0083	10
E	530.7	755.3	925.5	267.3	0.006	0.0055	5
F	125.2	144.0	158.2	170.8	0.0066	0.006	5
G	583.8	830.8	1018.0	294.0	0.0132	0.0128	5
H	211.7	240.6	262.6	221.4	0.0108	1.0001	5

分别考虑了 8 个产品在 12 个周期时的单产品定价与批量问题。每种产品延迟时间不得超过 3 个周期。表 3.3 给出了每种产品的几种状态参数值(不受价格影响的需求量 α_t、价格影响因子 β_t、单位产品存贮费用 h_t^+、单位产品需求延迟费用 h_t^- 以及生产启动费用 K_t)。为了节省篇幅,这些参数(除了 α_t 外)在各周期是静态的。每种产品在 1～6 周期处于销售淡季,α_t 的值较小;第 12 周期是销售旺季,α_t 的值较大,表 3.4 给出了每种产品的边际生产费用 v_t 值。

比较表 3.5 和表 3.7 可以发现,在分散策略下的定价往往对公司的利润不利:

一方面,如果定价偏低(如表 3.5 中的产品 A、D、F,G),会降低企业的利润。主要是由于企业的市场份额虽然上升了,但是产品的边际利润率大幅度下降了。

表 3.4　八种产品各周期的单位产品生产费用值

周　期	1	2	3	4	5	6	7	8	9	10	11	12
A	0.76	0.74	0.73	0.75	0.76	0.76	0.73	0.74	0.75	0.73	0.74	0.76
B	0.40	0.38	0.39	0.39	0.37	0.38	0.39	0.37	0.38	0.39	0.37	0.38
C	0.38	0.37	0.36	0.37	0.36	0.36	0.34	0.35	0.35	0.36	0.34	0.35
D	0.43	0.44	0.45	0.42	0.43	0.43	0.45	0.46	0.43	0.44	0.45	0.45
E	0.69	0.66	0.68	0.69	0.70	0.65	0.67	0.68	0.69	0.66	0.68	0.69
F	0.34	0.32	0.34	0.35	0.36	0.33	0.34	0.35	0.36	0.32	0.35	0.36
G	0.78	0.77	0.75	0.78	0.79	0.78	0.75	0.77	0.76	0.77	0.74	0.77
H	0.55	0.53	0.55	0.56	0.55	0.53	0.55	0.56	0.57	0.53	0.55	0.56

表 3.5 分散策略下允许需求延迟的批量问题的决策结果

产品类别	价格	生产点(产量)	再生点	利润
A	1.60	3(636),7(1138),10(1832)	0,4,8,12	3056
B	0.80	2(98),8(427)	0,4,12	201
C	0.63	3(90),7(408)	0,3,12	125
D	0.67	4(394),10(403)	0,7,12	165
E	1.66	2(261),6(884),10(1417)	0,3,8,12	2538
F	0.52	2(218),10(345)	0,6,12	97
G	1.51	3(559),7(1053),11(1735)	0,4,8,12	2506
H	0.85	2(141),10(337)	0,6,12	135

表 3.6　不允许需求延迟的批量问题与固定定价的联合决策结果

产品类别	价格	生产点(产量)	再生点	利润	Bsc①	Imp②
A	1.7033	1(259),3(518),7(1143),10(1333)	0,2,6,9,12	3064	4	0
B	0.7455	1(130),5(491)	0,4,12	201	4	0
C	0.5834	1(83),3(166),7(386)	0,2,6,12	124	5	1
D	0.7407	1(119),4(521)	0,3,12	162	4	0
E	1.5626	1(113),2(452),6(1126),10(1183)	0,1,5,9,12	2558	4	0
F	0.5669	1(28),2(283),10(156)	0,1,9,12	91	4	0
G	1.6124	1(219),3(439),7(713),9(7103),11(901)	0,2,6,8,10,12	2519	4	0
H	0.7926	1(181),6(232),10(217)	0,5,9,12	136	4	0

①和②分别表示函数 Basic 和函数 Improv 被调用的次数，表 5 同。

另一方面，如果定价偏高（如产品 B、C、E 和 H），也会降低企业的利润。主要是由于产品的边际利润率虽然上升了，但是产品的需求量大幅度减少了。联合策略可以在定价决策和生产批量决策之间进行合理的平衡，制定出最优的价格和相应的生产计划，使公司获得最大的利润。

比较表 3.6 和表 3.7 可以发现，在联合决策下，从公司利润角度看，允许需求延迟情形优于不允许需求延迟情形。主要是由于允许需求延迟使公司的生产决策具有更大的柔性，公司可以选择最有利的生产周期进行生产。一般来说，允许需求延迟情形的生产批次比不允许需求延迟情形时的要少。这样节省了大量的固定生产费用，足以弥补增加的延迟费用和库存费用，增加了公司的利润。特别地，当固定生产费用比较“大”时，允许需求延迟情形要显著优于不允许需求延迟情形；当固定生产费用比较“小”时，两者的利润差别不大。

表 3.7　允许需求延迟的批量问题与固定定价的联合决策结果

产品类别	价格	生产点（产量）	再生点	利润	Bsc	Imp
A	1.6996	3(522),7(1025),10(1718)	0,4,8,12	3090	4	0
B	0.7398	2(134),8(498)	0,4,12	208	4	0
C	0.5765	3(130),7(256),11(269)	0,3,8,12	132	5	1
D	0.7334	4(312),10(344)	0,7,12	174	4	0
E	1.5601	2(341),6(1018),10(1523)	0,3,8,12	2570	4	0
F	0.5628	2(175),10(301)	0,6,12	101	4	0
G	1.6092	3(443),7(937),11(1618)	0,4,8,12	2541	4	0
H	0.7883	2(223),10(418)	0,6,12	145	4	0

3.4　小　结

本章主要在Zangwill模型的基础上考虑定价决策。分两种情形研究定价与批量的联合决策问题：动态定价和固定定价。在动态定价情形下，提出了动态规划算法，可以在多项式时间$O(T^3)$内求解出原问题的各周期最优价格和最优生产计划。在固定定价情形下，设计了迭代算法，可以在$O(T^6\log T)$时间内求得计划期内最优定价和最优生产计划。与不允许缺货情形相比，允许需求延迟提高了公司生产经营的柔性，联合决策更加有利于企业的生产经营，可以使公司获得更多的利润。一般地，动态定价策略优于固定定价策略，提高了公司生产经营的柔性，企业的定价更加灵活。与固定定价策略相比，动态定价策略不仅可以使公司获得更多的利润，而且增强了公司生产经营的稳定性。

第 4 章　定价和库存能力受限批量问题的联合决策

4.1 引　言

企业在制订生产计划过程中,需要考虑库存能力对生产计划的影响。Love[145] 研究了生产费用函数和库存费用函数都是分段凹函数时,考虑库存能力的单产品批量模型,提出了计算复杂度为 $O(T^3)$ 的动态规划算法。Chu F 等[33] 研究了生产费用函数是线性的,而库存费用(或需求延迟费用)是凹函数时,考虑库存能力的单产品批量模型,提出了计算复杂度为 $O(T^2)$ 的动态规划算法。特别地,库存费用(或需求延迟费用)也是线性函数时,计算复杂度为 $O(T)$,在允许外包时,当外包能力不受限制且各种费用函数都是凹函数时,计算复杂度为 $O(T^3)$;当外包能力受限且各种费用函数都是线性时,计算复杂度为 $O(T^2 \log T)$。产品生产出来后,先进入仓库再满足需求情形下,Gutierrez 等[18] 研究了库存能力为常数且生产、库存费用函数是凹函数时的单产品批量模型,提出了计算复杂度为 $O(T^3)$ 的动态规划算法。文献[146,147] 研究了生产、库存费用函数是线性时的库存能力受限批量问题,文献[146] 提出了计算复杂度为 $O(T \log T)$ 的贪婪算法,文献[147] 提出了计算复杂度为 $O(T \log T)$ 的动态规划算法。文献[148] 研究了允许需求延迟且生产、库存费用函数是凹函数的库存能力受限批量问题,提出了计算复杂度为 $O(T^3)$ 的动态规划算法。

以上文献均采用分散决策机制,没有考虑产品售价变化对生产计划的影响。本章主要研究考虑非减库存能力约束时，动态定价与单产品批量联合决策问题。引入子问题概念，详细讨论了四种不同类型子问题的求解方法，通过先求解所有可能的子问题，再基于动态规划搜索子问题的最优组合，得到联合决策问题的最优定价与最优生产计划，算法的计算复杂度为 $O(T^4)$。本章结构安排如下：4.2 节针对非减库存能力约束情形，建立了动态定价与批量问题联合决策的模型。4.3 节给出相关定义和定理，分析了最优解的特征。4.4 节提出了基于动态规划的多项式算法，分析了算法的计算复杂度。4.5 节实验结果。4.6 节对本章内容进行小结。

4.2　数学模型

符号说明：OC_t，第 t 周期固定生产费用；S_t，第 t 周期的库存能力，如果 $i<j$，则 $S_i \leqslant S_j$；R_t，第 t 周期产品的需求量；$P_t(R_t)=\alpha_t-\beta_t R_t$，第 t 周期的产品销售价格函数；其余符号说明参见 2.2.2.1 节。本节建立在下面假设基础之上：(1) 计划期内各周期的库存能力是非减的。(2) 各周期的需求量与价格是一一对应的关系。因此，需求量和价格是等价的概念，可以交互使用。为了利用需求与库存能力之间的关系，便于求解模型，本文以各周期的需求量为决策变量，价格是需求量的函数。

下面给出问题的数学模型。

模型 4.1　$$\text{Max} \sum_{t=1}^{T} P_t(R_t)R_t - \sum_{t=1}^{T}(OC_t y_t + v_t x_t + h_t I_t) \quad (4.1)$$

s. t.　$$I_{t-1} + x_t = R_t + I_t, \quad t=1,\cdots,T \quad (4.2)$$

$$0 \leqslant I_t \leqslant S_t, \quad t=1,\cdots,T \quad (4.3)$$

$$0 \leqslant x_t \leqslant y_t(S_t + R_t), \quad t=1,\cdots,T \quad (4.4)$$

$$y_t \in \{0,1\}, \quad t=1,\cdots,T \quad (4.5)$$

$$0 \leqslant R_t \leqslant \frac{\alpha_t}{\beta_t}, \quad t=1,\cdots,T \tag{4.6}$$

$$I_0 = I_T = 0 \tag{4.7}$$

目标函数(4.1)是企业的总利润,等于总收入减去总成本,其中总成本包括固定生产费用、变动生产费用和库存费用;约束条件(4.2)表示库存量、生产量和需求量间的关系;约束条件(4.3)要求各周期库存量是非负的且不超过库存能力;约束条件(4.4)是生产量约束,结合约束(4.5)和目标函数(4.1)可以判断第 t 周期是否生产;约束条件(4.5)规定 y_t 是二进制变量;约束条件(4.6)要求每周期的需求量和价格是非负的;为简便起见,添入约束条件(4.7),要求计划期期初和期末的库存量都为零。

4.3 相关的定义和定理

$X(R)$ 表示需求向量为 R 时的某个生产计划,其中 $R=\{R_1, R_2\cdots, R_T\}$。

定义 4.1 如果 $I_t=0$ 或 S_t,则称周期 t 为再生点;如果 $x_t>0$,则称周期 t 为生产点。

定理 4.1 存在最优解 $X(R)$,具有下面的特征:任意两个连续的生产点之间,至少有一个再生点;换句话说,任意两个连续的再生点之间,至多有一个生产点。

证明:反证法,假设 $X'(R)$ 是最优解,该最优解存在两个连续生产点 t^0 和 t^1,且 $0<I_i<S_i(i=t^0, t^0+1,\cdots,t^1-1)$,即存在两个连续生产点 t^0 和 t^1,它们之间没有再生点。分以下三种情形进行证明

$$v_{t^0}+\sum_{i=t^0}^{t^1} h_i < v_{t^1}, v_{t^0}+\sum_{i=t^0}^{t^1} h_i > v_{t^1}, v_{t^0}+\sum_{i=t^0}^{t^1} h_i = v_{t^1}$$

情形一:$v_{t^0}+\sum_{i=t^0}^{t^1} h_i < v_{t^1}$

根据假设可知 $I_{t^0} < S_{t^0}$。如果 $x_{t^1} > S_{t^0} - I_{t^0}$，则把最优解 $X^{(1)}(R)$ 在周期 t^1 的产量减少 $S_{t^0} - I_{t^0}$，而在周期 t^0 的产量增加 $S_{t^0} - I_{t^0}$，其余周期的生产量不变，从而得到一个新的解 $X^{(2)}(R)$，此时 $I_{t^0} = S_{t^0}$。由于库存能力 S_t 在 $t^0, t^0+1, \cdots, t^1$ 内是非减的，因此 $0 < I_i < S_i (t^0+1 < i < t^1-1)$，从而 $X^{(2)}(R)$ 是可行解。$X^{(2)}(R)$ 和 $X^{(1)}(R)$ 在各周期的需求与价格是相等的，即两者的总收益是相等的，而前者的总成本小于后者的总成本，因此前者的利润大于后者的利润。这与假设 $X^{(1)}(R)$ 是最优解相矛盾。因此命题成立。

如果 $x_{t^1} \leqslant S_{t^0} - I_{t^0}$，则把最优解 $X^{(1)}(R)$ 在周期 t^1 的产量全部放在周期 t^0 进行生产，而在周期 t^1 不生产，从而得到一个新的解 $X^{(3)}(R)$，此时 $I_{t^0} \leqslant S_{t^0}$。由于库存能力 S_t 在 $t^0, t^0+1, \cdots, t^1$ 内是非减的，因此 $X^{(3)}(R)$ 是可行解。显然，$X^{(3)}(R)$ 优于 $X^{(1)}(R)$。这与假设 $X^{(1)}(R)$ 是最优解相矛盾。因此命题成立。

情形二：$v_{t^0} + \sum_{i=t^0}^{t^1} h_i > v_{t^1}$

根据假设可得 $I_{t^1-1} > 0$。把最优解 $X^{(1)}(R)$ 在周期 t^0 的产量减少 I_{t^1-1}，而在周期 t^1 的产量增加 I_{t^1-1}，从而得到一个新的解 $X^{(4)}(R)$，此时 $I_{t^1-1} = 0$。显然 $X^{(4)}(R)$ 是可行解，且优于 $X^{(1)}(R)$。这与假设 $X^{(1)}(R)$ 是最优解相矛盾。因此命题成立。

情形三：$v_{t^0} + \sum_{i=t^0}^{t^1} h_i = v_{t^1}$

根据假设可得 $I_{t^0} < S_{t^0}$。如果 $x_{t^1} \geqslant S_{t^0} - I_{t^0}$，则把最优解 $X^{(1)}(R)$ 在周期 t^1 的产量减少 $S_{t^0} - I_{t^0}$，而在周期 t^0 的产量增加 $S_{t^0} - I_{t^0}$，从而得到一个新的可行解 $X^{(5)}(R)$，此时 $I_{t^0} = S_{t^0}$。$X^{(5)}(R)$ 和 $X^{(1)}(R)$ 的利润相等，因此 $X^{(5)}(R)$ 是最优解且 $I_{t^0} = S_{t^0}$，因此命题成立。

如果 $x_{t^1} < S_{t^0} - I_{t^0}$，则把最优解 $X^{(1)}(R)$ 在周期 t^1 的产量全部放在周期 t^0 进行生产，而在周期 t^1 不生产，从而得到一个新的最优解 $X^{(6)}(R)$。设 $X^{(1)}(R)$ 中 t^1 紧邻的下一个生产点为 t^2。类似

地，讨论 $X^{(6)}(R)$ 中生产点 t^0 与 t^2 之间的再生点情况。如果 t^0 和 t^2 间存在再生点，则命题成立；否则在情形一、情形二或情形三 $x_{t^2} \geqslant S_{t^0} - I_{t^0}$ 时，命题成立；如果出现情形三 $x_{t^2} < S_{t^0} - I_{t^0}$，则类似地讨论。更为特殊的情形是生产点 t^0 的产量满足从周期 t^0 到周期 T，且 $I_T = 0$，此时命题也成立。

定理 4.1 证明完毕。

4.4 算 法

根据定理 4.1，模型 4.1 存在某个最优生产计划，是由若干个子生产计划构成。因此，可以把模型 4.1 分解成若干子问题。首先，分别求解所有可能的子问题，然后，在子问题的基础上求解原问题。

4.4.1 子问题的决策模型

不失一般性，下面以子问题$(a,b)(1 \leqslant a \leqslant b \leqslant T)$为例。令$(a,b,\delta_{a-1}^u,\delta_b^w)$表示对于子问题$(a,b)$，周期 $a-1$ 的库存量是 δ_{a-1}^u，周期b的库存量是δ_b^w，其中u(或w)取值为0或1，$\delta_t^1 = S_t$，$\delta_t^0 = 0$($t = a-1$ 或 b)。令 $E(a,b,\delta_{a-1}^u,\delta_b^w)$ 表示子问题(a,b)在$(a,b,\delta_{a-1}^u,\delta_b^w)$时的最大利润。如果 $R_t > \dfrac{\alpha_t}{\beta_t}$，则不仅占用资源，而且无利可图，因此这条约束可以去掉。子问题(a,b)的数学模型如下：

模型 4.2

$$E(a,b,\delta_{a-1}^u,\delta_b^w) = \mathrm{Max} \sum_{t=a}^{b} [(\alpha_t - \beta_t R_t)R_t - (OC_t y_t + v_t x_t + h_t I_t)] \tag{4.8}$$

$$\text{s. t.} \quad I_{t-1} + x_t = R_t + I_t, \quad t = a, a+1, \cdots, b \tag{4.9}$$

$$0 \leqslant x_t \leqslant y_t(R_t + S_t), \quad t = a, a+1, \cdots, b \tag{4.10}$$

$$0 \leqslant I_t \leqslant S_t, \quad t = a, a+1, \cdots, b \tag{4.11}$$

$$I_{a-1} = 0 \text{ 或 } S_{a-1} \tag{4.12}$$

$$I_b = 0 \text{ 或 } S_b \tag{4.13}$$

$$R_t \geqslant 0, \quad t = a, a+1, \cdots, b \tag{4.14}$$

约束条件(4.12)和约束条件(4.13)要求子问题的开始再生点和结束再生点的库存量不是零就是当前周期的库存能力。其余约束条件的说明参见模型 4.1。

根据 δ_{a-1}^u 和 δ_b^w 的取值情况，子问题(a,b)可以分为四种类型：$(a,b,\delta_{a-1}^0,\delta_b^0)$、$(a,b,\delta_{a-1}^0,\delta_b^1)$、$(a,b,\delta_{a-1}^1,\delta_b^0)$ 和$(a,b,\delta_{a-1}^1,\delta_b^1)$。

类型一$(a,b,\delta_{a-1}^0,\delta_b^0)$：

根据定理4.1，可以分为两种情形：第一种情形是没有生产点，第二种情形是有且仅有一个生产点。当没有生产点时，各周期的需求量都是零，利润也是零。

当有一个生产点 $c(a \leqslant c \leqslant b)$ 时，由于不允许缺货，因此 $R_t = 0, t=a,\cdots,c-1$。令 $E(a,b,c,\delta_{a-1}^0,\delta_b^0)$ 表示周期 a 初库存量为零，周期 b 末库存量为零，周期 c 是生产点时，从周期 a 初到周期 b 末的最大利润。模型 4.2 可以改写成下面的形式。

模型 4.3

$$E(a,b,c,\delta_{a-1}^0,\delta_b^0) = \text{Max} \sum_{t=c}^{b} [(\alpha_t - \beta_t R_t) - (v_c + \sum_{i=c}^{t-1} h_i)] R_t - OC_c \tag{4.15}$$

$$\text{s.t.} \quad \sum_{t=c+1}^{b} R_t \leqslant S_c \tag{4.16}$$

$$R_t \geqslant 0, \quad t = c, c+1, \cdots, b \tag{4.17}$$

$$I_{c-1}=I_b=0 \tag{4.18}$$

当 $t=c$ 时，

$$R_c=\frac{\alpha_c-v_c}{2\beta_c} \tag{4.19}$$

把(4.19)式代入(4.15)后，(4.15)式中$(\alpha_c-\beta_c R_c)R_c-OC_c$是常数，因此，(4.15)式等价于

$$\text{Max}\sum_{t=c+1}^{b}[(\alpha_t-\beta_t R_t)-(v_c+\sum_{i=c}^{t-1}h_i)]R_t \tag{4.20}$$

当 $c+1\leqslant t\leqslant b$ 时，以周期数 $b-c$ 为阶段数，周期 t 的需求量 R_t 为决策变量，从周期 $c+1$ 到周期 t 的积累需求量 $\widetilde{R}_{c+1,t}$ 为状态变量，用动态规划法求解模型 4.3。

显然，目标函数(4.20)是关于需求向量$(R_{c+1},\cdots,R_b)$的二次多项式。$\widetilde{R}_{c+1,t}$ 可以由需求向量$(R_{c+1},\cdots,R_b)$线性表示，因此目标函数(4.20)式也是关于累积需求向量$(\widetilde{R}_{c+1},\cdots,\widetilde{R}_b)$的二次多项式。令 $SF(a,b,c,\delta_{a-1}^0,\delta_b^0,\widetilde{R}_{c+1,t})$ 表示从周期 $c+1$ 到周期 t 的积累需求量是 $\widetilde{R}_{c+1,t}$，从周期 $c+1$ 初到周期 t 末的最大利润。

$$SF(a,b,c,\delta_{a-1}^0,\delta_b^0,\widetilde{R}_{c+1,t})=\text{Max}\ L_t+M_t\widetilde{R}_{c+1,t}+N_t\widetilde{R}_{c+1,t}{}^2$$

$$=\text{Max}\ L_{t-1}+M_{t-1}(\widetilde{R}_{c+1,t}-R_t)+N_{t-1}(\widetilde{R}_{c+1,t}-R_t)^2$$

$$+(\alpha_t-\beta_t R_t)R_t-(v_c+\sum_{i=c}^{t-1}h_i)R_t \tag{4.21}$$

令$\dfrac{\partial\{SF(a,b,c,\delta_{a-1}^0,\delta_b^0,\widetilde{R}_{c+1,t})\}}{\partial R_t}=0$，可以求得周期 t 的最优需求：

$$R_t = \frac{2N_{t-1}\widetilde{R}_{c+1,t} + M_{t-1} - \alpha_t + v_c + \sum_{i=c}^{t-1} h_i}{2(N_{t-1} - \beta_t)}, \quad t = c+1,\cdots,b \tag{4.22}$$

把(4.22)式代入(4.21)式，可以得到(4.21)式中系数的递推关系式：

$$L_t = \frac{\left(\alpha_t - v_c - \sum_{i=c}^{t-1} h_i - M_{t-1}\right)^2}{4(\beta_t - N_{t-1})} + L_{t-1}, t = c+2,\cdots,b$$

$$M_t = \frac{\beta_t M_{t-1} - N_{t-1}\left(\alpha_t - v_c - \sum_{i=c}^{t-1} h_i\right)}{\beta_t - N_{t-1}}, t = c+2,\cdots,b$$

$$N_t = \frac{\beta_t N_{t-1}}{\beta_t - N_{t-1}}, t = c+2,\cdots,b$$

初始条件是：$L_{c+1} = 0, M_{c+1} = \alpha_{c+1} - v_c - h_c, N_{c+1} = -\beta_{c+1}$。

当 $t=b$ 时，由 $\frac{\partial\{L_b + M_b\widetilde{R}_{c+1,b} + N_b\widetilde{R}_{c+1,b}{}^2\}}{\partial\widetilde{R}_{c+1,b}} = 0$，得到 $\widetilde{R}'_{c+1,b} = -\frac{M_b}{2N_b}$。如果 $-\frac{M_b}{2N_b} \leqslant S_c$，则 $\widetilde{R}_{c+1,b} = -\frac{M_b}{2N_b}$；否则，$\widetilde{R}_{c+1,b} = S_c$。

把 $\widetilde{R}_{c+1,b}$ 代入(4.22)式，求得 R_b。然后，根据 $\widetilde{R}_{c+1,t} = \widetilde{R}_{c+1,t+1} - R_{t+1}$ 和(4.22)式，逆推求得 $R_{b-1},\cdots R_{c+1}$。对于 $t=c+1,\cdots,b$，如果 $R_t < 0$，则令 $R_t = 0, L_t = L_{t-1}, M_t = M_{t-1}, N_t = N_{t-1}$。类似前面的方法，再重新求解出需求量为非负的周期的需求量。

在所有可能的生产点情形，连同无生产点情形中，利润最大者等于 $E(a,b,\delta^u_{a-1},\delta^w_b)$，相应的各周期需求量和生产计划就是类型一的最优解。

类型二 $(a,b,\delta^0_{a-1},\delta^1_b)$：

由于库存能力是非减的,因此,类型二的生产点只需考虑周期 b。很容易得到类型二各周期的最优需求量和最优生产量:

$$R_t = \begin{cases} 0, & a \leqslant t \leqslant b-1 \\ \dfrac{\alpha_b - v_b}{2\beta_b} & t = b \end{cases}$$

$$x_b = \frac{\alpha_b - v_b}{2\beta_b} + S_b$$

类型三$(a, b, \delta^1_{a-1}, \delta^0_b)$:

根据从周期 a 到周期 b 之间的生产点数,分为两种情形:无生产点和一个生产点。

当无生产点时,令 $E(a, b, \delta^1_{a-1}, \delta^0_b)$ 表示周期 a 初库存量为 S_{a-1},周期 b 末库存量为零,无生产点时,从周期 a 初到周期 b 末的最大利润。模型 4.2 可以改写成下面形式:

模型 4.4 $E(a, b, \delta^1_{a-1}, \delta^0_b) = \text{Max} \sum_{t=a}^{b} -\beta_t R_t{}^2 + (\alpha_t - \sum_{i=a}^{t-1} h_i) R_t$

$$\sum_{t=a}^{b} R_t = S_{a-1}, \quad I_{a-1} = S_{a-1}, \quad I_b = 0$$

$$R_t \geqslant 0, t = a, \cdots, b$$

求解方法类似类型一中的模型 4.3 的求解方法,不同之处主要在于,$\widetilde{R}_b = S_{a-1}$。

此时,周期 t 的最优需求量如下:

$$R_t = \frac{2N_{t-1}\widetilde{R}_{a,t} + M_{t-1} - \alpha_t + \sum_{i=a}^{t-1} h_i}{2(N_{t-1} - \beta_t)}, \quad t = a, \cdots, b$$

其中,

$$L_t = \frac{(\alpha_t - \sum_{i=a}^{t-1} h_i - M_{t-1})^2}{4(\beta_t - N_{t-1})} + L_{t-1}, \quad t = a, \cdots, b$$

$$M_t = \frac{\beta_t M_{t-1} - N_{t-1}(\alpha_t - \sum_{i=a}^{t-1} h_i)}{\beta_t - N_{t-1}}, \quad t = a, \cdots, b$$

$$N_t = \frac{\beta_t N_{t-1}}{\beta_t - N_{t-1}}, \quad t = a, \cdots, b$$

初始条件是：$L_a = 0, M_a = \alpha_a, N_a = -\beta_a$。

对于 $t = a, \cdots, b$，如果 $R_t < 0$，则类似类型一中的需求可行化方法，重新求解各周期的需求量。

当有一个生产点 $c(a \leqslant c \leqslant b)$ 时，令 $E(a, b, c, \delta_{a-1}^1, \delta_b^0)$ 表示周期 a 初库存量为 S_{a-1}，周期 b 末库存量为零，周期 c 是生产点时，从周期 a 初到周期 b 末的最大利润，(4.8) 式可以改写成下面的形式：

$$E(a, b, c, \delta_{a-1}^1, \delta_b^0) = \text{Max}\{-\sum_{t=a}^{b} \beta_t R_t^2 + \sum_{i=a}^{b} (\alpha_t - v_c) R_t$$
$$+ \sum_{t=a}^{c-1} R_t \sum_{i=t}^{c-1} h_i - \sum_{t=c+1}^{b} R_t \sum_{i=c}^{t-1} h_i + (v_c - \sum_{i=a}^{c-1} h_i) S_{a-1} - OC_c\} \quad (4.23)$$

对确定的生产点 c，$v_c S_{a-1} - S_{a-1} \sum_{i=a}^{c-1} h_i - OC_c$ 是常数，因此，(4.23) 式可以简化成 (4.24) 式，得到下面的模型：

模型 4.5

$$\text{Max} - \{\sum_{t=a}^{b} \beta_t R_t^2 + \sum_{t=a}^{b} (\alpha_t - v_c) R_t + \sum_{t=a}^{c-1} R_t \sum_{i=t}^{c-1} h_i - \sum_{t=c+1}^{b} R_t \sum_{i=c}^{t-1} h_i\} \quad (4.24)$$

$$\sum_{t=a}^{c-1} R_t \leqslant S_{a-1}, \quad \sum_{t=c+1}^{b} R_t \leqslant S_c \quad, I_{a-1} = S_{a-1}, \quad I_b = 0$$

$$R_t \geqslant 0, \quad t = a, \cdots, b。$$

求解方法类似类型一中的模型 4.3 的求解方法。

当 $t \leqslant c-1$ 时，周期 t 的最优需求：

$$R_t = \frac{2N_{t-1}\widetilde{R}_{a,t} + M_{t-1} - \alpha_t + v_c - \sum_{i=t}^{c-1} h_i}{2(N_{t-1} - \beta_t)}$$

其中，

$$L_t = \frac{\left(\alpha_t - v_c + \sum_{i=t}^{c-1} h_i - M_{t-1}\right)^2}{4(\beta_t - N_{t-1})} + L_{t-1}$$

$$M_t = \frac{\beta_t M_{t-1} - N_{t-1}\left(\alpha_t - v_c + \sum_{i=t}^{c-1} h_i\right)}{\beta_t - N_{t-1}}$$

$$N_t = \frac{\beta_t N_{t-1}}{\beta_t - N_{t-1}}$$

初始条件是：$L_a = 0, M_a = \alpha_a - v_c + \sum_{i=a}^{c-1} h_i, N_a = -\beta_a$。

对于 $t=a,\cdots,c-1$，如果 $R_t < 0$，则类似类型一中的需求可行化方法，重新求解各周期的需求量。

当 $t=c$ 时，$R_c = \frac{\alpha_c - v_c}{2\beta_c}$。

当 $t > c$ 时，周期 t 的最优需求：

$$R_t = \frac{2N_{t-1}\widetilde{R}_{a,t} + M_{t-1} - \alpha_t + v_c + \sum_{i=c}^{t-1} h_i}{2(N_{t-1} - \beta_t)}$$

其中，

$$L_t = \frac{\left(\alpha_t - v_c - \sum_{i=c}^{t-1} h_i - M_{t-1}\right)^2}{4(\beta_t - N_{t-1})} + L_{t-1}$$

$$M_t = \frac{\beta_t M_{t-1} - N_{t-1}(\alpha_t - v_c - \sum_{i=c}^{t-1} h_i)}{\beta_t - N_{t-1}}$$

$$N_t = \frac{\beta_t N_{t-1}}{\beta_t - N_{t-1}}$$

初始条件是：$L_{c+1} = 0, M_{c+1} = \alpha_{c+1} - v_c - h_c, N_{c+1} = -\beta_{c+1}$。

对于 $t = c+1, \cdots, b$，如果 $R_t < 0$，则类似类型一中的需求可行化方法，重新求解各周期的需求量。

在生产点 $c(a \leqslant c \leqslant b)$ 所有可能的 $b-a+1$ 种情形和无生产点情形中，利润最大者对应的需求向量和生产计划为子问题 (a,b) 在类型三时的最优需求向量和最优生产计划。

类型四 $(a, b, \delta_{a-1}^1, \delta_b^1)$：

由于库存能力是非减的，因此，类型四的生产点只需考虑周期 b。令 $E(a, b, c, \delta_{a-1}^1, \delta_b^0)$ 表示周期 a 初库存量为 S_{a-1}，周期 b 末库存量为零，周期 c 是生产点时，从周期 a 初到周期 b 末的最大利润。模型 4.2 可以改写成下面的形式：

模型 4.6

$$E(a, b, \delta_{a-1}^1, \delta_b^1) = \text{Max}\ \{ \sum_{t=a}^{b} (\alpha_t - \beta_t R_t) R_t + \sum_{t=a}^{b-1} R_t \sum_{i=t}^{b-1} h_i$$

$$- S_{a-1} \sum_{i=a}^{b-1} h_i - S_b h_b - v_b (\sum_{i=a}^{b} R_t + S_b - S_{a-1}) - OC_b \}$$

$$\sum_{t=a}^{b-1} R_t \leqslant S_{a-1}, \quad I_{a-1} = S_{a-1}, \quad I_b = S_b$$

$$R_t \geqslant 0, \quad t = a, \cdots, b-1$$

当 $a \leqslant t \leqslant b-1$ 时，求解方法类似类型一中的模型 4.3 的求解方法。

$$R_t = \frac{2N_{t-1}\widetilde{R}_{a,t} + M_{t-1} - \alpha_t + v_b - \sum_{i=t}^{b-1} h_i}{2(N_{t-1} - \beta_t)}.$$

其中，

$$L_t = \frac{(\alpha_t - v_b + \sum_{i=t}^{b-1} h_i - M_{t-1})^2}{4(\beta_t - N_{t-1})} + L_{t-1}$$

$$M_t = \frac{\beta_t M_{t-1} - N_{t-1}(\alpha_t - v_b + \sum_{i=t}^{b-1} h_i)}{\beta_t - N_{t-1}}$$

$$N_t = \frac{\beta_t N_{t-1}}{\beta_t - N_{t-1}}$$

初始条件是：$L_a = 0, M_a = \alpha_a - v_b + \sum_{i=a}^{b-1} h_i, N_a = -\beta_a$。

对于 $t = a, \cdots, b-1$，如果 $R_t < 0$，则类似类型一中的需求可行化方法，重新求解各周期的需求量。

当 $t = b$ 时，$R_b = \frac{\alpha_b - v_b}{2\beta_b}$。

4.4.2 整个问题的决策模型

令 $F(t, \delta_t^w)$ 表示周期 t 的库存量为 δ_t^w 时，从计划期初到周期 t 末的最优利润，$E(k, t, \delta_{k-1}^u, \delta_t^w)(1 \leqslant k \leqslant t \leqslant T)$ 表示周期 $k-1$ 的库存量为 δ_{k-1}^u 且周期 t 的库存量为 δ_t^w 时，子问题 (k, t) 的最优利润。

由定理 4.1，得到顺序动态规划递推公式：

$$F(t, \delta_t^w) = \max_{1 \leqslant k \leqslant t} \{F(k-1, \delta_{k-1}^u) + E(k, t, \delta_{k-1}^u, \delta_t^w)\}, k = 1, \cdots, T \tag{4.25}$$

$$F(0,\delta_0^0)=0 \tag{4.26}$$

$$F(0,\delta_0^1)=+\infty \tag{4.27}$$

其中,(4.26)式、(4.27)式为初始条件,(4.25)式中的 $E(k,t,\delta_{k-1}^u,\delta_t^w)$ 可以根据 4.4.1 的算法思想进行求解。$F(0,\delta_0^0)$ 就是模型 $(P1)$4.1 的最大利润,对应的各周期需求量(或生产量)就是模型 4.1 的最优需求量(或最优生产量)。

4.4.3　计算复杂度分析

先分析子问题 (a,b) 的计算复杂度,子问题 (a,b) 的可能最优需求向量与生产点密切相关。在子问题 (a,b) 的类型二 $(a,b,\delta_{a-1}^0,\delta_b^1)$ 和类型四 $(a,b,\delta_{a-1}^1,\delta_b^1)$ 中,要么无生产点,要么生产点为周期 b,可能的最优需求向量数目为 2。在子问题 (a,b) 的类型一 $(a,b,\delta_{a-1}^0,\delta_b^0)$ 和类型三 $(a,b,\delta_{a-1}^1,\delta_b^0)$ 的求解过程中,生产点 c 有 $b-a+2$ 中可能的情形(包括无生产点情形),可能的最优需求向量数目为 $O(T)$。对于每个给定的需求向量,子问题 (a,b) 的计算复杂度是 $O(T)$。由于原问题包含的子问题数至多是 $0.5T(T-1)$,因此整个问题的计算复杂度为 $O(T^4)$。

4.4.4　算法的具体步骤

步骤 1:令 $F(0,\delta_0^0)=0, F(0,\delta_0^1)=+\infty, t=1$。

步骤 2:令 $k=1, F(t,\delta_t^w)=F(k-1,\delta_{k-1}^u)+E(k,t,\delta_{k-1}^u,\delta_t^w)=-\infty$。

步骤 3:运用 4.4.1 中的方法求解 $E(k,t,\delta_{k-1}^u,\delta_t^w)$,如果 $F(t,\delta_t^w)<F(k-1,\delta_{k-1}^u)+E(k,t,\delta_{k-1}^u,\delta_t^w)$,则 $F(t,\delta_t^w)=F(k-1,\delta_{k-1}^u)+E(k,t,\delta_{k-1}^u,\delta_t^w)$;并刷新周期 t 末库存量是 δ_t^w 时,周期 1 到周期 t 的需求量和生产量。

步骤 4:令 $k=k+1$,如果 $k\leqslant t$,则返回到步骤三。

表 4.1 不同库存能力时，各周期最优需求量

库存能力	1	2	3	4	5	6	7	8	9	10	总需求
0	741	707	755	800	1089	944	735	602	723	662	7758
200	741	707	755	800	1089	944	735	602	723	662	7758
500	741	500	755	800	1089	944	735	500	723	500	7288
700	741	674	755	700	1089	944	735	642	723	673	7676
1000	741	674	755	750	1089	944	546	454	723	673	7349
1500	741	674	755	750	1089	944	788	695	723	673	7832
2000	741	674	755	750	1089	788	652	560	723	673	7405
3000	741	674	755	750	1089	944	796	704	732	682	7867
4000	741	674	755	750	1089	974	824	731	761	710	8009
5000	741	674	755	750	1089	1012	859	766	797	746	8189
10000	741	674	755	750	1089	1012	859	766	797	746	8189

表 4.2 不同库存能力时,各周期最优生产量

库存能力	1	2	3	4	5	6	7	8	9	10
0	741	707	755	800	1089	944	735	602	723	662
200	741	707	755	800	1289	944	735	402	923	462
500	1241	0	755	800	1589	944	735	0	1223	0
700	1415	0	1455	0	1789	944	677	0	1396	0
1000	1415	0	1505	0	2089	944	0	0	1396	0
1500	1415	0	1505	0	2589	944	0	0	1379	0
2000	1415	0	1505	0	3089	0	0	0	1396	0
3000	1415	0	1505	0	4089	858	0	0	0	0
4000	1415	0	1505	0	5089	0	0	0	0	0
5000	1415	0	1505	0	5269	0	0	0	0	0
10000	1415	0	1505	0	5269	0	0	0	0	0

表 4.3 不同库存能力时,最优利润与平均利润

库存能力	0	200	500	700	1000	1500	2000	3000	4000	5000
最优利润	26666	27059	28971	299743	30673	31730	32327	33555	34843	34879
平均利润	3.437	3.488	3.975	3.905	4.174	4.051	4.366	4.265	4.351	4.259

步骤 5:令 $t=t+1$,如果 $t<T$,则返回到步骤二;否则,如果 $t=T$,则令 $\delta_T^w=\delta_T^0$,返回到步骤二。

步骤 6:程序结束,$F(T,\delta_T^0)$ 是原问题的最优利润,对应的各周期需求量是原问题最优需求量,相应的生产计划是原问题的最优生产计划。

4.5 实验结果

产品的各种费用参数值见附录中的表 A.4。为简洁起见,产品各周期的库存能力取相同的值。在动态定价与批量问题的联合决策模型中,库存能力的变化对各周期需求量产生重要影响(见表 4.1),虽然库存能力对总需求量有所影响,但是两者之间没有明确的关系或趋势。库存能力的变化对生产计划产生影响显著(见表 4.2)。当库存能力较大时,生产点数目较少;当库存能力较小时,生产点较多,生产较为频繁。最优利润(或平均利润)与库存能力之间关系紧密(见表 4.3)。当库存能力增大时,最优利润也随之增大,平均利润的总的趋势也是随之增大的。在本例中,当库存能力大于 4180 时,各周期需求和最优利润不再随库存能力的变化而变化。

4.6 小　结

本章研究了价格是需求的线性函数,考虑非减库存能力时单产品的动态定价和生产批量的联合决策问题。通过合理地定价决策和生产决策,保证公司获得最大的利润。设计了基于动态规划思想的精确算法,其计算复杂度为 $O(T^4)$。模型反映了价格对生产计划的影响,把定价问题和批量问题集成起来,对两者同时进行决策,可以指导企业更加合理地定价,获得更多的利润。

第 5 章　定价与生产能力受限批量问题的联合决策

5.1 引　言

企业拥有的资源经常是有限的，如人力资源、资金、设备和机器等是有限的。考虑生产资源有限的批量问题称之为生产能力受限批量问题。生产能力受限批量问题的求解方法比无生产能力约束批量问题的求解方法复杂得多。许多无生产能力约束批量问题是多项式时间内可解的，然而相应的生产能力受限批量问题却是 NP-hard 问题。生产能力受限是批量问题的一个重要研究方面，同时也是影响批量问题求解复杂度的重要因素之一。

几类特殊的单产品能力受限问题，是多项式时间内可解的，可以用动态规划法进行求解。生产能力为常数情形下，Florian 等[35]研究了一般的单产品能力受限批量问题，提出了时间复杂度为 $O(T^4)$ 的动态规划算法。考虑机器启动时间情形下，Vanderback[44] 提出了时间复杂度为 $O(T^6)$ 的动态规划算法。当生产启动费用是凹函数且库存费用是线性函数时，Van Hoesel 等[45] 提出了基于动态规划的时间复杂度为 $O(T^3)$ 的算法。当生产费用和生产费用都非增时，Bitran 等[41] 提出时间复杂度为 $O(T^3)$ 的动态规划算法。用符号 $\alpha/\beta/\gamma/\delta$ 来描述单产品能力受限批量问题，其中 α、β、γ、δ 分别表示生产启动费用类型、库存费用类型、生产费用类型、生产能力类型。类型符号 NI、ND、C、Z、G 分别表示非增、非减、常数、零、一般类型。对于一类 NI/G/NI/ND 问题,Bitran 等[41] 提出时间复杂度为 $O(T^4)$ 的动态规划算法。Chung 等[46] 把复杂度降到 $O(T^2)$。对于一类 C/Z/C/G 问题,时间复杂度为 $O(T\log T)$[41]。对于一类 ND/Z/ND/NI 问题,通过尽可能在前面周期生产满足后面周期的需求,可以在 $O(T)$ 时间内求解出问题的最优解。对于一类 G/G/G/G 问题,Chen 等[43] 提出了拟多项式算法,首次可以求解超过 24 个周期的单产品能力受限批量问题。Shaw 等[47] 研究了生产费用函数是分段线性且允许需求延迟时的 G/G/G/G 问题,提出了时间复杂度为 $O(T^2\bar{q}\bar{d})$ 的拟多项式算法,其中 $\bar{q}$ 表示生产费用函数的平均线段数,$\bar{d}$ 表示平均需求量。

以上文献采用串行决策机制,产品售价事先已知。本章针对生产能力受限且生产能力在计划期内是常数的情形,研究了定价和批量问题的联合决策模型及其算法。本章结构安排如下:5.2 节研究了单产品动态定价与生产能力受限批量的联合决策问题。5.3 节研究了多产品固定定价与生产能力受限批量的联合决策问题[137]。5.4 节对本章内容进行小结。

5.2 动态定价与生产能力受限批量问题的联合决策

本节针对各周期的需求量是变动的,价格是关于需求的函数,每周期的价格与需求是一一对应关系,生产能力是常数情形,研究了定价与批量的联合决策问题。建立了非线性混合整数规划模型。根据模型特有的结构,以各周期需求量为决策变量而不是以各周期的价格为分决策变量。分析了最优解的特征。提出了基于动态规划、在多项式时间内可解的精确算法。

5.2.1 数学模型

符号说明如下:C_t,第 t 周期的生产能力,仅考虑 C_t 为常数 C

的情形；d_t，第 t 周期产品的需求量；$p_t(d_t)$，第 t 周期的产品价格，是需求的函数，与价格是一一对应关系；其余参数见2.2.2.1节。

问题的数学模型描述如下：

模型5.1 $$\text{Max} \sum_{t=1}^{T}[p_t(d_t)d_t - (K_t y_t + h_t I_t + v_t x_t)] \quad (5.1)$$

s.t. $$x_t + I_{t-1} = d_t + I_t, \quad t = 1,2,\cdots,T \quad (5.2)$$

$$0 \leqslant x_t \leqslant y_t C, \quad t = 1,2,\cdots,T \quad (5.3)$$

$$y_t \in \{0,1\}, \quad t = 1,2,\cdots,T \quad (5.4)$$

$$I_t, d_t, p(d_t) \geqslant 0, \quad t = 1,2,\cdots,T \quad (5.5)$$

目标函数(5.1)是公司的总利润，等于总收益减去总成本，其中总成本包括生产启动费用，存贮费用和生产费用；约束条件(5.2)为物料平衡方程，描述了相邻周期的库存、需求和生产量间的关系；约束条件(5.3)是能力约束，结合约束(5.4)和目标函数(5.1)可以判断第 t 周期是否组织生产；约束条件(5.4)规定 y_t 是二进制变量；约束条件(5.5)要求每周期的库存量、需求量和价格是非负的。

5.2.2　定义、定理及数学模型的进一步描述

设 D 是可行需求向量，其中 $D = \{d_1, d_2 \cdots, d_T\}$，$X(D)$ 表示需求向量为 D 时的任意一个可行生产计划。

定义5.1　对于可行生产计划 $X(D)$，如果 $I_t = 0$，则称周期 t 为再生点；如果 $x_t > 0$，则称周期 t 为生产周期，特别地，当 $0 < x_t < C$ 时，称周期 t 为零头生产周期；当 $x_t = C$ 时，称周期 t 为能力生产周期；$x_t = 0$，称周期 t 为非生产周期。

定义5.2　对于可行生产计划 $X(D)$，如果 $S_{u,v}(D)(1 \leqslant u \leqslant v \leqslant T)$ 表示可行生产计划 $X(D)$ 的一个子集，且

$$S_{u,v}(D) = \{x_i, i = u, \cdots v \mid I_{u-1} = 0 = I_v; I_i > 0, u \leqslant i < v\}$$

则称 $S_{u,v}(D)$ 为 $X(D)$ 的子生产计划，相应的问题称为子问题(u, v)。特别地，如果 $u-1$ 和 u 都是再生点，那么 S_{uu} 也是生产计划 $X(D)$ 的子生产计划。

定义 5.3 对于子生产计划 $S_{u,v}(D)$，如果至多只有一个周期是零头生产周期，其余周期要么为非生产周期，要么为能力生产周期，则称 $S_{u,v}(D)$ 为能力受限子生产计划。

定义 5.4 对于生产计划 $X(D)$，如果它是由若干个能力受限子生产计划构成，则称 $X(D)$ 为能力受限生产计划。

引理 5.1 如果 $X'(D)$ 和 $X''(D)$ 是两个不同的可行生产计划，且 $X(D)=\alpha X'(D)+(1-\alpha)X''(D)$，其中 $0<\alpha<1$，则 $X(D)$ 的再生点也是 $X'(D)$ 和 $X''(D)$ 的再生点。

证明:令周期 k 是 $X(D)$ 的任意一个再生点。根据假设，

$$\sum_{t=1}^{k} x_t=\alpha\sum_{t=1}^{k} x'_t+(1-\alpha)\sum_{t=1}^{k} x''_t$$

上式两边减去 $\sum_{t=1}^{k} d_t$，得到 $\sum_{t=1}^{k}(x_t-d_t)=\alpha\sum_{t=1}^{k}(x'_t-d_t)+(1-\alpha)\sum_{t=1}^{k}(x''_t-d_t)$，即 $I_k=\alpha I'_k+(1-\alpha)I''_k$。由于 $I_k=0$，且 I'_k 和 I''_k 是非负的，所以 I'_k 和 I''_k 一定为 0。

定理 5.1 对于任意的可行需求向量 D，能力受限生产计划 $X(D)$ 对应于可行域的顶点。

证明:现在分两步来证明。

① 如果 $X(D)$ 不是能力受限生产计划，则它一定不是可行域的顶点。

由于 $X(D)$ 不是能力受限生产计划，因此存在某个子计划 S_{uv}，该子计划内至少有两个周期 b 和 d($1\leqslant u\leqslant b<d\leqslant v\leqslant T$)：$0<x_b<C$，$0<x_d<C$。

令 $\delta=0.5\mathrm{Min}\{x_b, C-x_b, x_d, C-x_d, \mathrm{Min}_{u\leqslant t<v} I_t\}$。

令 U_i 是一个 T 维向量，其中第 i 个分量为 1，其余分量为 0。

令生产计划 $X'(D)=X(D)-\delta U_b+\delta U_d$ 和 $X''(D)=X(D)+\delta U_b-\delta U_d$。由于 $\delta>0$,因此 $X'(D)$ 和 $X''(D)$ 是不同的两个可行生产计划。显然,$X(D)=0.5X'(D)+0.5X''(D)$,即 $X(D)$ 是 $X'(D)$ 与 $X''(D)$ 连线的中点。

② 如果可行解 $X(D)$ 不是顶点,则它一定不是能力受限生产计划。

因为 $X(D)$ 不是顶点,所以存在两个不同的可行解 $X'(D)$ 和 $X''(D)$,使

$$X(D)=\alpha X'(D)+(1-\alpha)X''(D) \tag{5.6}$$

设存在周期 $b_1(u\leqslant b_1\leqslant v)$,有 $x'_{b_1}\neq x''_{b_1}$,其中周期 $u-1$ 和 v 是 $X(D)$ 的两个连续再生点。由引理 5.1 可知,$u-1$ 和 v 也分别是 $X'(D)$ 和 $X''(D)$ 的两个再生点。因此,在周期 $u-1$ 到 v 之间,至少存在两个以上周期 $b_1,b_2,\cdots$,有 $x'_{b_1}\neq x'_{b_1},x''_{b_2}\neq x''_{b_2},\cdots$。

下面以 b_1 为例,证明 $0<x_{b_1}<C$。

反证法,假设 $x_{b_1}=0$ 或 $x_{b_1}=C$。

由于 $X'(D)$ 和 $X''(D)$ 是可行解,因此 $0\leqslant x'_{b_1}\leqslant C,0\leqslant x''_{b_1}\leqslant C$。

a. 当 $x_{b_1}=0$ 时,由(5.6)可知,$x'_{b_1}=x''_{b_1}=0$,这与 $x'_{b_1}\neq x''_{b_1}$ 相矛盾。

b. 当 $x_{b_1}=C$ 时,由(5.6)可知,$x'_{b_1}=x''_{b_1}=C$,与 $x'_{b_1}\neq x''_{b_1}$ 相矛盾

故 $0<x_{b_1}<C$。同理可证,$0<x_{b_2}<C$。$X(D)$ 在连续再生点 $u-1$ 和 v 之间至少有两个零头生产周期。因此,$X(D)$ 不是能力受限生产计划。

由 ① 和 ② 可得,能力受限生产计划 $X(D)$ 对应于可行域的顶点。证明完毕。

由于原问题可行域是凸集,且目标函数是凹函数,因此原问题可以在可行域的某个顶点处达到最优解。根据定理 5.1,很容易得

到下面的重要推论。

推论 5.1 存在最优解(对应可行域的某个顶点),具有下列属性:在两个连续的再生点间至多有一个零头生产周期,换句话说,在两个连续的零头生产周期间至少有一个再生点。

5.2.3 算法及其计算复杂度

5.2.3.1 子问题$(1,n)$的数学模型

根据定理 5.1,原问题存在某个最优解,它是由若干个能力受限子生产计划构成。因此,原问题求解的关键在于子问题的求解。不失一般性,下面讨论如何求解子问题$(1,n)$。$S_{1,n}$ 是子问题$(1,n)$的能力受限子计划,$\Phi=\{t_1,t_2,\cdots,t_m\}$ 表示 $S_{1,n}$ 的生产周期集合,t_f 表示零头生产周期,m 表示生产周期的个数。

$$I_t=\sum_{i=1}^{t}x_t-\sum_{i=1}^{t}d_t \tag{5.7}$$

$$x_{t_f}=\sum_{i=1}^{n}d_t-(m-1)C \tag{5.8}$$

把(5.7)式和(5.8)式代入模型 5.1,根据推论 5.1,得到下面的模型:

模型 5.2

$$\text{Max}\sum_{t=1}^{t_f-1}(p_t(d_t)-v_{t_f}+\sum_{i=t}^{t_f-1}h_i)d_t+\sum_{t=t_f}^{n}(p_t(d_t)-v_{t_f}-\sum_{i=t_f}^{t-1}h_i)d_t$$

$$-\sum_{i=1}^{m}K_{t_i}+C[\sum_{i\in\Phi-\{t_f\}}(v_{t_f}-v_i)-\sum_{i=1}^{f-1}\sum_{j=t_i}^{t_f-1}h_i+\sum_{i=f+1}^{m}\sum_{j=t_f}^{t_i-1}h_i] \tag{5.9}$$

$$\text{s.t.}\quad \sum_{i=1}^{t}d_i\leqslant\sum_{t_i\in\Phi,t_i\leqslant t}C_{t_i},\quad t=1,2,\cdots,t_f-1 \tag{5.10}$$

$$\sum_{i=t+1}^{n}d_i\geqslant\sum_{t_i\in\Phi,t_i\geqslant t}C_{t_i},\quad t=t_f,t_f+1,\cdots,n \tag{5.11}$$

$$0 \leqslant \sum_{i=1}^{n} d_i - \sum_{t_i \in \Phi, i \neq f} C_{t_i} \leqslant C_{t_f} \tag{5.12}$$

$$d_t \geqslant 0, p_t(d_t) \geqslant 0 \quad t = 1, 2, \cdots, n \tag{5.13}$$

约束条件(5.10) 和(5.11) 保证各周期的需求得到满足；约束条件(5.12) 要求在零头生产周期的生产量是非负的且不超过生产能力；约束条件(5.13) 要求各周期的需求量和相应的价格是非负的。

对于给定的(m,t_f)，需求仅与(5.9) 式的第一个花括号相关，与第二个花括号无关；而生产计划与第一个花括号无关。因此，可以首先求解子问题$(1,n)$ 的各周期需求，然后进行批量决策。

5.2.3.2　子问题(1,n) 的需求决策

模型 5.2 中，如果 $p_t(d_t) < 0$，则在周期 t 时，不仅占用生产资源且无利可图。因此，在利润最优化情形下，可以去掉该约束条件。松弛模型 5.2 中的约束条件(5.10) ～ (5.12)，得到下面模型：

模型 5.3

$$\text{Max} \sum_{t=1}^{t_f-1} (p_t(d_t) - v_{t_f} + \sum_{i=t}^{t_f-1} h_i) d_t + \sum_{t=t_f}^{n} (p_t(d_t) - v_{t_f} - \sum_{i=t_f}^{t-1} h_i) d_t \tag{5.14}$$

$$\text{s.t.} \quad \sum_{i=1}^{n} d_i \leqslant mC \tag{5.15}$$

$$d_t \geqslant 0, t = 1, 2, \cdots, n \tag{5.16}$$

如果给定生产周期数 $m(1 \leqslant m \leqslant n)$ 和零头生产周期 $t_f(1 \leqslant t_f \leqslant n)$，则可以用动态规划法求解模型 5.3，得到各周期的需求量。

令 $p_t(d_t) = a_t - b_t d_t$。以周期数 n 为阶段数，周期 t 的需求量为决策变量，从周期 1 到周期 t 的积累需求量 $\tilde{d}_t$ 为状态变量。当

$t < t_f$,令 $A_t = a_t - v_{t_f} + \sum_{i=t}^{t_f-1} h_i$;当 $t \geqslant t_f$,令 $A_t = a_t - v_{t_f} + \sum_{i=t_f}^{t-1} h_i$。

(5.14)式是关于 d_t 的二次函数。设 $F_t(\tilde{d}_t)$ 表示累积需求为 $\tilde{d}_t$,从周期 1 初到周期 t 末的最大利润:

$$\begin{aligned} F_t(\tilde{d}_t) &= \operatorname{Max} L_t + M_t \tilde{d}_t + N_t \tilde{d}_t^{\,2} \\ &= \operatorname{Max} F_{t-1}(\tilde{d}_t - d_t) + (A_t - b_t d_t) d_t \end{aligned} \tag{5.17}$$

由(5.17)式可以得到周期 t 的最优需求:

$$d_t = \frac{A_t - M_{t-1} - 2N_{t-1}\tilde{d}_t}{2(b_t - N_{t-1})} \tag{5.18}$$

由(5.14)、(5.17)和(5.18)式,得到(5.17)式系数的递推关系式:

$$L_t = \frac{(A_t - M_{t-1})^2}{4(b_t - N_{t-1})} + L_{t-1} \tag{5.19}$$

$$M_t = \frac{M_{t-1} b_t - N_{t-1} A_t}{b_t - N_{t-1}} \tag{5.20}$$

$$N_t = \frac{N_{t-1} b_t}{b_t - N_{t-1}} \tag{5.21}$$

由 $\dfrac{\partial F_n(\tilde{d}_n)}{\partial \tilde{d}_n} = M_n + 2N_n \tilde{d}_n = 0$,得 $\tilde{d}_n = -\dfrac{M_n}{2N_n}$。如果 $\tilde{d}_n \leqslant mC$,则令 $\tilde{d}_n = -\dfrac{M_n}{2N_n}$;否则令 $\tilde{d}_n = mC$。根据 $\tilde{d}_{t-1} = \tilde{d}_t - d_t$ 与(5.18)式,求得 $d_1, \cdots, d_{n-1}$。然后检查子问题各周期需求的非负性。对于 $t = 1, \cdots, n$,如果 $d_t < 0$,则令 $d_t = 0, L_t = L_{t-1}, M_t = M_{t-1}, N_t = N_{t-1}$。类似前面的方法,再重新求解出需求量为非负的周期的需

求量。直至子问题的所有周期的需求量都是非负为止。

由于需求决策时，松弛了约束条件(5.10) ~ (5.12)，所以在批量决策前，先检查需求向量是否满足约束条件：

$$\sum_{i=1}^{t} d_i \leqslant tC, t=1,\cdots,n \tag{5.22}$$

由于子问题$(1,n)$的可行域是凸集，目标函数是凹函数，所以如果需求向量不满足其中某条约束条件，则子问题$(1,n)$的模型5.2中，这条约束条件取等号。这样，该子问题可以再分解成若干个子问题。根据定理5.1，不必考虑此子问题在(m,t_f)时的情形。如果需求向量满足(5.22)式，则进行批量决策。(5.22)式比约束条件(5.10－5.12)要宽松，因此不会漏掉最优解。

5.2.3.3　子问题的批量决策

在求解出子问题在(m,t_f)时的各周期需求量后，把模型5.2改写成下面的形式：

模型 5.4

$$\text{Min} \sum_{t=1}^{n}((v_t + \sum_{i=t}^{n} h_i)x_t + K_t y_t) \tag{5.23}$$

s. t.

$$x_t + I_{t-1} = d_t + I_t, t=1,2,\cdots,n \tag{5.24}$$

$$0 \leqslant x_t \leqslant y_t C, t=1,2,\cdots,n \tag{5.25}$$

$$y_t \in \{0,1\}, t=1,2,\cdots,n \tag{5.26}$$

$$I_t, d_t, p(d_t) \geqslant 0, t=1,2,\cdots,n \tag{5.27}$$

令$TC(m,t_f,t)$表示从计划期初到周期t末，生产点数为m、零头生产点为t_f时的最小总成本。

$$TC(0,0,0)=0 \tag{5.28}$$

当$1 \leqslant t < t_f$时：

$$TC(m,t_f,t)=$$

$$\text{Min}\begin{cases} TC(m-1,t_f,t-1)+K_t+(v_t+\sum_{i=t}^{n}h_i)C & y_t=1 \\ TC(m,t_f,t-1) & y_t=0 \end{cases} \quad (5.29)$$

当 $t=t_f$ 时：

$$TC(m,t_f,t_f)=TC(m-1,t_f,t_f-1)+K_{t_f}+(v_{t_f}+\sum_{i=t_f}^{n}h_i)x_{t_f} \quad (5.30)$$

当 $t_f<t\leqslant n$ 时：

$$TC(m,t_f,t)=$$

$$\text{Min}\begin{cases} TC(m-1,t_f,t-1)+K_t+(v_t+\sum_{i=t}^{n}h_i)C & y_t=1 \\ TC(m,t_f,t-1) & y_t=0 \end{cases} \quad (5.31)$$

运用动态规划顺序递推公式(5.28)～(5.31)求解模型5.4，得到子问题$(1,n)$在生产点数为m和零头周期为t_f时的最优需求向量、最优生产计划和最优利润。类似地，求解其他所有可能的$(m,t_f)(1\leqslant m\leqslant n,1\leqslant t_f\leqslant n)$。如果$(m^*,t_f^*)$时利润最大，则对应的最优需求向量和最优生产计划是子问题$(1,n)$的最优解。

这样，可以得到子问题$(1,n)$在生产周期数为m和零头生产周期为t_f时的最优需求向量、最优生产计划和最优利润。子问题$(1,n)$在其他生产周期数和零头周期时的求解方法类似5.2.3.1、5.2.3.2和5.2.3.3章节相关内容。在所有可能的$(m,t_f)(1\leqslant m\leqslant n,1\leqslant t_f\leqslant n)$情形中，利润最大者及其对应的最优需求向量和最优生产计划就是子问题$(1,n)$的最优解。

5.2.3.4 整个问题的求解

令 $F(t)$ 表示从期初到周期 t 末的最大利润，E_{jt} 表示子问题 (j,t) 的最大利润。可以得到下面的动态规划顺推关系式：

$$F(0)=0 \tag{5.32}$$

$$F(t)=\underset{1\leqslant j\leqslant t}{\mathrm{Min}}\{F(j-1)+E_{jt}\},t=1,2,\cdots,T \tag{5.33}$$

根据5.2.3.1、5.2.3.2和5.2.3.3中的求解方法，可以求解出 E_{jt}。根据(5.32)和(5.33)式可以求解出原问题的最大利润、最优需求向量和最优生产计划。

5.2.3.5 基于动态规划算法的具体步骤

对于价格函数 $p_t(d_t)=a_t-b_td_t$，给出算法的具体步骤：

步骤1：任意给定子问题$(a,b)(1\leqslant a\leqslant b\leqslant T)$。其中，生产周期数为 $m(0\leqslant m\leqslant b-a+1)$，零头生产周期为 $t_f(a\leqslant t_f\leqslant b)$。

步骤2：运用动态规划思想，用顺推解法求解模型5.3，得到此时的最优需求向量。

① 初始化：以累积需求量 $\tilde{d}_t$ 为状态变量，需求量 d_t 为决策变量，周期数为阶段数，$s_0=0$，$F(0)=0$。

② 根据(5.18)式计算各周期的需求量，检查各周期的需求量的非负性。然后检查各周期的需求量是否满足(5.22)式，如果满足，则进行批量决策；否则求解其他的生产点与库存点组合或其他子问题。

③ 根据(5.19)～(5.21)式，计算出利润函数(5.17)式的各项系数，得到第 t 阶段时的利润函数表达式。

④ 求解出第 b 周期的需求量，然后逆推算出第 $b-1,\cdots,a$ 周期的需求量。

步骤3：针对步骤2求得的需求量，运用动态规划顺推公式(5.28)～(5.31)进行批量决策；

步骤4：对于子问题(a,b)的生产周期数和零头生产周期的所有可能组合(m,t_f)，重复步骤2至步骤3，进行需求决策和批量决策。

步骤 5：在子问题(a,b)的所有可能组合(m,t_f)中，确定利润最大的组合，该组合对应的最优需求向量和最优生产计划为子问题(a,b)的最优决策方案。

步骤 6：根据(5.32)和(5.33)式求解原问题的最大利润、各周期最优需求（价格）和最优生产计划。

5.2.3.6　算法的计算复杂度分析

对于子问题$(1,n)$，(m,t_f)有n^2+1种可能的组合，每一个(m,t_f)组合可能得到一个价格向量。因此，最优定价向量数为$O(n^2)$。对于某个(m,t_f)组合，进行批量问题的决策的复杂度为$O(n^2)$。由于所有子问题最大可能数是$0.5T(T-1)$，因此，整个算法的计算复杂度为$O(T^6)$。

5.2.4　实验结果与参数分析

用八种产品代表八组数据进行实验。$p_t(d_t)=a_t-b_td_t$。每种产品相关参数见附录。表 5.1 给出了联合决策下八种产品的最优需求向量，表 5.2 给出了八种产品的最优价格向量，表 5.3 给出了八种产品的最优生产计划和最大利润。

表 5.4 分析了产品 1、3、8 的生产能力的变化对利润的影响。产品 1、3、8 在无能力约束时的最优需求向量的平均需求分别为 7998、819 和 1126。由表 5.4 可知，当产品的生产能力在无能力约束情形的最优需求向量的平均需求左右变化时，生产能力增量的边际利润较大；一般来说，随着生产能力的增大，生产能力增量的边际利润会随之降低。

图 5.1 分析了产品 1 的生产能力对公司总利润的影响。图 5.1 中曲线上相邻两点间线段的斜率是相应生产能力增量的边际利润。当生产能力过低时，制造商会损失大量的销售机会，进而损失了大量的利润；当生产能力过高时，生产能力增量的边际利润很低，甚至为 0（本例中当生产能力大于 47500 时），会导致较低的投资效益。

表5.1 八种产品各周期最优需求

周　期	1	2	3	4	5	6	7	8	9	10
产品1	7564	5803	6633	9000	8000	8200	6552	5690	9259	8400
产品2	7556	6996	6115	5997	7760	6996	5716	4786	4980	4762
产品3	741	673	755	750	952	875	733	640	723	673
产品4	6040	6118	7553	7293	7516	6538	6693	6462	6427	6760
产品5	6000	6000	6000	6000	6000	6000	4761	5181	4255	3802
产品6	5636	4364	5990	6269	5869	6469	5404	6136	7146	6718
产品7	10449	10503	9623	9874	11166	10602	8232	11498	9617	8885
产品8	10000	10000	10000	10000	10000	10000	10000	10000	10000	10000

表 5.2 八种产品各周期最优价格

周 期	1	2	3	4	5	6	7	8	9	10
产品 1	28.209	28.359	28.709	28.350	28.600	29.050	29.3	29.35	29.000	29.100
产品 2	52.000	52.312	52.326	52.601	51.808	51.952	52.099	52.055	52.459	52.757
产品 3	59.800	60.139	59.398	59.714	58.670	58.835	59.005	58.954	59.110	59.453
产品 4	68.715	69.560	68.305	68.768	67.902	68.044	67.350	67.882	67.475	68.428
产品 5	80.064	80.188	79.661	79.964	79.144	79.604	78.956	80.088	80.291	80.833
产品 6	28.691	28.791	28.883	29.033	29.133	29.483	29.633	29.221	29.570	29.520
产品 7	102.28	102.22	102.74	103.51	102.59	103.31	103.44	102.79	102.94	103.58
产品 8	91.766	91.911	91325	91.751	90.729	91.327	90.518	91.185	90.678	90.876

表 5.3　八种产品的最优生产计划及最大利润

	构成最优解的子问题	生产周期	利　润
产品 1	(1,3)、(4,8)、(9,10)	1*、4*、6、9*	128173
产品 2	(1,4)、(5,10)	1*、5*	237980
产品 3	(1,2)、(3,4)、(5,8)、(9,10)	1*、3*、5*、6、9*	30962
产品 4	(1,2)、(3,4)、(5,6)、(7,8)、(9,10)	1*、3*、5*、7*、9*	199213
产品 5	(1,1)、(2,2)、(3,3)、(4,4)、(5,5)、(6,6)、(7,10)	1、2、3、4、5、6、7*、8、9	162206
产品 6	(1,2)、(3,7)、(8,10)	1*、3*、4、6、8*、9	113056
产品 7	(1,1)、(2,4)、(5,7)、(8,10)	1*、2*、5*、8*	452489
产品 8	每周期都是一个子问题	每个周　期	484638

表 5.4 生产能力对利润的灵敏度分析

产品 1			产品 3			产品 8		
产能	利润	CMP	产能	利润	CMP	产能	利润	CMP
5000	43881	16.263	500	21705	15.540	6000	336748	47.264
6000	60144	12.662	800	26367	7.233	8000	431276	26.681
7000	72806	9.734	1100	28537	5.843	10000	484638	6.902
8000	82540	8.018	1400	30290	2.773	12000	498442	5.898
10000	98576	3.961	1700	31122	0.967	14000	510238	5.044
15000	118382	1.958	2000	31412	1.401	17000	525370	7.121
20000	128173	1.073	3000	32813	0.898	21000	553853	1.089
32000	136080	0.659	5300	34879	0	24000	557120	0
50000	136080	0	7000	34879		50000	557120	

CMP＝利润的增量/相应的生产能力增量，表示生产能力增量的边际利润

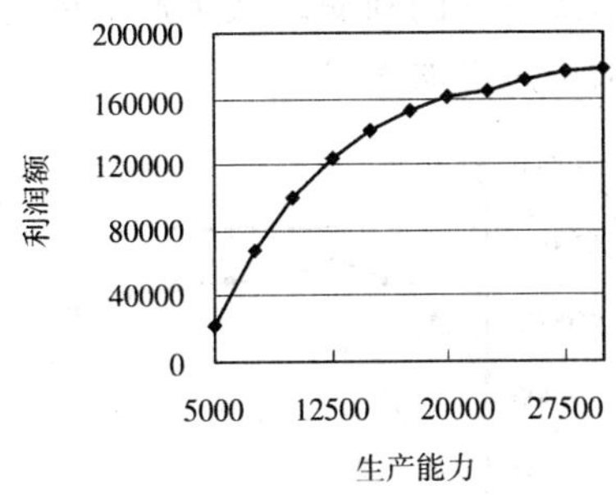

图 5.1　产品 1 的生产能力变化对利润的影响

图 5.2 分析了产品 1 的生产能力的变化对平均价格的影响。生产能力小于 15000(大量实验观察得出，这个值通常是无能力约束情形的平均需求(本例为 9027) 的 1.2～1.6 倍) 时，随着生产能力的降低，价格越来越高。当生产能力增加到一定水平(本例中为 47500) 时，价格不再随生产能力的变化而变化。在中间一段区间，生产能力对平均价格的影响是不稳定的。

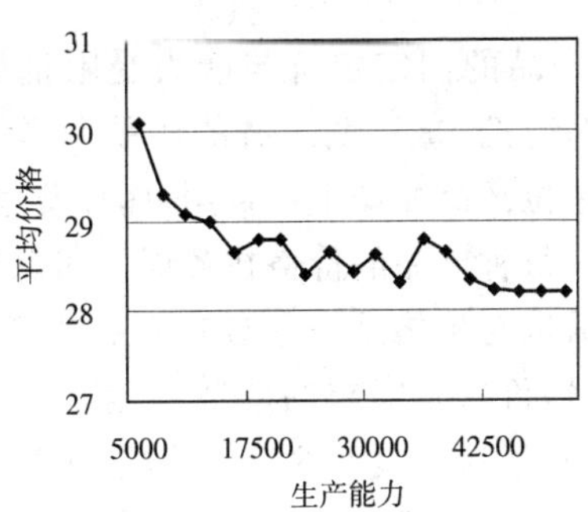

图 5.2　产品 1 的生产能力变化对平均价格的影响

图 5.3 比较了产品 1 在联合决策和分散决策下生产商获得的利润。为方便起见，假定分散决策下的每周期需求量是恒定的，是总需求量与周期数 10 的比值。分散决策选择了具有代表性的 10 种情形。图 5.3 中，方形黑点表示联合决策时的利润，曲线上的菱

形点表示每个分散决策下的利润。从生产商的利润角度，可以得出联合决策比分散决策更加优越。

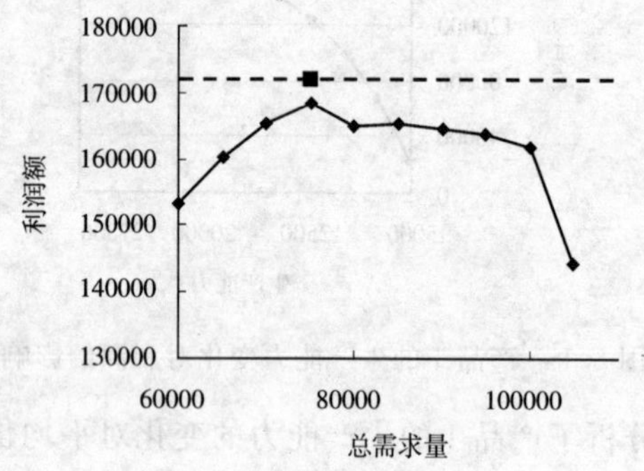

图 5.3　产品 1 的联合决策与分散策略的比较

5.3　固定定价与生产能力受限批量问题的联合决策

本节研究多产品的固定定价与能力受限批量问题的联合决策。生产能力是时变的，每周期所有的产品共享该周期的生产能力。每种产品的单位产品变动生产费用、库存费用是静态的，在各周期间保持不变。每种产品的价格在各周期间保持不变。每种产品在各周期内的需求与价格是一一对应关系，根据模型特有结构，以需求为决策变量，价格是需求的函数。建立了非线性混合整数规划模型，提出了基于迭代搜索的精确算法，每次迭代包括一个运用对偶理论求解的线性规划问题和一个较为简单的非线性规划问题。

5.3.1　数学模型

符号说明如下：T，计划期内的周期数；J，计划期内的产品数；C_t，周期 t 的生产能力；I_{jt}，产品 j 在周期 t 末的库存量；v_j，产品 j 在每周期的单位产品变动生产费用；h_j，产品 j 在每周期的单位产品存贮费用。根据单位产品存贮费用，按降序对产品进行编号，即当 $h_i \geqslant h_j$ 时，$i<j$；d_j，产品 j 的需求强度，与时间无关；$d_{jt}=\beta_{jt}d_j$，产品 j 在周期 t 的需求量，其中 β_{jt} 为需求季节因子；$p_j(d_j)$，产品 j 在计划期内的价格，是需求强度的函数，且与需求强度是一一对应关系；x_{jt}，产品 j 在周期 t 的生产量。

为了描述方便，令 $D=\{d_1,\cdots,d_J\}$，$X=(x_{11},\cdots,x_{1T},x_{21},\cdots x_{2T},x_{J1},\cdots,x_{JT})$，$I=(I_{11},\cdots,I_{1T},I_{21},\cdots I_{2T},I_{J1},\cdots,I_{JT})$，$S(D)$ 表示当需求强度为 $d_1,\cdots,d_J$ 时的最小总成本。

多产品的固定定价与批量问题的联合决策模型如下：

模型 5.5

$$\operatorname*{Max}_{D\geqslant 0}\{\pi(D)=\sum_{j=1}^{J}(d_j\cdot p_j(d_j))\sum_{t=1}^{T}\beta_{jt}-S(D)\} \tag{5.34}$$

使得

$$\sum_{i=1}^{t}\sum_{j-1}^{J}d_j\beta_{ji}\leqslant\sum_{i=1}^{t}C_i \quad t=1,\cdots,T \tag{5.35}$$

其中

$$S(D)=\operatorname*{Min}_{X,I}\{S^P(D,X,I)=\sum_{j=1}^{J}(v_jx_{jT}+\sum_{t=1}^{T-1}(h_jI_{jt}+v_jx_{jt})\} \tag{5.36}$$

$$\text{s.t.}\quad -x_{jt}+I_{jt}=-\beta_{jt}d_j,\quad t=1;j=1,\cdots,J \tag{5.37a}$$

$$-x_{jt}-I_{j,t-1}+I_{jt}=-\beta_{jt}d_j,\quad t=2,\cdots,T-1;j=1,\cdots,J \tag{5.37b}$$

$$-x_{jt}-I_{j,t-1}=-\beta_{jt}d_j,t=T;\quad j=1,\cdots,J \tag{5.37c}$$

$$\sum_{j=0}^{J}x_{jt}=C_t,\quad t=1,\cdots,T \tag{5.38}$$

$$\sum_{t=1}^{T} - x_{0t} = \sum_{t=1}^{T} (\sum_{j=1}^{J} \beta_{jt} d_j - C_t) \tag{5.39}$$

$$x_{jt}, I_{jt} \geqslant 0, \quad t=1,\cdots,T; j=1,\cdots,J \tag{5.40}$$

约束条件(5.35)保证只考虑费用最小化子问题 $S(D)$ 存在可行解的需求强度;约束条件(5.37)表示库存量、生产量和需求之间的关系;约束条件(5.38)要求各周期的生产量不超过当前周期的生产能力;约束条件(5.39)虽然可以由其他约束条件推导出来,是多余的,但是通过这条约束条件可以使用网络图描述费用最小化子问题;约束条件(5.40)要求各周期的生产量和库存量是非负的。

定理 5.2 当需求强度为 $D=\{d_1,\cdots,d_J\}$ 时,在(5.34)式中的利润函数 $\pi(D)$ 是凹函数。

证明:设 D^1 和 D^2 是任意两个不同的可行需求强度向量,令 $D^3=\alpha D^1+(1-\alpha)D^2$,其中 $\alpha \in (0,1)$。令(X^1,I^1)与(X^2,I^2)分别是对应需求强度向量 D^1 和 D^2 的费用最小化子问题的最优解。因此对于约束条件(5.37)~(5.40),(X^1,I^1)与(X^2,I^2)是可行的。令 $X'=\alpha X^1+(1-\alpha)X^2$,$I'=\alpha I^1+(1-\alpha)I^2$。显然$(X',I')$满足约束条件(5.37)~(5.40)。因此:

$$\alpha\pi(D^1)+(1-\alpha)\pi(D^2)= \sum_{j=1}^{J}(\alpha d_j^1 \cdot p_j(d_j^1)+(1-\alpha)d_j^2 \cdot p_j(d_j^2))$$

$$\sum_{t=1}^{T}\beta_{jt} - \alpha S^p(D^1,X^1,I^1)-(1-\alpha)S^p(D^2,X^2,I^2)$$

由于目标函数(5.36)是线性的,可以得到:

$$\alpha S^p(D^1,X^1,I^1)+(1-\alpha)S^p(D^2,X^2,I^2)=S^p(D^3,X',I')$$

因此,

$$\alpha\pi(D^1)+(1-\alpha)\pi(D^2)=\sum_{j=1}^{J}(\alpha d_j^1 \cdot p_j(d_j^1)$$

$$+(1-\alpha)d_j^2 \cdot p_j(d_j^2))\sum_{t=1}^{T}\beta_{jt} - S^p(D^3, X', I') \quad (5.41)$$

根据假设 $d_j \cdot p_j(d_j)$ 是凹函数，得

$$\alpha d_j^1 \cdot p_j(d_j^1) + (1-\alpha)d_j^2 \cdot p_j(d_j^2) \leqslant d_j^3 \cdot p_j(d_j^3) \quad (5.42)$$

把(5.42)式代入到(5.41)式中，得

$$\alpha\pi(D^1) + (1-\alpha)\pi(D^2)$$

$$\leqslant \sum_{j=1}^{J}(d_j^3 \cdot p_j(d_j^3))\sum_{t=1}^{T}\beta_{jt} - S^p(D^3, X', I')$$

$$\leqslant \sum_{j=1}^{J}(d_j^3 \cdot p_j(d_j^3))\sum_{t=1}^{T}\beta_{jt} - S(D^3) = \pi(D^3)$$

证明完毕。

为了便于求解 $\pi(D)$ 的最优解，用费用最小化子问题(5.36)～(5.40)的对偶问题代替费用最小化问题。定义 $l_{jt}(j=1,\cdots,J;t-1,\cdots,T)$；$m_t(t=1,\cdots,T)$ 和 n 分别是与约束条件(5.37)～(5.39)对应的对偶问题的变量。令 $L=(l_{11},\cdots,l_{1T},l_{21},\cdots l_{2T},l_{J1},\cdots,l_{JT})$；$M=\{m_1,\cdots,m_T\}$。费用最小化子问题 $S^P(D,X,I)$ 的对偶问题模型如下：

$$S^D(D) = \operatorname*{Max}_{L,M,n}\{S^D(D,L,M,n)$$

$$= -\sum_{j=1}^{J}d_j\sum_{t=1}^{T}\beta_{jt}l_{jt} + \sum_{t=1}^{T}C_t m_t + n\sum_{t=1}^{T}(\sum_{j=1}^{J}\beta_{jt}d_j - C_t)\}$$

(5.43)

s. t.　$m_t - n \leqslant 0,\quad t=1,\cdots,T$　(5.44)

$m_t - v_{jt} \leqslant v_j,\quad t=1;j=1,\cdots,J$　(5.45)

$v_{jt} - v_{j,t+1} \leqslant h_j,\quad t=1;j=1,\cdots,J$　(5.46)

对于满足约束条件(5.35)的需求强度向量 $D \geqslant 0$,只要费用最小化子问题 $S^P(D,X,I)$ 的参数(即 β_{jt},h_j,v_j,C_t)是非负的,$S^P(D,X,I)$ 就存在可行解。因为 h_j 和 $v_j(j=1,\cdots,J)$ 是非负的,且约束条件(5.40)限定了 X,I 也是非负的,所以 $S^P(D,X,I)$ 是有界的,也就是说 $S^P(D,X,I)$ 有最优解。因此,根据对偶定理,对偶问题 $S^D(D,L,M,n)$ 也有最优解,且 $S(D)=S^D(D)$。

用 $S^D(D)$ 替代 $S(D)$,(5.34)式可以改写成下面的形式:

$$\pi(D)=\sum_{j=1}^{J}d_j\cdot p_j(d_j)\sum_{t=1}^{T}\beta_{jt}-\sum_{j=1}^{J}d_j\sum_{t=1}^{T}\beta_{jt}(n^*-l_{jt}^*)$$

$$-\sum_{t=1}^{T}C_t m_t^*+n^*\sum_{t=1}^{T}C_t \tag{5.47}$$

其中,L^*、M^* 和 n^* 是对偶问题 $S^D(D)$ 的最优解。值得注意的是,只有主问题的基发生变化时,对偶问题的最优解才发生变化。这表明费用最小化子问题可以通过迭代法进行求解,每次迭代的步骤如下:

① 识别费用最小化子问题 $S(D)$ 的最优基 $B(D)$。

② 求解出对偶问题 $S^D(D)$ 的最优解。

③ 确定约束集 $\Omega(D)$,对于 $\forall D' \in \Omega(D)$,$B(D)$ 是最优基。

④ 求解使(5.47)式最大化的需求强度向量 D,且 $D\in\Omega(D)$。

⑤ 如果需求强度向量为 D 是不可行的,即违背了某条约束条件,则要确定如何改变费用最小化子问题的基。

5.3.2 算法

接下来,详细讨论上面的五个步骤。

5.3.2.1 识别最优基 $B(D)$

对于满足约束条件(5.35)的需求强度向量 D,可以运用下面的生产计划程序(IOB)构建费用最小化子问题 $S^P(D,X,I)$ 的可行解。

步骤 1：初始化，令 $x_{jt}=0, I_{jt}=0(j=1,\cdots,J;t=1,\cdots,T)$；$B(D)=\{\}$；$t=T$。

步骤 2：令目前可用的生产能力 $\tilde{C}_t=C_t$；当前周期未被满足的需求量 $\tilde{d}_{jt}=d_j\beta_{jt}+I_{jt}$，$j=1,\cdots,J$。如果 $\sum_{i=1}^{J}\tilde{d}_{it}\leqslant C_t$，则令 $j(t)=J+1$，$B(D)=B(D)\cup\{x_{0t}\}$，其中 $x_{0t}=C_t-\sum_{i=1}^{J}\tilde{d}_{it}$；否则令 $j(t)=\mathrm{Min}\{j:\sum_{i=1}^{j}\tilde{d}_{it}>C_t\}$。

步骤 3：对于 $i=1,\cdots,\mathrm{Min}\{j(t),J\}$，令 $B(D)=B(D)\cup\{x_{it}\}$；$x_{it}=\mathrm{Min}\{\tilde{d}_{it},\tilde{C}_t\}$；$\tilde{C}_t=\tilde{C}_t-x_{it}$。

步骤 4：如果 $j(t)\leqslant J$，则对于 $i=j(t),\cdots,J$，令 $B(D)=B(D)\cup\{I_{i,t-1}\}$；$I_{i,t-1}=\tilde{d}_{it}-x_{it}$。如果 $t=1$，则程序停止；否则令 $t=t-1$，转到步骤 2。

生产计划程序（IOB）从周期 T 开始，逆序分配生产能力。在每个周期中，按产品编号从小到大的顺序分配生产能力，即优先分配生产能力给单位库存费用高的产品。需求注意的是，对于周期 t，当且仅当 $i\leqslant j(t)$ 时，$x_{it}\in B(D)$；当且仅当 $i\geqslant j(t)$ 时，$I_{i,t-1}\in B(D)$。只有属于 $B(D)$ 中的边（即变量）才具有非零值。如果用网络图描述最小费用子问题，则 $B(D)$ 中的边形成了网络图的生成树（如图 5.4 中的加粗边）。因此，$B(D)$ 是一个基，不同的基对应不同的 $j(1),\cdots,j(T)$，可以用 $j(1),\cdots,j(T)$ 来标识基。

引理 5.2　对于任意给定的满足约束条件(5.35)的需求强度向量 D，对应于基 $B(D)$ 的对偶变量具有以下特征：

(1) $\forall i,k:i<k$，

$$l_{kt}+v_k-(l_{it}+v_i)\geqslant 0\quad t=1,\cdots,T \tag{5.48}$$

(2)
$$l_{it}\leqslant -v_i,\quad t=1,\cdots,T \tag{5.49}$$

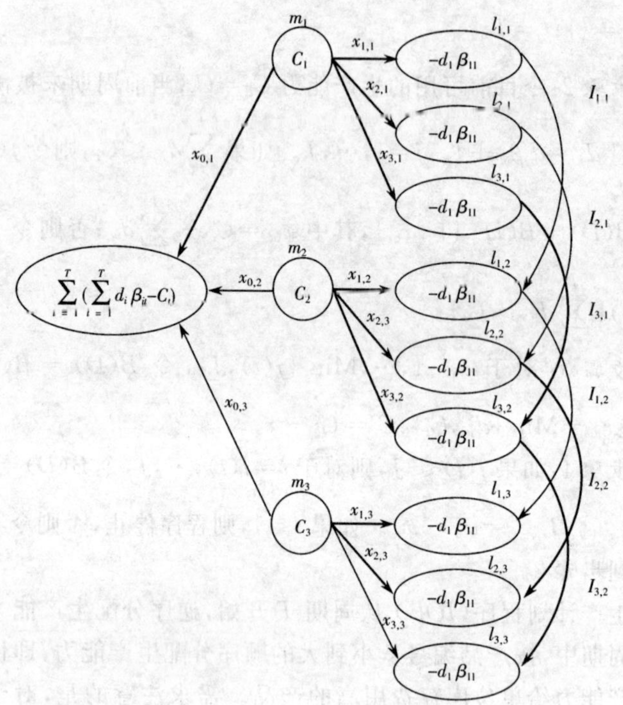

图 5.4　最小化费用子问题的网络图

证明:① 证明(5.48)式成立。

周期 $t=1, j(1)=J+1, x_{it}\in B(D)(i=0,\cdots,J)$,其中 D 满足约束条件(5.35)。由于 $B(D)$ 的基边下降的费用为零,因此,$n=0, l_{i1}=-v_i(i=0,\cdots,J)$。显然,周期 $t=1$ 时,命题成立。

假设存在周期 τ,对于 $\forall t: t\leqslant\tau$,(5.48)式成立。

下面证明 $t=\tau+1$ 时,(5.48)式也成立。

如果 $j(\tau+1)=J+1$,则由于 $B(D)$ 的基边下降的费用为零,因此,$n=0, l_{i,\tau+1}=-v_i(i=0,\cdots,J)$。显然,周期 $t=\tau+1$ 时,(5.48)式成立。否则,根据表 5.5 可以得到:

$$m_{\tau+1}=v_{j(\tau+1)}+l_{j(\tau+1),\tau}-h_{j(\tau+1)} \tag{5.50}$$

$$l_{i,\tau+1}=\begin{cases}-v_i+v_{j(\tau+1)}+l_{j(\tau+1),\tau}-h_{j(\tau+1)} & i\leqslant j\\ l_{i\tau}-h_i & i\geqslant j\end{cases} \tag{5.51}$$

表 5.5　令 $n=0$,周期 t 的对偶变量值

$j(t)=J+1$	$j(t)<J+1$
$x_{it}\in B(D)\quad i=0,\cdots,J$	$x_{it}\in B(D)\quad i=0,\cdots,j(t)$
$I_{i,t-1}\notin B(D)\quad i=0,\cdots,J$	$I_{i,t-1}\in B(D)\quad i=j(t),\cdots,J$
$l_{it}=-v_i\quad i=0,\cdots,J$	$l_{it}=\begin{cases}-v_i+v_{j(t)}+l_{j(t),t-1}-h_{j(t)} & i\leqslant j(t)\\ l_{i,t-1}-h_i & i\geqslant J(t)\end{cases}$
$m_t=0$	$m_t=v_{j(t)}+l_{j(t),t-1}-h_{j(t)}$

对于 $\forall i,k:i<k$,证明命题分三种情形:

Case 1:$i<k\leqslant j(\tau+1)$。用(5.51)式替代(5.48)式中的 $l_{k,\tau+1}$ 和 $l_{i,\tau+1}$,可以得到:

$$l_{k,\tau+1}+v_k-(l_{i,\tau+1}+v_i)=0 \tag{5.52}$$

Case 2:$i\leqslant j(\tau+1)<k$。用(5.51)式替代(5.48)式中的 $l_{k,\tau+1}$ 和 $l_{i,\tau+1}$,可以得到:

$$\begin{aligned}&l_{k,\tau+1}+v_k-(l_{i,\tau+1}+v_i)\\&=(l_{k\tau}-h_k)+v_k-(-v_i+v_{j(\tau+1)}+l_{j(\tau+1),\tau}-h_{j(t+1)}+v_i)\\&=(l_{k\tau}+v_k)-(l_{j(\tau+1),\tau}+v_{j(\tau+1)})+(h_{j(t+1)}-h_k)\geqslant 0\end{aligned} \tag{5.53}$$

其中,根据假设 $\forall t: t \leqslant \tau$ 时(5.48)式成立,且 $i \leqslant k$ 时 $h_i \geqslant h_k$,可知(5.53)式中的不等式成立。

Case 3:$j(\tau+1) < i < k$。用(5.51)式替代(5.48)式中的 $l_{k,\tau+1}$ 和 $l_{i,\tau+1}$,可以得到:

$$l_{k,\tau+1} + v_k - (l_{i,\tau+1} + v_i)$$

$$=(l_{k\tau} - h_k) + v_k - ((l_{i\tau} - h_i) + v_i)$$

$$=(l_{k\tau} + v_k) - (l_{i\tau} + v_i) + (h_i - h_k) \geqslant 0 \tag{5.54}$$

其中,根据假设 $\forall t: t \leqslant \tau$ 时(5.48)式成立,且 $i \leqslant k$ 时 $h_i \geqslant h_k$,可知(5.54)式中的不等式成立。

② 证明(5.49)式成立。

周期 $t=1, j(t)=J+1$ 且 $x_{0t} \in B(D)$ 时,$l_{i1}=-v_i(i=0,\cdots,J)$,因此 $t=1$ 时(5.49)式成立。

假设存在某周期 τ,对于 $\forall t: t \leqslant \tau$,命题成立。下面证明 $t=\tau+1$ 时,(5.49)式也成立。

如果 $j(\tau+1)=J+1$,则由于 $B(D)$ 的基边下降的费用为零,因此,$n=0, l_{i,\tau+1}=-v_i(i=0,\cdots,J)$。显然,周期 $t=\tau+1$ 时,(5.49)式成立。如果 $j(\tau+1) \leqslant J$,利用(5.50)式和(5.51)式计算 $l_{i,\tau+1}$ 和 $m_{\tau+1}$。

对于 $\forall i: i \leqslant j(\tau+1)$,有

$$l_{i,\tau+1} = -v_i + v_{j(\tau+1)} + l_{j(\tau+1),\tau} - h_{j(\tau+1)}$$

$$\leqslant -v_i + v_{j(t+1)} - v_{j(t+1)} - h_{j(\tau+1)} = -h_{j(\tau+1)} - v_i \tag{5.55}$$

其中,根据假设 $t \leqslant \tau$ 时 $l_{it} \leqslant -v_i$,可知(5.55)式中的不等式是成立的。并且 $h_{j(\tau+1)} \geqslant 0$,因此当 $i \leqslant j(\tau+1)$ 时,(5.49)式成立。

对于 $\forall i: i > j(\tau+1)$,有

$$l_{i,\tau+1}=l_{i,t}-h_i\leqslant -v_{j(\tau+1)}-h_i \tag{5.56}$$

其中，根据假设 $t\leqslant\tau$ 时 $l_{it}\leqslant -v_i$，可知(5.56)式中的不等式成立。因此当 $i>j(\tau+1)$ 时，(5.49)式成立。

综上所述，对于所有的 i 和 t，命题成立。证明完毕。

定理 5.3　对于任意给定的满足约束条件(5.35)式的需求强度向量 D，用生产计划程序(IOB)得到的基 $B(D)$ 是最优基。

证明：需求证明所有非基边下降的费用是非负的。可以由 $j(1),\cdots,j(T)$ 表示 $B(D)$，$j(1),\cdots,j(T)$ 具有以下特点：当且仅当 $i\leqslant j(t)$ 时 $x_{it}\in B(D)$；当且仅当 $i\geqslant j(t)$ 时 $I_{i,t-1}\in B(D)$。

首先假设存在某个周期 t，$j(t)=J+1$。因此，当 $i\leqslant J$ 时 $x_{it}\in B(D)$ 且 $I_{i,t-1}\notin B(D)$。如果令 $n=0$，则 $m_t=0$ 且 $l_{it}=-v_i(i=1,\cdots,J)$。每个非基边 $I_{i,t-1}$ 下降的费用如下：

$$h_i-l_{i,t-1}+l_{it}=h_i-l_{i,t-1}+(-v_i)\geqslant h_i-(-v_i)+(-v_i)\geqslant 0 \tag{5.57}$$

其中，(5.57)式中的第一个不等式是由引理 5.2 得到的。

假设存在周期 t，$j(t)\leqslant J$。因此，$x_{0t}\notin B(D)$；当且仅当 $i\geqslant j(t)$ 时 $I_{i,t-1}\in B(D)$，当且仅当 $i\leqslant j(t)$ 时 $x_{it}\in B(D)$。由表 5.5 可知：

$$m_t=v_{j(t)}+l_{j(t),t-1}-h_{j(t)} \tag{5.58}$$

$$l_{it}=\begin{cases}-v_i+v_{j(t)}+l_{j(t),t-1}-h_{j(t)} & i\leqslant j(t)\\ l_{i,t-1}-h_i & i\geqslant j(t)\end{cases} \tag{5.59}$$

下面证明所有非基边下降的费用是非负的。由于边 x_{0t} 的费用为零，因此该边下降的费用为 $-m_t$。由(5.58)式可得

$$-m_t=-v_{j(t)}-l_{j(t),t-1}+h_{j(t)}\geqslant -v_{j(t)}+v_{j(t)}+h_{j(t)}=h_{j(t)} \tag{5.60}$$

其中，根据引理 5.2 中(5.49) 式，(5.60) 式中的不等式成立。

当 $i \leqslant j(t)$ 时，用(5.59) 式替代 l_{it} 得到边 $I_{i,t-1}$ 下降的费用：

$$h_i - l_{i,t-1} + l_{it} = h_i - l_{i,t-1} + (-v_i) + v_{j(t)} + l_{j(t),t-1} - h_{j(t)} \tag{5.61}$$

重新组合(5.61) 式的右边，根据引理 5.2 中的(5.48) 式及 $h_j \geqslant h_i$ 时 $j \leqslant i$，可以得到 $i \leqslant j(t)$ 时边 $I_{i,t-1}$ 下降的费用：

$$(l_{j(t),t-1} + v_{j(t)}) - (l_{i,t-1} + v_i) + (h_i - h_{j(t)}) \geqslant 0 \tag{5.62}$$

当 $i \geqslant j(t)$ 时边 x_{it} 下降的费用等于 $v_i - m_t + l_{it}$。用(5.58)式替代 m_t，并用(5.59) 式替代 l_{it}，根据引理 5.2 中的(5.48) 式及 $h_j \geqslant h_i$ 时 $j \leqslant i$，边 x_{it} 下降的费用也可以用下式表示：

$$\begin{aligned} & v_i - (v_{j(t)} + l_{j(t),t-1} - h_{j(t)}) + l_{i,t-1} - h_i \\ = & l_{i,t-1} + v_i - (v_{j(t)} + l_{j(t),t-1}) + h_{j(t)} - h_i \geqslant 0 \end{aligned} \tag{5.63}$$

证明完毕。

5.3.2.2　寻求对偶变量的最优解

令 $n^* = 0$，可以求得对应于基 $B(D)$ 的对偶问题变量值。所有的基边下降的费用必须为零，某条边下降的费用等于该边的费用减去该边流入结点对偶变量值与流出结点对偶变量值的和。此时，可以求得对偶问题对应于基 $B(D)$ 的解 L^* 和 M^*。按上述步骤进行下去，可以在 $O(JT)$ 时间内求得所有的对偶变量的解(见表 5.5)。

5.3.2.3　确定线性约束集 Ω(D)

必须识别约束集 $\Omega(B(D))$，当且仅当 $B(D)$ 是 $S(D')$ 的最优基时，$D' \in \Omega(B(D))$。显然，$\Omega(B(D))$ 包含约束条件 $D \geqslant 0$。为了识别 $\Omega(B(D))$ 中的其他约束条件，定义：$\theta(t,i) = \mathrm{Min}\,\{\tau \geqslant t : I_{i\tau} \notin B(D)\}$。实际上，$\theta(t,i)$ 是产品 i 在周期 $t-1$ 后的第一个再生点。在每个周期 t 中，如果 $x_{0t} \in B(D)$，即 $j(t) = J+1$，则需要下列

约束条件：

$$\sum_{\tau=t}^{\theta(t,J)}\sum_{i=1}^{J}d_j\beta_{i\tau}\leqslant\sum_{\tau=t}^{\theta(t,J)}C_\tau \tag{5.64}$$

只要网络图中的所有正流都沿着当前基边前进，约束条件(5.64)式就能确保生产计划程序(*IOB*)满足周期 t 中所有未满足的需求。

在每个周期 t 中，如果 $x_{0t}\notin B(D)$，即 $j(t)<J+1$，则需要下列约束条件：

$$\sum_{\tau=t}^{\theta(t,j(t))}\sum_{i=1}^{j(t)}d_j\beta_{i\tau}\geqslant\sum_{\tau=t}^{\theta(t,j(t))}C_\tau \tag{5.65}$$

$$\sum_{\tau=t}^{\theta(t,j(t)-1)}\sum_{i=1}^{j(t)-1}d_j\beta_{i\tau}\leqslant\sum_{\tau=t}^{\theta(t,j(t)-1)}C_\tau \tag{5.66}$$

其中，只有 $1<j(t)\leqslant J$ 时，才考虑约束条件(5.65)式。对于满足约束条件(5.65)和(5.66)的任意需求强度向量 D，生产计划程序(*IOB*)分配给 $B(D)$ 中的基边一个非负的值。因此，对于 $\forall D':D'\in\Omega(B(D))$，$B(D)$ 是最优基。类似地，很容易证明对于 $\forall D':D'\notin\Omega(B(D))$，生产计划程序(*IOB*)可以创建一条正流，该流中至少有一条边不属于 $B(D)$。

5.3.2.4　求解使(5.47)式最大化的需求强度向量 D，且 $D\in\Omega(D)$

该非线性规划是关于 D 的凹函数，涉及 J 个决策变量与至多 $2T$ 条约束条件，其约束条件都是线性的。用库恩－塔克条件求得该非线性规划的解 D^*。

5.3.2.5　基的转换

检查对于非线性规划的解 D^*，约束集 $\Omega(B(D))$ 是否有约束条件取等式。如果有，则 D^* 满足约束条件(5.35)～(5.40)，根据定理 5.2，D^* 是原问题的最优解；否则($D\geqslant 0$ 除外)，需要检查其余的基是否能降低费用。在这些取等式的约束条件中，每条约束条件可以确定某个变量进入基，成为基变量；同时某个基变量被换出成为非基变量。换入变量和换出变量的确定方法如下。

情形一：如果取等式的约束条件是由(5.64)式产生的，则

$$B(D)=B(D)-\{x_{0t}\}+\{I_{J,t-1}\}$$

情形二：如果取等式的约束条件是由(5.65)式产生的，则

当 $j(t)<J$ 时，$B(D)=B(D)-\{I_{j(t),t-1}\}+\{x_{j(t)+1,t}\}$；

当 $j(t)=J$ 时，$B(D)=B(D)-\{I_{j(t),t-1}\}+\{x_{0t}\}$。

情形三：如果取等式的约束条件是由(5.66)式在某周期 t 时产生的，则

$$B(D)=B(D)-\{x_{j(t),t}\}+\{I_{j(t)-1,t-1}\}$$

确定了换入变量和换出变量后，就可以得到新的基。每次迭代中，至多要考虑 2^{T-1} 个不同的基。在周期 t 中，如果某条约束条件取等式，则表明产品 $j(t)$ 要么增加(5.65 式类型)，要么减少(5.64 式类型或 5.66 式类型)。每周期至多有一条约束条件取等式。

如果新基改进了当前解，则可以求解出新的需求强度向量 D，并求解出对应这个新基的对偶问题的最优解，继续进行下一次迭代。如果找不出改进当前解的新基，则当前 D 是最优的。因为只有出现改进了当前解的新基时，当前 D 才发生变化，所以至多计算 2^{T-1} 个不同的基，算法可以避免陷入循环。

综上所述，算法至多计算 J^{T-1} 个基。对于每个基 B，约束集 $\Omega(B)$ 的计算复杂度为 $O(T)$，对偶问题 $S^D(D)$ 的计算复杂度为 $O(JT)$。尽管对于每个基 B，需要求解非线性规划问题，但是只涉及 J 个变量和 T 至 $2T$ 条约束条件。一般的非线性规划问题的求解常常涉及$(J+2)T$ 条约束条件和 $2JT+J$ 个变量。相比通常的非线性规划算法，本文所提出的算法极大地降低了计算量。

5.3.2.6　算法的具体步骤

步骤 1：初始化，令 $d_i=0(i=1,\cdots,J)$；$B(D)=\{x_{it},i=1,\cdots,$

$J;t=1,\cdots,T\}$。

步骤 2:根据 5.3.2.1 节中的方法,求解基为 $B(D)$ 时的对偶问题。

步骤 3:为了避免基的变化,利用(5.64)式,确定约束集 $\Omega(B(D))$。

步骤 4:根据 5.3.2.4 节中的方法,求解目标函数为(5.47)式,约束条件为(5.35)式和 $D\in\Omega(B(D))$ 的非线性规划,得到 D^*,令 $D^{**}=D^*$。

步骤 5:对于 D^*,检查约束集 $\Omega(B(D))$ 中是否有约束条件取等式。如果没有,则 D^* 是最优解。程序终止。

步骤 6:否则,对于某条取等式的约束条件,可以确定某个变量进入基,成为基变量;同时某个基变量被换出成为非基变量。换入变量和换出变量的确定方法如下:

情形一:如果取等式的约束条件是由(5.64)式产生的,则

$$B(D)=B(D)-\{x_{0t}\}+\{I_{J,t-1}\}$$

情形二:如果取等式的约束条件是由(5.65)式产生的,则

当 $j(t)<J$ 时,$B(D)=B(D)-\{I_{j(t),t-1}\}+\{x_{j(t)+1,t}\}$;

当 $j(t)=J$ 时,$B(D)=B(D)-\{I_{j(t),t-1}\}+\{x_{0t}\}$。

情形三:如果取等式的约束条件是由(5.66)式在某周期 t 时产生的,则

$$B(D)=B(D)-\{x_{j(t),t}\}+\{I_{j(t)-1,t-1}\}$$

根据每条取等式的约束条件,可以确定一个换入变量和一个换出变量,从而得到新基。

步骤 7:对于所有取等式的约束条件,分别利用步骤 6 中的方法,计算所有可能的基。

步骤 8:如果这些基已经被遍历,则 D^* 是最优解,程序终止;

否则，选择一个未被处理的基 $B'(D)$，计算该基的对偶变量。

步骤 9：利用(5.64)式和(5.65)式确定约束集 $\Omega(B'(D))$。

步骤 10：根据 5.3.2.4 节中的方法，求解目标函数为(5.47)式，约束条件为(5.35)式和 $D \in \Omega(B'(D))$ 的非线性规划，得到 D^{**}。

步骤 11：如果 $\pi(D^{**}) = \pi(D^{*})$，则转到步骤 8；否则，令 $D^{*} = D^{**}$，$\Omega(B(D)) = \Omega(B'(D))$，转到步骤 5。

5.3.3 算例

为了更好地说明本文的算法，给出了 2 个产品 6 个周期的算例，即 $J=2$，$T=6$，其他相关参数见表 5.6。为了简单起见，单位生产费用取值为零，各周期的生产能力 $C_t = 140$，$t = 1, \cdots, 6$，两种产品的价格与需求强度具有相同的线性关系，假设两种产品的价格是不相关的。产品 1 的需求具有很强的季节性，周期间波动很大，称之为季节性产品；产品 2 的各周期的需求相等，称之为非季节性产品。

表 5.6 相关参数值

产品	$p_i(d_i) = 30 - 0.2d_i$	h_i	v_i	β_{i1}	β_{i2}	β_{i3}	β_{i4}	β_{i5}	β_{i6}
1	$p_1(d_1) = 30 - 0.2d_1$	6	0	0.6	0.5	0.2	0.2	1.5	3.0
2	$p_2(d_2) = 30 - 0.2d_2$	2.5	0	1.0	1.0	1.0	1.0	1.0	1.0

如表 5.7 所示，第一次迭代时，考虑如下费用最小化子问题的基：基变量是所有的生产量 x_{it}。求解非线性规划时，周期 6 时由(5.64)式产生的约束条件取等式。因此，为了继续改进当前解，周期 5 必须存贮一定水平的产品 2。以 x_{06} 为换出变量，$I_{2,5}$ 为换入变量，得到新基。在第二次迭代中，对于非线性规划的解，周期 5 时由(5.64)式产生的约束条件取等式。意味着周期 4 必须存贮一定水平的产品 2。以 x_{05} 为换出变量，$I_{2,4}$ 为换入变量，得到新基。

表 5.7　算例计算过程

迭代号	基变量	非零的非基变量	取等式的约束	最优解
1	x_{it} $i=0,1,2$ $t=1,\cdots,6$	无	$3d_1+d_2\leqslant 140$ 5.64 式类型，$t=6$	$d_1=27$　$p_1=24.6$ $d_2=59$　$p_2=18.2$ $\pi=10428$
2	x_{it} $i=0,1,2$ $t=1,\cdots,5$ $x_{1,6}$；$x_{2,6}$；$I_{2,5}$	$l_{1,6}=l_{2,6}=-2.5$ $m_6=-2.5$	$4.5d_1+2d_2\leqslant 2805.64$ 式类型，$t=5$	$d_1=36.37$　$p_1=22.73$ $d_2=58.18$　$p_2=18.36$ $\pi=11301.07$
3	x_{it} $i=0,1,2$ $t=1,\cdots,4$ x_{it} $i=1,2$；$t=5,6$ I_{it} $i=2$；$t=4,5$	$l_{1,5}=l_{2,5}=-2.5$ $l_{1,6}=l_{2,6}=-5$ $m_5=-2.5 m_6=-5$	$4.7d_1+3d_2\leqslant 420$ 5.64 式类型，$t=4$	$d_1=46.67$　$p_1=20.66$ $d_2=66.89$　$p_2=16.62$ $\pi=12131.05$
4	x_{it} $i=0,1,2$ $t=1,\cdots,4$ $x_{1,5}$；$x_{2,5}$；$x_{1,6}$ $I_{2,4}$；$I_{1,5}$；$I_{2,5}$	$l_{1,5}=l_{2,5}=-2.5$ $l_{1,6}=-8.5$ $l_{2,6}=-5$ $m_5=-2.5$ $m_6=-8.5$	$4.7d_1+3d_2\leqslant 420$ 5.64 式类型，$t=4$	$d_1=49.08$　$p_1=20.18$ $d_2=63.11$　$p_2=17.37$ $\pi=12155.18$
5	x_{it} $i=0,1,2$ $t=1,2,3$ x_{it} $i=1,2$；$t=4,5$ $x_{1,6}$；$I_{1,5}$ $I_{2,3}$；$I_{2,4}$；$I_{2,5}$	$l_{1,4}=l_{2,4}=-2.5$ $l_{1,5}=l_{2,5}=-5$ $l_{1,6}=-11$ $l_{2,6}=-7.5$ $m_4=-2.5$ $m_5=-5$ $m_6=-11$	无	$d_1=57.92$　$p_1=18.42$ $d_2=68.75$　$p_2=16.25$ $\pi=12371.70$

在第三次迭代中，对于非线性规划的解，两条约束条件取等式：周期4时由(5.64)式产生的约束条件和周期6时由(5.66)式产生的约束条件。意味着为了改进当前解，有两种途径：一是周期3必须存贮一定水平的产品2，以 x_{04} 为换出变量，$I_{2,3}$ 为换入变量，得到新基；二是在周期5存贮一定水平的产品1，以 x_{26} 为换出变量，$I_{1,5}$ 为换入变量，得到新基。任意选择一种途径进行下一次迭代。不妨选第二种途径，在第四次迭代中，周期4时由(5.64)式产生的约束条件取等式。以 x_{04} 为换出变量，$I_{2,3}$ 为换入变量，得到新基。在第五次迭代中，非线性规划的解是约束集 $\Omega(B(D))$ 的内点，因此是原问题的最优解。

在进行产品价格决策中，生产能力约束对决策影响很大。图5.5为生产能力水平的变化对价格的影响。图中表明当生产能力水平接近300时，两种产品的最优价格都接近收益最大化时的价格15。当生产能力水平接近300，价格为15时，每种产品确实都不需要存贮。当生产能力水平越来越低时，季节性产品与非季节性产品的价格之差越来越大。也就是说，当生产能力比较“紧”时，季节性产品对生产能力的变化比较“灵敏”；而非季节性产品对生产能力的变化比较“迟钝”。

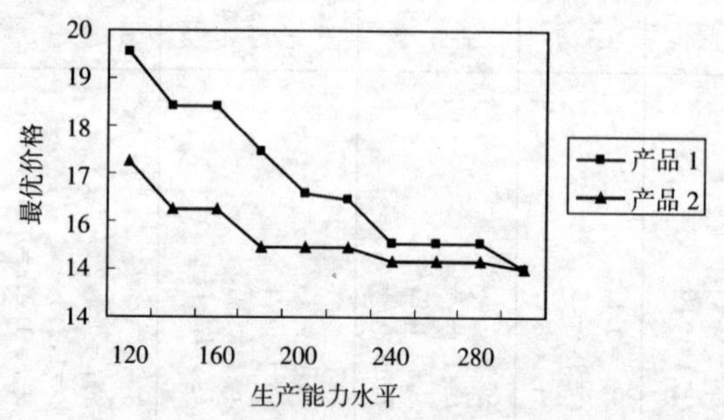

图5.5　生产能力水平对价格的影响

5.4　小　结

本章主要在第 3 章工作的基础上拓展到生产能力受限情形。分两种情形研究定价与能力受限批量的联合决策问题：动态定价和固定定价。

在动态定价情形下，通过合理地定价决策和批量决策，保证公司获得最大的利润。提出了一种基于动态规划的算法，可以在多项式时间 $O(T^6)$ 内求解出原问题的最优价格策略和最优生产计划。生产能力对利润的灵敏度分析表明，模型对制造商为产品分配适当的生产能力，获得较高的投资效益具有指导意义。生产能力对平均价格的灵敏度分析在一定程度说明，资本弱小的销售商可以针对特定的顾客群，通过较高的定价获得较为理想的利润；而实力强大的销售商可以通过较低的定价，提高市场占有率，获得较为理想的利润。

在固定定价情形下，利用所研究问题的特殊结构，提出了迭代算法，每次迭代包括用列生成法求解费用最小化问题（线性规划问题）和简单的非线性规划问题。该算法与其他算法相比，大幅度降低了计算量。

附：本章各产品相关参数值

附表 5.1 八种产品的生产能力参数

产品	1	2	3	4	5	6	7	8
生产能力	20000	35000	1600	16000	6000	10000	30000	10000

附表 5.2 产品 1 的相关参数值

周　期	1	2	3	4	5	6	7	8	9	10
v_t	25.6	25.7	26.1	26.1	26.5	26.6	26.7	26.5	26.5	26.6
h_t	0.3	0.3	0.4	0.5	0.4	0.4	0.3	0.3	0.5	0.5
k_t	11535	11530	11535	11530	11522	11541	11542	11554	11553	11544
a_t	30.1	30.1	30.5	30.6	30.6	31.1	31.2	31	31.5	31.2
$b_t(e-4)$	2.5	3	2.7	2.5	2.5	2.5	2.9	2.9	2.7	2.5

附表 5.3　产品 2 的相关参数值

周　期	1	2	3	4	5	6	7	8	9	10
v_t	48.6	48.7	48.1	48.1	45.5	46.5	47.7	48.5	48	48.6
h_t	0.424	0.428	0.451	0.485	0.488	0.495	0.411	0.409	0.496	0.486
k_t	20343	21530	20786	20811	20888	20924	21012	20111	20289	20536
a_t	55.4	55.6	55.2	55.3	55.3	55.1	54.9	54.4	54.8	54.9
$b_t(e-4)$	4.5	4.7	4.7	4.5	4.5	4.5	4.9	4.9	4.7	4.5

附表 5.4　产品 3 的相关参数值

周　期	1	2	3	4	5	6	7	8	9	10
v_t	55.89	56.005	55.315	55.315	52.325	53.59	54.855	55.755	55.2	55.89
h_t	0.4876	0.4922	0.5186	0.5577	0.5612	0.5693	0.4726	0.4703	0.5704	0.5589
k_t	640	676	690	693	602	606	666	613	633	660
a_t	63.71	63.90	63.48	63.595	63.595	63.365	63.135	62.56	63.02	63.135
$b_t(e-3)$	5.275	5.585	5.405	5.175	5.175	5.175	5.635	5.635	5.405	5.475

附表 5.5　产品 4 的相关参数值

周　期	1	2	3	4	5	6	7	8	9	10
v_t	64.87	64.41	63.61	63.61	63.174	63.63	63.08	64.14	63.48	63.27
h_t	0.761	0.766	0.796	0.741	0.745	0.755	0.744	0.741	0.756	0.743
k_t	16900	17470	17490	17520	17620	17672	17790	16600	16850	17150
a_t	72.56	73.49	73	73.13	72.63	72.17	71.62	71.94	71.47	72.62
$b_t(e-4)$	6.366	6.423	6.216	5.981	6.291	6.310	6.380	6.280	6.216	6.201

附表 5.6　产品 5 的相关参数值

周　期	1	2	3	4	5	6	7	8	9	10
v_t	73.91	74.06	73.15	73.15	73.19	73.878	72.54	73.76	73.02	73.91
h_t	0.875	0.881	0.916	0.873	0.881	0.883	0.875	0.865	0.884	0.871
k_t	19440	20090	20110	20150	20270	20320	20450	19080	19350	19730
a_t	84.25	84.50	83.95	84.13	83.43	83.80	82.36	83.75	83.29	83.49
$b_t(e-4)$	6.976	7.186	7.148	6.944	7.144	6.944	7.150	7.067	7.048	6.989

附表 5.7　产品 6 的相关参数值

周　期	1	2	3	4	5	6	7	8	9	10
v_t	25.6	26.7	26.1	26.1	26.5	25.6	26.7	26.5	26.5	26.6
h_t	0.2	0.2	0.2	0.2	0.2	0.2	0.2	0.2	0.2	0.2
k_t	11535	11530	11535	55530	11522	11541	11542	11554	11553	11544
a_t	30.1	30.1	30.5	30.6	30.6	31.1	31.2	31	31.5	31.2
$b_t(e-4)$	2.5	3	2.7	2.5	2.5	2.5	2.9	2.9	2.7	2.5

附表 5.8　产品 7 的相关参数值

周　期	1	2	3	4	5	6	7	8	9	10
v_t	85	85.17	84.15	84.16	84.21	84.97	83.92	84.02	83.97	84.65
h_t	1.0063	1.0134	1.054	1.00395	1.0135	1.0155	1.0062	0.9948	1.0166	1.0026
k_t	19360	19100	19120	19172	19310	19368	19510	19942	19250	19690
a_t	96.888	97.175	96.547	96.75	95.944	96.37	95.74	96.312	95.783	96.013
$b_t(e-4)$	5.122	5.264	5.222	4.999	5.215	5.043	5.222	5.127	5.105	5.137

附表 5.9　产品 8 的相关参数值

周　期	1	2	3	4	5	6	7	8	9	10
v_t	85	85.17	84.15	84.16	84.21	84.97	83.92	84.02	83.97	84.65
h_t	1.0063	1.0134	1.054	1.00395	1.0135	1.0155	1.0062	0.9948	1.0166	1.0026
k_t	19360	19100	19120	19172	19310	19368	19510	19942	19250	19690
a_t	96.888	97.175	96.547	96.75	95.944	96.37	95.74	96.312	95.783	96.013
$b_t(e-4)$	5.122	5.264	5.222	4.999	5.215	5.043	5.222	5.127	5.105	5.137

第 6 章　需求延迟且能力受限批量问题与定价的联合决策

6.1　引　言

近年来，多产品能力受限批量问题是批量问题中的研究热点之一。这类问题是 NP-hard 问题，当涉及生产启动费用时，甚至寻求一个可行解也是 NP-hard 问题。一般采用启发式算法求解这类问题。Gopalakrishnan 等[149] 运用禁忌搜索启发式算法，解决多产品能力受限批量问题，主要考虑了多产品生产间的协调，避免生产时产品间的频繁切换，减少了产品的生产启动费用。Tang[89] 利用批量模型的特点，构造 0－1 矩阵，运用模拟退火启发式算法，求解多产品能力受限批量问题。Xie 和 Dong[81] 利用批量模型的解可以用 0－1 向量表示，运用遗传算法求解多产品能力受限批量问题。张力菠等[150] 用系统动力学原理研究了生产能力扩大的生产库存问题。田俊峰和杨梅[92] 用对偶理论和 Benders 分解法研究了随机需求下的生产库存优化问题。

以上提及的有关多产品能力受限批量问题的文献，采取的都是分散策略，都认为需求是外在的、不可控制的。然而，实际上需求是受价格、广告以及折扣等市场因素的影响的。为了反映市场因素的影响，Gilbert[137] 研究了多产品固定定价与批量集成问题，提出了基于对偶理论的算法。Haugen 等[144] 研究了多产品的动态定价与生产的联合决策问题，若干产品分享有限的生产能力，提出了基于拉格朗日松弛的启发式算法。

本章针对允许需求延迟且时变生产能力约束情形，研究了多产品定价和批量问题的联合决策问题。本章结构安排如下：6.2节建立了多产品动态定价与能力受限批量问题的联合决策模型。6.3节提出了基于拉格朗日松弛的启发式算法。6.4节实验与仿真。6.5节对本章内容进行小结。

6.2 数学模型

符号说明如下：T，周期数；J，产品数；K_{jt} 第 t 周期产品 j 的生产准备费用；v_{jt}，第 t 周期产品 j 的单位变动生产费用；h_{jt}^{+}，第 t 周期产品 j 的单位存贮费用；h_{jt}^{-}，第 t 周期产品 j 的单位延迟费用；a_{jt}，第 t 周期生产单位产品 j 所需的资源量；R_t，第 t 周期可用的资源量；I_{jt}^{+}，第 t 周期结束时产品 j 的库存量；I_{jt}^{-}，第 t 周期产品 j 的缺货量；p_{jt}，第 t 周期产品 j 的价格；$d_{jt}(p_{jt})=\alpha_{jt}-\beta_{jt}\cdot p_{jt}$，第 t 周期产品 j 的需求函数；x_{jt}，第 t 周期产品 j 的生产量；y_{jt}，是一个二进制变量，第 t 周期生产产品 j 时为1，不生产产品 j 时为0。

本节建立在以下假设基础之上：

(1) 初始库存量 I_0 为0，计划期末的库存量 I_T 为0；

(2) 需求延迟的时间不能超过 γ 个周期；

(3) 每周期未满足的需求只许延迟而不允许放弃。

问题的数学模型描述如下：

模型6.1
$$\text{Max}\, W=\sum_{t=1}^{T}\sum_{j=1}^{J}\left[(\alpha_{jt}-\beta_{jt}\cdot p_{jt})p_{jt}-(K_{jt}y_{jt}+v_{jt}x_{jt}+h_{jt}^{+}I_{jt}^{+}+h_{jt}^{-}I_{jt}^{-})\right] \tag{6.1}$$

s.t.
$$\sum_{j=1}^{J}a_{jt}x_{jt}\leqslant R_t,\quad \forall t \tag{6.2}$$

$$x_{jt}+I_{j,t-1}^{+}+I_{j,t}^{-}=(\alpha_{jt}-\beta_{jt}\cdot p_{jt})+I_{jt}^{+}+I_{j,t-1}^{-},\quad \forall j,t \tag{6.3}$$

$$y_{jt}\in\{0,1\},\quad \forall j,t \tag{6.4}$$

$$I_{jt}^{-}\leqslant\sum_{t-\gamma+1}^{t}(\alpha_{jt}-\beta_{jt}\cdot p_{jt}),\quad \forall j,t \tag{6.5}$$

$$x_{jt} \geqslant 0, I_{jt}^{+} \geqslant 0, I_{jt}^{-} \geqslant 0, \quad \forall j,t \tag{6.6}$$

$$\frac{\alpha_{jt}}{\beta_{jt}} \geqslant p_{jt} \geqslant 0, \quad \forall j,t \tag{6.7}$$

目标函数(6.1)是利润,由总收入减去总成本得到的。总成本包括生产准备费用、存贮费用、延迟费用和生产费用;约束条件(6.2)是能力约束;约束条件(6.3)描述了相邻周期的库存、需求和生产量间的关系;约束条件(6.4)表示在某周期某产品是否生产;约束条件(6.5)说明了未被满足的需求延迟的期限不能超过 γ 个周期;约束条件(6.6)要求相关变量的非负性;约束(6.7)要求每个周期的需求量是非负的。

6.3 算　法

算法的基本思想是:首先,用拉格朗日法松弛模型 6.1 中的能力约束条件(6.2),把多产品能力受限批量与定价的集成问题分解成若干个单产品无能力约束批量与定价的集成问题,称之为拉格朗日上界问题。该问题最优解是原问题的一个上界(因为可能不满足能力约束条件,所以不一定是原问题的可行解),它确定一个生产周期序列和一个再生点序列。然后,把得到的生产周期及再生点序列反馈到原问题中,得到的问题称之为拉格朗日下界问题。求解下界的最优解和能力约束的影子价格。下界问题的最优解一定是原问题的可行解,但不一定是最优解。把能力约束的影子价格作为拉格朗日乘子输入到下一次迭代的下界问题中。接下来,再由上界问题确定一个新的生产周期序列及再生点序列,反复迭代直至终止条件。

6.3.1　拉格朗日上界问题

利用拉格朗日法松弛能力约束条件(6.2)式,得到模型 6.1 的松弛模型,称之为拉格朗日上界问题:

模型 6.2 $\text{Max}\, Z=\sum_{j=1}^{J}\sum_{t=1}^{T}[(\alpha_{jt}-\beta_{jt}\cdot p_{jt})p_{jt}$

$$-(K_{jt}y_{jt}+v_{jt}x_{jt}+h_{jt}^{+}I_{jt}^{+}+h_{jt}^{-}I_{jt}^{-})]+\sum_{t=1}^{T}\lambda_t(R_t-\sum_{j=1}^{J}a_{jt}x_{jt}) \tag{6.8}$$

s. t. (6.3)～(6.7)

下界问题可以分解成 J 个单产品无能力约束的定价和批量集成问题。

对于给定的能力约束影子价格向量 $\lambda=\{\lambda_1,\cdots,\lambda_T\}$，产品 j 无能力约束的定价和批量集成模型如下：

模型 6.3

$$\text{Max}\, Z(j,\lambda)=\sum_{t=1}^{T}[(\alpha_{jt}-\beta_{jt}p_{jt})p_{jt}-K_{jt}y_{jt}-(v_{jt}+\lambda_t a_{jt})x_{jt}-h_{jt}^{+}I_{jt}^{+}-h_{jt}^{-}I_{jt}^{-}] \tag{6.9}$$

s. t. $x_{jt}+I_{j,t-1}^{+}+I_{j,t}^{-}=(\alpha_{jt}-\beta_{jt}\cdot p_{jt})+I_{jt}^{+}+I_{j,t-1}^{-},\quad t=1,\cdots,T \qquad (6.10)$

$y_{jt}\in\{0,1\},\quad t=1,\cdots,T \qquad (6.11)$

$I_{jt}^{-}\leqslant\sum_{t-\gamma+1}^{t}(\alpha_{jt}-\beta_{jt}p_{jt}),\quad t=1,\cdots,T \qquad (6.12)$

$x_{jt}\geqslant 0, I_{jt}^{+}\geqslant 0, I_{jt}^{-}\geqslant 0,\quad t=1,\cdots,T \qquad (6.13)$

$\frac{\alpha_{jt}}{\beta_{jt}}\geqslant p_{jt}\geqslant 0\quad t=1,\cdots,T \qquad (6.14)$

根据 3.2.2 节中定理 3.1，模型 6.3 存在某个最优生产计划，是由若干个子问题的最优子生产计划构成。因此，模型 6.3 分解成若干子问题，分别对子问题进行求解。

6.3.1.1 *产品 j 的子问题 $(1,n)$ 中求解方法*

不失一般性，下面以子问题 $(1,n)(1\leqslant n\leqslant T)$ 为例。由于最大延迟周期数为 γ，所以子问题 $(1,n)$ 的生产周期可能是周期 $1,\cdots,\gamma+1$。例如，当延迟周期数为 m，则周期 $m+1$ 是生产周期。根据 3.2.2 节中定理 3.1 及其推论可知，子问题(1,n) 只有一个生产周期 $t(1 \leqslant t \leqslant \gamma+1)$ 且生产量为子问题所有周期的需求总和。对于给定生产周期，运用 3.2.2 节中定理 3.2 可以求解子问题的每个周期的价格。遍历所有可能的生产周期(从周期 1 到周期 $\gamma+1$)，选择利润最大者所对应的生产策略和价格向量为子问题的最优生产策略和最优价格向量。

令 $E(1,n,j,l)$ 表示产品 j 从周期 1 期初到周期 n 末，生产周期为 l 时的最大利润，其中 $1 \leqslant l \leqslant \mathrm{Min}\{1+\gamma,n\}$。令 $P(1,n,j,l)=(p_{j1},\cdots,p_{jn})$，其中 $\{p_{ji},\cdots,p_{jt}\} \in P^j$，$P^j$ 是产品 j 的可行价格向量集合。

$$E(1,n,j,l)=\underset{P(1,n,j,l)\in P^j}{\mathrm{Max}}\Big\{\sum_{t=1}^{l-1}(\alpha_{jt}-\beta_{jt}\cdot p_{jt})(p_{jt}-v_{jl}-\sum_{i=t}^{l-1}h_{ji}^-)$$
$$+\sum_{t=l}^{n}(\alpha_{jt}-\beta_{jt}\cdot p_{jt})(p_{jt}-v_{jl}-\sum_{i=l}^{t-1}h_{ji}^+)-K_{jl}\Big\}$$

令 $l^*=\{l \mid \underset{1\leqslant l\leqslant \mathrm{Min}\{\gamma+1,n\}}{\mathrm{Max}} E(1,n,j,l)\}$，根据定理 3.2，子问题(1,$n$) 中产品 $j(1 \leqslant j \leqslant J)$ 的最优价格策略：

$$p_{j,(t,l^*)}^*=\frac{[\alpha_{jt}+\beta_{jt}(v_{jl^*}+\sum_{i=t}^{l^*-1}h_{ji}^-+\lambda_{jl^*}\cdot a_{jl^*})]}{2\beta_{jt}},$$
$$t=1,2,\cdots,l^*-1 \tag{6.15}$$

$$p_{j,(t,l^*)}^*=\frac{[\alpha_{jt}+\beta_{jt}(v_{jl^*}+\sum_{i=l^*}^{r(t^1)-1}h_{ji}^++\lambda_{jl^*}\cdot a_{jl^*})]}{2\beta_{jt}},$$
$$t=l^*,\cdots,n \tag{6.16}$$

子问题(1,n) 中产品 $j(1 \leqslant j \leqslant J)$ 的最优生产策略：

$$x_{jt}=\begin{cases}\sum_{t=1}^{n}(\alpha_{jt}-\beta_{jt}p_{jt}^*), & t=l^* \\ 0 & \text{其他}\end{cases} \tag{6.17}$$

6.3.1.2 产品 j 的求解方法

$F(j,k)$ 表示产品 j 从计划期初到周期 k 末的总利润，$E(i,k,j,l)(1 \leqslant i \leqslant t \leqslant k \leqslant T)$ 表示产品 j 的子问题(i,k)生产周期为 l 时的最大利润。令 $\delta = \mathrm{Min}\{i+\gamma, k\}$。

由定理 3.1，得到顺序动态规划递推公式：

$$F(j,k) = \max_{1 \leqslant i \leqslant k}\{F(j,i-1) + \max_{t \leqslant l \leqslant \delta}\{E(i,k,j,l)\}\}, \quad k=1,\cdots,T \tag{6.18}$$

$$F(j,0) = 0 \tag{6.19}$$

其中，(6.19) 式为初始条件；(6.18) 式中的 $E(i,k,j,l)$ 可以根据 6.3.1.1 的算法思想进行求解，$F(j,T)$ 就是模型 6.3 的最大利润，对应的价格向量(或生产计划)就是模型 6.3 的最优价格向量(或最优生产计划)。

类似地，求解出 J 个单产品无能力约束的定价和批量集成问题，如果得到的解是可行的，则是原问题的最优解，否则该解是原问题的一个上界，需要对其进行可行化。下面设计出了拉格朗日下界模型，对得到的不可行解进行可行化。

6.3.2 拉格朗日下界问题

根据 6.3.1 节中的方法，得到所有 y_{jt} 的值，代入模型 6.1 中，得到下面的模型：

模型 6.4

$$\mathrm{Max}\, Z = \sum_{t=1}^{T}\sum_{j=1}^{J}[(\alpha_{jt} - \beta_{jt} \cdot p_{jt})p_{jt} - (h_{jt}I_{jt} + v_{jt}x_{jt})] \tag{6.20}$$

$$\text{s. t.} \quad \sum\nolimits_{j=1}^{J} a_{jt}x_{jt} \leqslant R_t, \quad \forall t \tag{6.21}$$

$$x_{jt} + I^+_{j,t-1} + I^-_{j,t} = (\alpha_{jt} - \beta_{jt} \cdot p_{jt}) + I^+_{jt} + I^-_{j,t-1}, \quad \forall j,t \tag{6.22}$$

$$I^-_{jt} \leqslant \sum\nolimits_{t-\gamma+1}^{t}(\alpha_{jt} - \beta_{jt}p_{jt}), \quad \forall j,t \tag{6.23}$$

$$x_{jt} \geqslant 0, I_{jt}^{+} \geqslant 0, I_{jt}^{-} \geqslant 0, \quad \forall j,t \tag{6.24}$$

$$\frac{\alpha_{jt}}{\beta_{jt}} \geqslant p_{jt} \geqslant 0, \quad \forall j,t \tag{6.25}$$

模型 6.4 是一个二次规划问题，称之为拉格朗日下界问题。根据 6.3.1 节中的方法，确定了该模型的每种产品的生产周期、再生点。由(6.15)式和(6.16)式确定各产品和周期的价格，由(6.17)式求解出每种产品各个周期的产量。如果 6.3.1 节得到的解是不可行解，则存在若干个周期 $l^0, l^1, \cdots$，违反生产能力约束条件(6.21)式。以周期 l^0 为例，说明可行化过程。

不妨设在周期 l^0 生产产品 $j^0, j^1, \cdots, j^s$，产品 $j^0, j^1, \cdots, j^s$ 包含周期 l^0 的连续再生点分别为 $u^{j^0}, v^{j^0}; u^{j^1}, v^{j^1}, \cdots, u^{j^s}, v^{j^s}$，产品 j^0，$j^1, \cdots, j^s$ 在周期 l^0 占用的生产能力分别为 $C_{l^0}^{j^0}, C_{l^0}^{j^1}, \cdots, C_{l^0}^{j^s}$。

对于产品 j^0，考虑生产周期为 l^0、再生点为 u^{j^0}, v^{j^0} 且占用的生产能力为 $C_{l^0}^{j^0}$ 情形下，子问题($u^{j^0}+1, v^{j^0}$)定价决策模型。

模型 6.5

$$z(j^0, l^0, C_{l^0}^{j^0}) = \mathrm{Max} \sum_{t=u^{j^0}+1}^{v^{j^0}} \Big[d_{j^0 t}\Big(\frac{\alpha_{j^0 t}}{\beta_{j^0 t}} - \frac{d_{j^0 t}}{\beta_{j^0 t}} - v_{j^0 l^0} - \sum_{i=t}^{l^0-1} h_{j^0 i}^{-}\Big)$$

$$+ d_{j^0 t}\Big(\frac{\alpha_{j^0 t}}{\beta_{j^0 t}} - \frac{d_{j^0 t}}{\beta_{j^0 t}} - v_{j^0 l^0} - \sum_{i=l^0}^{t-1} h_{j^0 i}^{+}\Big)\Big] \tag{6.26}$$

$$\text{s. t.} \quad \sum_{i=u^{j^0}+1}^{v^{j^0}} d_{j^0 i} = C_{l^0}^{j^0} \tag{6.27}$$

(6.27)式是关于 $d_{j^0, u^{j^0}+1}, d_{j^0, u^{j^0}+2}, \cdots, d_{j^0, v^{j^0}}$ 的二次函数。设 $F_t(\tilde{d}_{j^0 t})$ 表示累积需求为 $\tilde{d}_{j^0 t} = \sum_{i=u^{j^0}+1}^{u^{j^0}+t} d_{j^0, i}$，从周期 $u^{j^0}+1$ 期初到周期 $u^{j^0}+t$ 末的最大利润：

$$F_t(\tilde{d}_{j^0 t}) = \mathrm{Max}\, L_{j^0 t} + M_{j^0 t}\tilde{d}_t + N_{j^0 t}\tilde{d}_{j^0 t}^{\,2}, \quad t = 1, \cdots, v^{j^0} - u^{j^0} \tag{6.28}$$

$$F_0(0)=0 \tag{6.29}$$

以周期数 $v^{j^0}-u^{j^0}$ 为阶段数，周期 $u^{j^0}+t$ 的需求量为决策变量，从周期 $u^{j^0}+1$ 到周期 $u^{j^0}+t$ 的累积需求量 $\tilde{d}_{j^0 t}$ 为状态变量。当 $u^{j^0}+t<l^0$，令 $A_{j^0 t}=\frac{\alpha_{j^0,u^{j^0}+t}}{\beta_{j^0,u^{j^0}+t}}-v_{j^0 l^0}-\sum_{i=t}^{l^0-1}h_{j^0 i}^{-}$；当 $u^{j^0}+t\geqslant l^0$，令 $A_{j^0 t}=\frac{\alpha_{j^0,u^{j^0}+t}}{\beta_{j^0,u^{j^0}+t}}-v_{j^0 l^0}-\sum_{i=t^0}^{t-1}h_{j^0 i}^{+}$。得到周期 $u^{j^0}+t$ 的最优需求：

$$d_{j^0,u^{j^0}+t}=\frac{\beta_{j^0,u^{j^0}+t}(M_{j^0,t-1}-A_{j^0,t}+2N_{j^0,t-1}\tilde{d}_{j^0,u^{j^0}+t})}{2(\beta_{j^0,u^{j^0}+t}N_{t-1}-1)} \tag{6.30}$$

得到(6.28)式系数的递推关系式：

$$L_{j^0 t}=\frac{\beta_{j^0,u^{j^0}+t}(A_{j^0 t}-M_{j^0,t-1})^2}{4(1-\beta_{j^0,u^{j^0}+t}N_{j^0,t-1})}+L_{j^0,t-1} \tag{6.31}$$

$$M_{j^0 t}=\frac{M_{j^0,t-1}-\beta_{j^0,u^{j^0}+t}N_{j^0,t-1}A_{j^0,t}}{1-\beta_{j^0,u^{j^0}+t}N_{j^0,t-1}} \tag{6.32}$$

$$N_{j^0 t}=\frac{N_{j^0,t-1}}{1-\beta_{j^0,u^{j^0}+t}N_{j^0,t-1}} \tag{6.33}$$

初始条件为

$$L_{j^0 1}=0 \tag{6.34}$$

$$M_{j^0 1}=\frac{\alpha_{j^0,u^{j^0}+1}}{\beta_{j^0,u^{j^0}+1}}-v_{j^0 l^0}-\sum_{i=u^{j^0}+1}^{l^0-1}h_{j^0 i}^{-} \tag{6.35}$$

$$N_{j^0 1}=-\frac{1}{\beta_{j^0,u^{j^0}+1}} \tag{6.36}$$

由于 $\tilde{d}_{j^0},v^{j^0}=C_{l^0}^{j^0}$，因此，周期 $t(u^{j^0}<t\leqslant v^{j^0})$ 的最优需求是 $C_{l^0}^{j^0}$ 的线性函数，故(6.26)式是关于 $C_{l^0}^{j^0}$ 的二次函数。然后检查产品 j^0 从周期 $u^{j^0}+1$ 到周期 v^{j^0} 需求的非负性，如果 $d_{j^0,t}<0$，则令

$d_{j^0,t}=0, L_{j^0,t}=L_{j^0,t-1}, M_{j^0,t}=M_{j^0,t-1}, N_{j^0,t}=N_{j^0,t-1}$。类似前面的方法，再重新求解出需求量为正周期的需求量。直至产品 j^0 从周期 $u^{j^0}+1$ 到周期 v^{j^0} 各周期需求非负为止。类似地，求解产品 j^1，$\cdots$，j^s。

利用下面的模型 6.6，优化分配生产能力给各个产品，完成可行化过程。

模型 6.6
$$\text{Max} \sum_{k=0}^{s} z(j^k, l^0, C_{l^0}^{j^k}) \tag{6.37}$$

$$\text{s.t.} \quad \sum\nolimits_{k=0}^{s} C_{l^0}^{j^k} = C_{l^0} \tag{6.38}$$

以在周期 l^0 进行生产的产品数为阶段数，以累积生产能力为状态变量，以各产品的生产能力为决策变量，运用动态规划法可以求解模型 6.6。

类似地，可行化其他违反能力约束的周期 $l^1,\cdots,l^s$，得到原问题的一个下界。

6.3.3　算法

前面介绍了算法的基本思想，分别讨论了拉格朗日上界问题和下界问题。下面给出具体的算法程序：

步骤 1：令 $\lambda_t=0, t=1,2,\cdots,T, k=1$；

步骤 2：求解拉格朗日上界问题，得到一个生产周期序列及再生点序列。求解该问题就是求解 J 个单产品无能力约束定价和批量联合决策问题，程序如下：

① $j=1$。

② 令 $F(j,0)=0, t=1$。

③ 令 $F(j,t)=0, i=1$。

④ $l=i$，令 $E(i,t)=0$。

⑤ 根据 6.3.1 节中的方法，求解出产品 j 从周期 i 期初到周期 t 末，生产周期为 l 时的最大利润 $E(i,t,j,l)$。

⑥ 如果 $E(i,t,j,l) > E(i,t)$，则令 $E(i,t)=E(i,t,j,l)$，根据 6.3.1 节中的(6.15)式和(6.16)式求解出产品 j 的子问题(i,t)各周期价格。令 $l=l+1$，如果 $l \leqslant \mathrm{Min}\{t,i+\gamma\}$，则转到 ⑤。

⑦ 如果 $F(j,t) < F(j,i-1)+E(i,t)$，则令 $F(j,t)=F(j,i-1)+E(i,t)$，并记录各周期的价格和生产量。令 $i=i+1$，如果 $i \leqslant t$，则转到 ④。

⑨ 令 $t=t+1$，如果 $t \leqslant T$，则转到 ③。

⑩ 令 $j=j+1$，若 $j > J$，则停止，否则返至 ②。

步骤 3：如果步骤 2 求得的生产计划满足生产能力约束条件(6.2)，则步骤 2 求得的生产计划和各周期价格是原问题的最优解，算法终止。

步骤 4：令 $\lambda_t=\lambda_t^k$。按照 6.3.2 节中的方法，对步骤 2 求得的不可行解进行可行化。如果出现下列任意一种情形，则算法终止：

① 上界问题最优值 $Z(UB)$ 与下界问题最优值 $Z(LB)$ 相等；

② $Z(UB)-Z(LB) < \sigma$，σ 是事先规定一个很小的数；

③ 达到了预先规定的最大迭代次数 N；

④ 出现了循环现象。

步骤 5：令 $\lambda_t^{k+1}=\theta * \lambda_t^{k-1}+(1-\theta)\lambda_t^k$，$\forall t$，其中 θ 是平滑参数，$0 \leqslant \theta \leqslant 1$，返回至步骤 2。

当算法终止于步骤 4 中的情形 ① 时，得到了原问题的最优解；当算法终止于情形 ② 时，得到了原问题的满意解；当算法终止于情形 ③ 或 ④ 时，可以采用扰动技术[151]，进一步改进解的性能。算法在后两种情形终止时，得到了原问题的一个上界。一般来说，这个上界不是原问题的可行解，它违背了生产能力约束条件(否则，它就是原问题的最优解)。扰动技术以该不可行解为基础，采用逆推或顺推法，调整各周期的生产量，使之符合生产能力约束条件，成为一个可行解。如果这个可行解优于之前得到的最好可行解，则求出此可行解时的生产能力的影子价格，并作为拉格朗日乘子，转入算法中的步骤 5，重新启动上面的启发式算法，改进原问题的解。否则，继续调整各周期的生产量，得到不同的可行解，并把它与之前得到的最好可行解进行比较。采用扰动技术可以很好地避免算法陷入局部收敛，使得算法收敛于全局最优解或得到性能较好的满意解。

6.4　实验结果和分析

表 6.1 给出了在分散策略和协调策略下，多产品能力受限批量和定价问题实验结果。第三列表示能力利用度。例如，CAP93% 是指某生产计划中使用了 93% 的生产能力。第五、第八栏的比率是指最终上界与下界之差与上界的比值。表 6.1 最突出的一个主要特征就是联合策略下只需较少的迭代次数就可以得到一个很小的比率，甚至只经过一次迭代就可以达到一个较小的比率，而分散策略需要 50 ～ 75 次迭代才达到一个较小的比率。不过，在两种策略下，比率都随着能力利用度的降低而减小。另一个重要特征是动态定价协调策略可以带来更多的利润。

图 6.1 和图 6.2 是八种产品在不同能力利用度 CAP(%) 下，不同平滑因子 θ 对算法效率的影响情况。图 6.1 显示能力利用度 CAP(%) 为 61% 的算法的效率变化情况，当平滑因子为 0.9 时算法收敛的很快，经过 1 次迭代可以获得比率为 0.1% 的较好解，经过 13 次迭代可以获得一个相当好的解，这个解的比率仅为 0.01%。而当平滑因子为 0.5 时算法收敛的相对较慢，经过 32 次迭代才能得到一个比率为 0.06% 的解。

图 6.2 显示能力利用度 CAP(%) 为 93% 的算法的效率变化情况。当平滑因子为 0.5 时，算法经过几次迭代，很快就获得了一个较好的解，但是此后算法的收敛速度相当慢。平滑因子为 0.9 时，尽管开始阶段收敛的速度比 0.5 时的较慢一些，但是以后阶段的速度要比 0.5 时的快一些。第 24 次迭代后，所得到的解比 0.5 时的解要好。

表 6.1　多产品能力受限批量和定价问题的不同策略间的比较

产品种类数	周期数	能力利用度(%)	分散策略			联合策略		
			利润(万元)	比率(%)	迭代数	利润(万元)	比率(%)	迭代数
8	8	93	96.28	10	50	100.94	3.54	1
8	8	91	94.43	3	50	99.85	2.72	1
8	8	73	74.45	2	50	77.67	1.43	1
8	8	61	62.63	1	50	65.26	0.55	1
50	8	86	491.26	1.15	75	514.82	1.92	1
100	8	86	953.86	1.22	75	1001.55	2.08	1
150	8	86	1378.45	1.35	75	1453.37	2.30	1
200	8	86	1886.38	1.68	75	1991.70	2.66	1

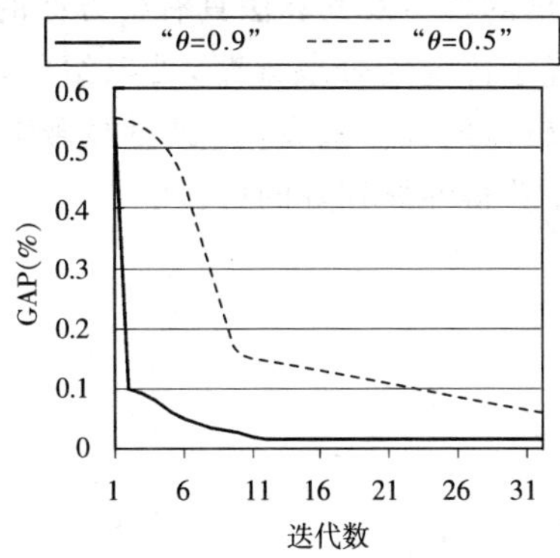

图 6.1　CAP 为 61% 时，平滑因子对算法的影响

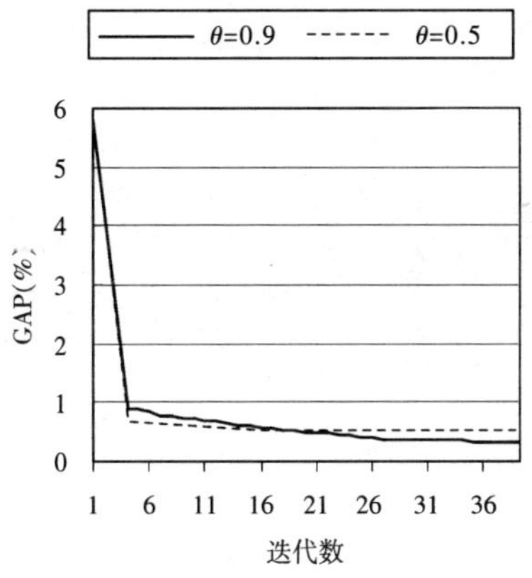

图 6.2　CAP 为 93% 时，平滑因子对算法的影响

6.5　小　结

本章研究了允许需求延迟的多产品能力受限的批量和动态定价联合决策模型，提出了基于拉格日松弛法的启发式算法。仿真

结果表明,本章提出的模型及其算法具有两方面的优势:一是本章提出的联合策略优于传统的分散策略,可以给公司带来更多的利润;二是算法具有较高的计算效率,计算量显著降低,往往只需经过几次迭代就可以获得性能较好的可行解。

第 7 章　基于市场细分的定价与批量问题的联合决策

7.1　引　言

市场细分就是按照一定的基础和标准将一个市场划分若干部分，其中每一部分的顾客具有较高程度的同质性，与其他部分的顾客具有较大的异质性，然后选择一个或几个部分作为目标市场，针对顾客的特点采取独特的定价策略和生产策略，以求获得最佳效益的过程[152,153]。

本章研究了离散时间多周期情形下，拥有若干个目标市场的制造商如何有效地协调定价决策与批量决策。本章结构安排如下：7.2 节研究了市场细分下，动态定价与允许需求延迟批量问题联合决策的模型及其算法。7.3 节研究了市场细分下，动态定价与生产能力受限批量问题联合决策的模型及其算法。7.4 节对本章内容进行小结。

7.2　允许需求延迟的基于市场细分定价与批量问题的联合决策

针对企业拥有若干个目标市场，允许需求延迟且最大延迟时间受到限制，每个周期各子市场的需求是其价格的线性函数情形，研究了定价与批量的联合决策问题。各周期价格和生产量是决策变量，建立了二次规划模型，提出了基于动态规划、多项式时间内可解的精确算法。

7.2.1 数学模型

本节的假设如下：① 初始库存和计划期末库存量为 0，无缺货；② 未满足的需求只许延迟而不允许放弃；③ 每周期各个子市场的需求与价格是一一对应关系。

符号说明如下：T，计划期内的周期数；M_t，第 t 周期子市场数目；K_t，第 t 周期的生产启动费用；v_t，第 t 周期的单位生产费用；h_t^+，第 t 周期的单位存贮费用；h_t^-，第 t 周期的单位延迟费用；γ，允许需求延迟的最大周期数；d_{mt}，第 t 周期第 m 子市场的需求量；$p_{mt}(d_{mt})=\alpha_{mt}-\beta_{mt}\cdot d_{mt}$，第 t 周期第 m 子市场的价格函数，且 $p_{mt}(d_{mt})$ 和 d_{mt} 是一一对应的关系，处处关于 d_{mt} 可微；d_t，第 t 周期的所有子市场的需求之和；x_t，第 t 周期的生产量；I_t^+，第 t 周期末的库存量；I_t^-，第 t 周期的缺货量；y_t，是二进制变量，第 t 周期如果生产，则值取 1，否则值取 0。

问题的数学模型：

模型 7.1

$$\text{Max} \sum_{t=1}^{T}\sum_{m=1}^{M_t} d_{mt} * p_{mt}(d_{mt}) - \sum_{t=1}^{T}(K_t y_t + v_t x_t + h_t^+ I_t^+ + h_t^- I_t^-) \tag{7.1}$$

$$\text{s.t.}\quad x_t + I_{t-1}^+ + I_t^- = d_t + I_t^+ + I_{t-1}^-,\quad t=1,\cdots,T \tag{7.2}$$

$$\sum_{m=1}^{M_t} d_{mt} = d_t,\quad t=1,\cdots,T \tag{7.3}$$

$$x_t \leqslant y_t \sum_{i=t}^{T} d_{i-\gamma},\quad t=1,\cdots,T \tag{7.4}$$

$$y_t \in \{0,1\},\quad t=1,\cdots,T \tag{7.5}$$

$$I_t^- \leqslant \sum\nolimits_{t-\gamma+1}^{t} d_t, \quad t=1,\cdots,T \tag{7.6}$$

$$x_t \geqslant 0, I_t^+ \geqslant 0, I_t^- \geqslant 0, \quad t=1,\cdots,T \tag{7.7}$$

$$\frac{\alpha_{mt}}{\beta_{mt}} \geqslant d_{mt} \geqslant 0, m=1,\cdots,M_t, \quad t=1,\cdots,T \tag{7.8}$$

目标函数(7.1)是制造商的利润；约束条件(7.2)描述了相邻周期的库存、需求和生产量间的关系；约束条件(7.3)要求每个周期所有子市场的需求量之和等于该周期的总需求量；约束条件(7.4)和(7.5)显示某周期是否生产；约束条件(7.6)要求未被满足的需求延迟的期限不能超过 γ 个周期；约束条件(7.7)要求相关变量的非负性；约束(7.8)要求每个周期各个子市场的需求量和价格是非负的。

目标函数(7.1)中，$\sum_{m=1}^{M_t} d_{mt} * p_{mt}(d_{mt})$ 是周期 t 的收益。当周期 t 的各子市场需求量之和为 d_t 时，最大化周期 t 的收益，得到模型 7.2。

模型 7.2　$R_t(d_t) = \text{Max} \sum_{m=1}^{M_t} d_{mt} * p_{mt}(d_{mt})$　　(7.9)

$$\sum_{m=1}^{M_t} d_{mt} = d_t \tag{7.10}$$

令 $R_{mt}(d_{mt})$ 表示第 t 周期第 m 子市场的收益，即：$R_{mt}(d_{mt}) = d_{mt} * p_{mt}(d_{mt})$。由 $p_{mt}(d_{mt})$ 定义可知，$R_{mt}(d_{mt})$ 处处可微，且是凹函数。模型 7.2 的库恩 — 塔克条件：

$$R'_{1t}(d_{1t}) = R'_{2t}(d_{2t}) = \cdots = R'_{M_t,t}(d_{M_t,t}) \tag{7.11}$$

通过(7.10)式和(7.11)式可以分别求解出 $d_{1t},\cdots,d_{M_t,t}$ 关于 d_t 的函数表达式。令

$$E = \sum_{i=1}^{M_t} \frac{\alpha_{1t} - \alpha_{it}}{2\beta_{it}} \tag{7.12}$$

$$F = (\beta_{1t} \sum_{i=1}^{M_t} \frac{1}{\beta_{it}}) - 1 \tag{7.13}$$

则

$$d_{mt}^* = \frac{\alpha_{mt} - \alpha_{1t} + 2\beta_{1t}EF}{2\beta_{mt}} + \frac{\beta_{1t}F}{\beta_{mt}} d_t, \quad \forall\, m, t \tag{7.14}$$

令 $R_t(d_t)$ 表示各子市场需求量之和为 d_t 时,周期 t 的最大收益。由于 $d_{1t}, d_{2t}, \cdots, d_{M_t t}$ 仅仅通过 d_t 与批量决策相关联,因此模型 7.2 和下面模型 7.3 联合起来等价于模型 7.1。

模型 7.3

$$\text{Max} \sum_{t=1}^{T} (R_t(d_t) - (K_t y_t + v_t x_t + h_t^+ I_t^+ + h_t^- I_t^-)) \tag{7.15}$$

$$\text{s.t.} \quad x_t + I_{t-1}^+ + I_t^- = d_t + I_t^+ + I_{t-1}^-, \quad t = 1, \cdots, T \tag{7.16}$$

$$x_t \leqslant y_t \sum_{i=t}^{T} d_{i-\gamma}, \quad t = 1, \cdots, T \tag{7.17}$$

$$y_t \in \{0, 1\}, \quad t = 1, \cdots, T \tag{7.18}$$

$$I_t^- \leqslant \sum\nolimits_{t-\gamma+1}^{t} d_t, \quad t = 1, \cdots, T \tag{7.19}$$

$$x_t \geqslant 0, I_t^+ \geqslant 0, I_t^- \geqslant 0, \quad t = 1, \cdots, T \tag{7.20}$$

7.2.2 两个重要定理

定义 7.1 如果 $I_i^+ = 0$ 且 $I_i^- = 0$,则称周期 i 为再生点;如果 $x_i > 0$,则称周期 i 为生产点。

令 $D = \{d_1, \cdots, d_T\}$ 表示从周期 1 到周期 T 的需求向量,$X(D)$ 表示需求向量为 D 时的可行生产计划。

定义 7.2　如果 $S_{ab}(1\leqslant a<b\leqslant T)$ 表示生产计划 $X(D)$ 的一个子集，且 $S_{ab}=\{x_i, i=a, a+1, \cdots, b \mid a-1$ 和 b 是再生点，$I_j^+>0$ 或 $I_j^->0, a\leqslant j<b\}$，则称 S_{ab} 是生产计划 $X(D)$ 的子生产计划，相应的问题称为子问题(a,b)。特别地，如果 $a-1$ 和 a 都是再生点，那么 S_{aa} 也是生产计划 $X(D)$ 的子生产计划。

定理 7.1　给定需求向量 $D=\{d_1,\cdots,d_T\}$，存在某个最优生产计划，具有以下性质：在任意两个连续的生产点 $t^0, t^1(1\leqslant t^0<t^1\leqslant T)$ 间，至少有一个再生点 $j, t^0\leqslant j<t^1$；换句话说，在任意两个连续的再生点，至多有一个生产点。

证明：参见 3.2.2 节中定理 3.1 的证明。

由定理 7.1 可知，存在某个最优生产计划，任意两个连续的再生点，至多有一个生产点。因此，很容易得到下面的推论。

推论 7.1　存在某个最优生产计划，对于任意周期 t，要么不生产，要么生产量是几个连续周期的需求量之和。

设周期 t^0 是生产点，令周期 $r(t^0)$ 表示不超过周期 t^0 的最迟的再生点。

定理 7.2　如果 t^0 和 $t^1(t^0<t^1)$ 是生产计划 $X(P)$ 的两个连续生产点，那么在周期 $t(t=r(t^0)+1, r(t^0)+2, \cdots, t^0-1)$ 的最优需求量是函数$(A_t+B_td_t+C_td_t^2)-(v_{t^0}+\sum\limits_{i=t}^{t^0-1}h_i^-)d_t$ 的最大值点所对应的需求量，即

$$d_t^*=\frac{v_{t^0}+\sum\limits_{i=t}^{t^0-1}h_i^- - B_t}{2C_t}$$

类似地，周期 $t(t=t^0, t^0+1, \cdots, r(t^1))$ 的最优需求量是函数 $(A_t+B_td_t+C_td_t^2)-(v_{t^0}+\sum_{i=t^0}^{t-1}h_i^+)d_t$ 的最大值点所对应的需求量，即

$$d_t^* = \frac{v_{t^0} + \sum_{i=t^0}^{t-1} h_i^+ - B_t}{2C_t}$$

证明：存在最优解 $X(D^{**})$，其中 $D^{**}=\{d_1^{**},d_2^{**},\cdots,d_T^{**}\}$。$t^0$ 和 $t^1(t^0<t^1)$ 是 $X(D^{**})$ 的任意两个连续的生产点。由于从周期 $r(t^0)+1$ 到 $r(t^1)$ 只有一个生产点 t^0，故对于周期 t，$r(t^0)+1\leqslant t\leqslant(t^0-1)$，需求量分别为 d_t^* 和 d_t^{**} 时，利润之差为

$$[(A_t+B_td_t^*+C_td_t^{*2})-(v_{t^0}+\sum_{i=t}^{t^0-1}h_i^-)d_t^*]$$

$$-[(A_t+B_td_t^{**}+C_td_t^{**2})-(v_{t^0}+\sum_{i=t}^{t^0-1}h_i^-)d_t^{**}]$$

根据 d_t^* 的定义可知，上式的值是非负的。因此，需求 d_t^* 也是周期 t 的最优需求。

类似地，可以证明周期 $t(t^0\leqslant t\leqslant r(t^1))$ 的情形。

综上所述，价格向量 $D^*=\{d_1^*,\cdots,d_T^*\}$ 也是原问题的一个最优需求向量。证明完毕。

7.2.3 算法及计算复杂度

本节首先讨论模型 7.2 的解法，利用条件极值的库恩—塔克条件求解周期 $t(t=1,\cdots,T)$ 时各子市场的需求量并得到 $R_t(d_t)$ 的函数表达式；然后讨论模型 7.3 的解法，包含两个主要过程：一是模型 7.3 子问题的求解方法；二是用动态规划法求解模型 7.3。

7.2.3.1 模型 7.2 的求解方法

由 7.2.1 节可知，$R_t(d_t)$ 是关于 d_t 的二次函数。不妨设 $R_t(d_t)=A_t+B_td_t+C_td_t^2$。把(7.14)式代入到模型 7.2 目标函数(7.9)式中，得到：

$$A_t=\sum_{i=1}^{M_t}\frac{\alpha_{it}^2-\alpha_{1t}^2+4\alpha_{1t}\beta_{1t}EF-4\beta_{1t}^2E^2F^2}{4\beta_{it}} \tag{7.21}$$

$$B_t = \sum_{i=1}^{M_t} \left(\frac{\alpha_{1t}\beta_{1t}F - 2\beta_{1t}{}^2 EF^2}{\beta_{it}} \right) \tag{7.22}$$

$$C_t = -\beta_{1t}{}^2 \sum_{i=1}^{M_t} \frac{F^2}{\beta_{it}} \tag{7.23}$$

7.2.3.2　模型 7.3 的子问题求解方法

根据定理 7.1,可以把模型 7.3 分解成若干子问题,分别对子问题进行求解。不失一般性,以子问题$(1,n)(1 \leqslant n \leqslant T)$为例。根据定理 7.1 及其推论可知,子问题$(1,n)$只有一个生产点$t(1 \leqslant t \leqslant \gamma+1)$且生产量为子问题所有周期的需求总和。对于给定的生产点,运用定理 7.2 可以求解子问题的每个周期的价格。遍历所有可能的生产点,利润最大者所对应的生产计划和需求向量为子问题的最优生产计划和最优需求向量。

令 Φ 是所有可行 D 的集合。$E(1,n,t^0)$ 表示子问题$(1,n)$生产点为 t^0 时的最大利润,即

$$E(1,n,t^0) = \operatorname*{Max}_{D\in\Phi} \sum_{i=1}^{t^0-1} (A_i + B_i d_i + C_i d_i{}^2) - (v_{t^0} + \sum_{j=i}^{t^0-1} h_j^-) d_i$$

$$+ \sum_{i=t^0}^{n} ((A_i + B_i d_i + C_i d_i{}^2) - (v_{t^0} + \sum_{j=t^0}^{i-1} h_j^+) d_i) - K_{t^0}$$

当生产点为 t^0 时,子问题$(1,n)$中周期 t 的最优需求:

$$d_t = \frac{v_{t^0} + \sum_{i=t}^{t^0-1} h_i^- - B_t}{2C_t}, t = 1,2,\cdots,t^0-1 \tag{7.24}$$

$$d_t = \frac{v_{t^0} + \sum_{i=t^0}^{t-1} h_i^+ - B_t}{2C_t}, t = t^0, t^0+1,\cdots,n \tag{7.25}$$

把(7.24)式和(7.25)式分别代入到(7.14)式，得到周期 t 时各子市场的需求量 d_{mt}。如果 $d_{mt}<0$，则令 $d_{mt}=0$，(7.12)式和(7.13)式中不考虑市场 m，重新计算需求量为非负的子市场的需求量。直至各子市场需求量非负为止。

在所有可能的生产点情形中，利润最大者对应的解就是子问题(1,n)的解。不妨设最优生产点是周期 t^*，则子问题(1,n)的最优生产计划：

$$x_t=\begin{cases}\sum_{i=1}^{n} d_i{}^*, & t=t^*\\ 0, & \text{其他周期}\end{cases} \tag{7.26}$$

7.2.3.3　模型 7.3 的求解方法

$F(k)$ 表示从计划期初到周期 k 末的总利润。令 $\delta=\mathrm{Min}\{i+\gamma,k\}$。

由定理 7.1，得到动态规划顺序递推公式：

$$F(k)=\underset{1\leqslant i\leqslant k}{\mathrm{Max}}\{F(i-1)+\underset{t\leqslant t\leqslant \delta}{\mathrm{Max}}\{E(i,k,t)\}\},\quad k=1,\cdots,T \tag{7.27}$$

$$F(0)=0 \tag{7.28}$$

其中，(7.28)式为初始条件。(7.27)式中的 $E(i,k,t)$ 可以根据 7.2.3.1 和 7.2.3.2 中的算法思想进行求解；$F(T)$ 就是模型 7.3 的最大利润，对应的每周期各子市场需求量(或生产计划)就是模型 7.3 的每周期各子市场最优需求向量(或最优生产计划)。

7.2.3.4　计算复杂度分析

模型 7.2 的计算复杂度为 $O(T)$。对于模型 7.3，子问题的时间复杂度为 $O(T)$。模型 7.3 包含的子问题数是 $0.5T(T-1)$，因此，模型 7.3 的时间复杂度为 $O(T^3)$。综上所述，原问题的时间复杂度为 $O(T^3)$。

7.2.3.5 算法的基本步骤

算法的基本步骤如下：

步骤1：给定周期t，根据7.2.3.1中(7.14)式，求得周期t各子市场的需求函数表达式；利用(7.21)式～(7.23)式求得收益$R_t(d_t)$的函数表达式。

步骤2：按照步骤1，求得所有周期收益函数表达式和各子市场的需求函数表达式。

步骤3：对于$i,k(1\leqslant i\leqslant k\leqslant T)$，运用7.2.3.2中的方法求解子问题$(i,k)$的最优需求量和生产计划。

步骤4：按照步骤3，求解所有可能的子问题(i,k)的最优需求向量和最优生产计划。

步骤5：运用7.2.3.3中的(7.27)式和(7.28)式，用动态规划顺推解法求解出模型7.3的最大利润、最优生产计划和每周期各子市场最优需求量。

7.2.4 实验结果与参数分析

需求延迟的最大周期数$\gamma=3$，每周期的子市场数$M_t=3$。根据α_{jt}和β_{jt}的取值特征，把问题分为四种类型。类型Ⅰ：所有子市场的价格函数相同，$\alpha_{jt}(j=1,2,3)$的值都等于表7.1中的α_{3t}，$\beta_{jt}(j=1,2,3)$的值都等于表7.1中的β_{1t}，其余参数值同表7.1；类型Ⅱ：$\beta_{jt}(j=1,2,3)$的值都等于表7.1中的β_{1t}，其余参数值同表7.1；类型Ⅲ：$\alpha_{jt}(j=1,2,3)$的值都等于表7.1中的α_{3t}；其余参数值同表7.1。

周期$t(t=1,\cdots,T)$时，如果每个子市场的价格函数相同，则该周期内各子市场的最优需求量和最优价格是相同的（见表7.2和表7.3中的Ⅰ行）；如果所有子市场价格函数的$\beta_{jt}(j=1,2,3)$取值相同，$\alpha_{jt}(j=1,2,3)$减少，那么子市场的需求量随之降低且价格也随之降低（见表7.2和表7.3的Ⅱ行）；如果所有子市场价格函数中的$\alpha_{jt}(j=1,2,3)$取值相同，$\beta_{jt}(j=1,2,3)$增加，那么子市场的需求量反而随之降低且价格保持不变（见表7.2和表7.3的Ⅲ行）；

表 7.1　类型Ⅳ的主要参数值

周　期	v_t	h_t^+	h_t^-	K_t	α_{1t}	α_{2t}	α_{3t}	β_{1t}	β_{2t}	β_{3t}
1	26.9	0.3	0.3	2500	31.2	30.7	30.1	0.0025	0.0029	0.0033
2	26.5	0.3	0.3	2500	31.2	30.7	30.1	0.0028	0.0032	0.0036
3	26.1	0.35	0.4	2550	31.6	31.1	30.5	0.0027	0.0031	0.0035
4	26.1	0.35	0.5	2500	31.8	31.2	30.6	0.0025	0.0029	0.0033
5	26.5	0.4	0.4	2500	31.8	31.2	30.6	0.0025	0.0029	0.0033
6	26.3	0.4	0.4	2550	32.2	31.7	31.1	0.0025	0.0029	0.0033
7	26.7	0.3	0.3	2600	32.3	31.8	31.2	0.0029	0.0033	0.0037
8	26.8	0.3	0.3	2600	32.1	31.6	31	0.0029	0.0033	0.0037
9	26.4	0.35	0.5	2550	32.6	32.1	31.5	0.0027	0.0031	0.0035
10	26.6	0.35	0.5	2550	32.3	31.8	31.2	0.0025	0.0029	0.0033

表 7.2　四种类型的各子市场的最优需求

类型	市场	周期									
		1	2	3	4	5	6	7	8	9	10
Ⅰ	1	680	660.7	814.8	830	780	960	776	741.3	944.3	890
	2	680	660.7	814.8	830	780	960	776	741.3	944.3	890
	3	680	660.7	814.8	830	780	960	776	741.4	944.4890	890
	合计	2040	1982	2444	2490	2340	2880	2328	2224	2833	2670
Ⅱ	1	900	857	1018	1070	1020	1180	966	931	1148	1110
	2	800	768	926	950	900	1080	879	845	1056	1010
	3	680	661	815	830	780	960	776	741	944	890
	合计	2380	2286	2759	2850	2700	3220	2621	2517	3148	3010
Ⅲ	1	680	661	815	830	780	960	776	741	944	890
	2	586	578	710	715	672	828	682	652	823	767
	3	515	514	628	629	591	727	608	581	729	674
	合计	1781	1753	2153	2174	2043	2515	2066	1974	2496	2331
Ⅳ	1	900	857	1019	1070	1020	1180	965	931	1148	1110
	2	690	672	806	819	776	931	773	742	919	871
	3	515	514	629	629	591	727	608	581	729	674
	合计	2105	2043	2454	2518	2387	2838	2346	2254	2796	2655

表 7.3　四种类型的各子市场的最优价格

类型	市场	周期									
		1	2	3	4	5	6	7	8	9	10
Ⅰ	1	28.4	28.25	28.3	28.525	28.65	28.7	28.95	28.85	28.95	28.975
	2	28.4	28.25	28.3	28.525	28.65	28.7	28.95	28.85	28.95	28.975
	3	28.4	28.25	28.3	28.525	28.65	28.7	28.95	28.85	28.95	28.975
Ⅱ	1	28.95	28.8	28.85	29.125	29.25	29.25	29.5	29.4	29.5	29.525
	2	28.7	28.55	28.6	28.825	28.95	29	29.25	29.15	29.25	29.275
	3	28.4	28.25	28.3	28.525	28.65	28.7	28.95	28.85	28.95	28.975
Ⅲ	1	28.4	28.25	28.3	28.525	28.65	28.7	28.95	28.85	28.95	28.975
	2	28.4	28.25	28.3	28.525	28.65	28.7	28.95	28.85	28.95	28.975
	3	28.4	28.25	28.3	28.525	28.65	28.7	28.95	28.85	28.95	28.975
Ⅳ	1	28.95	28.8	28.85	29.125	29.25	29.25	29.5	29.4	29.5	29.525
	2	28.7	28.55	28.6	28.825	28.95	29	29.25	29.15	29.25	29.275
	3	28.4	28.25	28.3	28.525	28.65	28.7	23.95	28.85	28.95	28.975

如果 α_{jt}（$j=1,2,3$）减少且 β_{jt}（$j=1,2,3$）增加，那么子市场需求量下降的幅度更大（见表 7.2 和表 7.3 的 Ⅳ 行）。综上所述，α_{jt} 与子市场需求量（或价格）是正相关的，β_{jt} 与子市场需求量是负相关的且与价格不相关。

图 7.1 分析了不同生产启动费用时，不允许延迟情形和允许延迟情形联合决策的利润变化，其参数值见表 7.1。从图 7.1 可以看出，两条曲线呈张开的剪刀形，说明允许需求延迟情形下的联合决策对生产启动费用的变化较为“迟钝”。从管理角度来说，当生产启动费用较大时，采用允许需求延迟的联合决策可以给企业增加更多的利润；当固定费用较小时，两种情形下的利润差别不大。可以从理论角度解释这个现象，当生产启动费用较大时，采用允许需求延迟的联合决策模型可以减少生产启动的次数，如果减少的生产启动费用大于由于生产点的数目减少而增加的延迟费用和库存费用，则利润就会增加。

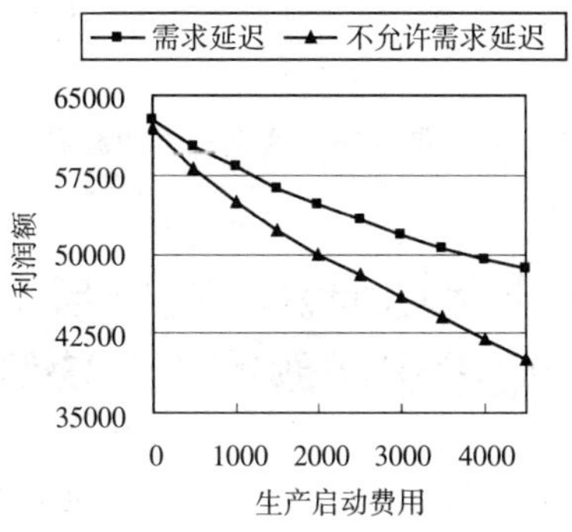

图 7.1　不许延迟与允许延迟的利润比较

一般来说，联合策略优于分散策略，如图 7.2 所示，其参数值见表 7.1。分散策略下，选择了 13 种定价方案。为方便起见，分散策略下的每周期各子问题的价格取值分别是联合决策下最优价格的　92%、93%、94%、95%、96%、97%、98%、99%、101%、102%、

103%、104%和105%。当倍数大于等于106%时,子市场3周期1的需求量为负,定价方案不可行。从管理角度来看,如果分散策略下价格过低,那么虽然提高市场占有率,但降低了边际利润率;如果价格过高,那么虽然提高了边际利润利润率,但降低了市场占有率。联合决策模型在边际利润率和市场占有率之间找到了平衡点,为每周期各子市场制定了合理的价格水平,使得企业利润最大化。

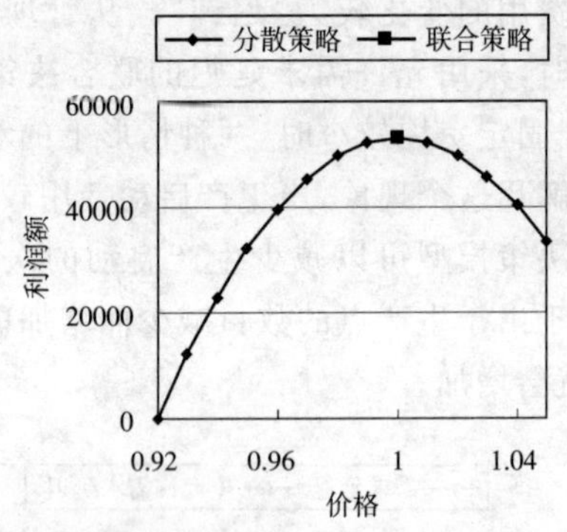

图 7.2　分散策略与联合策略的利润比较

7.3　基于市场细分的定价与生产能力受限批量问题的联合决策

企业拥有若干目标市场,各周期生产能力受到限制且为常数。假设每周期各子市场的需求与价格是一一对应的,需求是决策变量,价格是需求的函数,建立了联合决策问题的二次规划模型,提出了基于动态规划、在多项式时间内可解的精确算法。

7.3.1　数学模型

符号说明如下:T,计划期内的周期数;J_t,第 t 周期子市场数目；K_t，第 t 周期产品的生产启动费用；v_t，第 t 周期的单位产品变动生产费用；h_t，第 t 周期的单位产品存贮费用；C_t，第 t 周期的生产能力，本书只讨论 C_t 为常数 C 的情形；d_{jt}，第 t 周期第 j 子市场的需求量；$p_{jt}(d_{jt})=\alpha_{jt}-\beta_{jt}\cdot d_{jt}$，第 t 周期第 j 子市场的价格函数，且 $p_{jt}(d_{jt})$ 和 d_{jt} 是一一对应的关系，处处关于 d_{jt} 可微；d_t，第 t 周期的所有子市场的需求之和；x_t，第 t 周期的生产量；I_t，第 t 周期末的库存量；y_t，是二进制变量，第 t 周期如果生产，则值取 1，否则值取 0。

问题的数学模型：

模型 7.4

$$\text{Max}\sum_{t=1}^{T}\sum_{j=1}^{J_t}d_{jt}*p_{jt}(d_{jt})-\sum_{t=1}^{T}(K_ty_t+v_tx_t+h_tI_t) \quad (7.29)$$

$$\text{s. t.}\quad x_t+I_{t-1}=d_t+I_t,t=1,2,\cdots,T \quad (7.30)$$

$$\sum_{j=1}^{J_t}d_{jt}=d_t,\quad t=1,\cdots,T \quad (7.31)$$

$$x_t\leqslant y_tC,\quad t=1,2,\cdots,T \quad (7.32)$$

$$y_t\in\{0,1\},\quad t=1,2,\cdots,T \quad (7.33)$$

$$x_t,I_t\geqslant 0,\quad t=1,2,\cdots,T \quad (7.34)$$

$$\frac{\alpha_{jt}}{\beta_{jt}}\geqslant d_{jt}\geqslant 0 j=1,\cdots,J_t,\quad t=1,\cdots,T \quad (7.35)$$

目标函数(7.29)是制造商的利润，等于总收益减去总成本，其中总成本包括生产准备费用、存贮费用和生产费用；约束条件(7.30)为物料平衡方程，描述了相邻周期的库存、需求和生产量间的关系；约束条件(7.31)要求每个周期所有子市场的需求量之和等于该周期的总需求量；约束条件(7.32)是能力约束；约束条件(7.33)规定 y_t 是二进制变量；约束条件(7.34)要求每周期的生产量和库存量是非负的;约束条件(7.35)要求每周期各子市场的需求量与相应价格都是非负的。

目标函数(7.29)中,$\sum_{j=1}^{J_t} d_{jt} * p_{jt}(d_{jt})$ 是周期 t 的收益。当周期 t 的各子市场需求量之和为 d_t 时,最大化周期 t 的收益,得到模型 7.5。

模型 7.5
$$\text{Max} \sum_{j=1}^{J_t} d_{jt} * p_{jt}(d_{jt}) \tag{7.36}$$

$$\sum_{j=1}^{J_t} d_{jt} = d_t \tag{7.37}$$

令 $R_{jt}(d_{jt})$ 表示第 t 周期第 j 子市场的收益,即:$R_{jt}(d_{jt}) = d_{jt} * p_{jt}(d_{jt})$。由 $p_{jt}(d_{jt})$ 定义可知,$R_{jt}(d_{jt})$ 处处可微,且是凹函数。模型 7.5 的库恩—塔克条件:

$$R'_{1t}(d_{1t}) = R'_{2t}(d_{2t}) = \cdots = R'_{J_t,t}(d_{J_t,t}) \tag{7.38}$$

通过(7.37)式和(7.38)式可以分别求解出 $d_{1t},\cdots,d_{J_t,t}$ 关于 d_t 的函数表达式。令

$$E = \sum_{i=1}^{J_t} \frac{\alpha_{1t} - \alpha_{it}}{2\beta_{it}} \tag{7.39}$$

$$F = (\beta_{1t} \sum_{i=1}^{J_t} \frac{1}{\beta_{it}}) - 1 \tag{7.40}$$

则

$$d_{jt}^* = \frac{\alpha_{jt} - \alpha_{1t} + 2\beta_{1t}EF}{2\beta_{jt}} + \frac{\beta_{1t}F}{\beta_{jt}} d_t, \quad \forall j,t \tag{7.41}$$

令 $R_t(d_t)$ 表示周期 t 的需求量为 d_t 时,周期 t 的最大收益。由于 $d_{1t},d_{2t},\cdots,d_{J_t t}$ 仅仅通过 d_t 与批量决策相关联,因此模型 7.5 和下面模型 7.6 联合起来等价于模型 7.4。

模型 7.6　$\text{Max} \sum_{t=1}^{T}(R_t(d_t)-(K_t y_t+v_t x_t+h_t I_t))$ (7.42)

s.t.　$x_t+I_{t-1}=d_t+I_t,\quad t=1,\cdots,T$ (7.43)

$x_t \leqslant C y_t,\quad t=1,\cdots,T$ (7.44)

$y_t \in \{0,1\},\quad t=1,\cdots,T$ (7.45)

$x_t, d_t, I_t \geqslant 0, t=1,2,\cdots,T$ (7.46)

7.3.2　定义和定理

再生点、零头生产周期、子问题、能力受限子计划、能力受限子问题等相关定义参见第五章 5.2.2 节。

引理 7.1　如果存在两个不同的可行生产计划 $X'(D)$ 和 $X''(D)$，使得 $X(D)=0.5(X'(D)+X''(D))$，则 $X(D)$ 的再生点也是 $X'(D)$ 和 $X''(D)$ 的再生点。

证明：参见引理 5.1 的证明过程。

定理 7.3　能力受限生产计划 $X(D)$ 对应于可行域的顶点。

证明：参见定理 5.1 的证明过程。

对于给定的需求向量，原问题可行域是凸集，而且，目标函数是凸函数，所以原问题可以在可行域的某个顶点处达到最优解。根据定理 7.3，很容易得到下面的重要推论。

推论 7.2　存在最优解（对应可行域的某个顶点），具有下列属性：两个连续的再生点间至多有一个零头生产点，换句话说，在两个连续的零头生产点间至少有一个再生点。

7.3.3　算法及其时间复杂度

首先讨论模型 7.5。利用条件极值的库恩 — 塔克条件，求得周期 $t(t=1,\cdots,T)$ 的子市场 $j(j=1,\cdots,J_t)$ 的需求量 d_{jt} 关于 d_t 的函数表达式，并求得周期 t 的总收益 $R_t(d_t)$ 的函数表达式。然后讨论模型 7.6 的解法,包含两个主要过程:一是求解模型 7.6 的子问题;二是用动态规划法求解整个模型 7.6,得到原问题各周期的最优需求量、最优生产计划和最大利润。最后利用每周期各个子市场的需求函数表达式,求得相应的需求(通过价格函数得到相应的最优价格)。

7.3.3.1　模型 7.5 的求解方法

由 7.3.1 节可知,$R_t(d_t)$ 是关于 d_t 的二次函数。不妨设 $R_t(d_t)=L_t+M_t d_t+N_t {d_t}^2$。把(7.41)式和 $p_{jt}(d_{jt}^*)=\alpha_{jt}-\beta_{jt}\cdot d_{jt}^*$ 代入模型 7.4 的目标函数(7.36)式中,得

$$L_t=\sum_{i=1}^{J_t}\frac{{\alpha_{it}}^2-{\alpha_{1t}}^2+4\alpha_{1t}\beta_{1t}EF-4{\beta_{1t}}^2E^2F^2}{4\beta_{it}} \tag{7.47}$$

$$M_t=\sum_{i=1}^{J_t}\left(\frac{\alpha_{1t}\beta_{1t}F-2{\beta_{1t}}^2EF^2}{\beta_{it}}\right) \tag{7.48}$$

$$N_t=-{\beta_{1t}}^2\sum_{i=1}^{J_t}\frac{F^2}{\beta_{it}} \tag{7.49}$$

因此,周期 t 各子市场需求量之和为 d_t 时,由(7.47)式~(7.49)式可以求得 $R_t(d_t)$ 的函数表达式。

7.3.3.2　模型 7.6 的子问题求解方法

(1) 模型 7.6 的进一步描述

根据定理 7.3,模型 7.6 存在某个最优解,由若干个能力受限子生产计划构成。因此,求解模型 7.6 的关键在于如何求解其子问题。不失一般性,以子问题$(1,n)$为例。设子问题$(1,n)$生产点数为 $m(1\leqslant m\leqslant n)$,零头生产点是周期 t_f,则

$$x_{t_f}=\sum_{i=1}^{n}d_t-(m-1)C \tag{7.50}$$

把(7.50)式和 $I_t=\sum_{i=1}^{t}x_t-\sum_{i=1}^{t}d_t$ 代入模型 7.6,根据推论 7.2,得

模型 7.7

$$\text{Max}\left\{\sum_{t=1}^{t_f-1}(M_t+N_td_t-v_{t_f}+\sum_{i=t}^{t_f-1}h_i)d_t+\right.$$

$$\sum_{t=t_f}^{n}(M_t+N_td_t-v_{t_f}-\sum_{i=t_f}^{t-1}h_i)d_t\}+\{C[\sum_{i\in S-\{t_f\}}(v_f-v_i)$$

$$-\sum_{i=1}^{f-1}\sum_{j=t_i}^{t_f-1}h_i+\sum_{i=f+1}^{m}\sum_{j=t_f}^{t_i-1}h_i]-\sum_{i=1}^{m}K_{t_i}\}+\sum_{t=1}^{n}L_t \tag{7.51}$$

$$\text{s.t.}\quad \sum_{i=1}^{t}d_i\leqslant\sum_{t_i\in S,t_i\leqslant t}C_{t_i},\quad t=1,2,\cdots,t_f-1 \tag{7.52}$$

$$\sum_{i=t+1}^{n}d_i\geqslant\sum_{t_i\in S,t_i\geqslant t}C_{t_i},\quad t=t_f,t_f+1,\cdots,n \tag{7.53}$$

$$0\leqslant\sum_{i=1}^{n}d_i-\sum_{t_i\in S,i\neq f}C_{t_i}\leqslant C_f \tag{7.54}$$

$$d_t\geqslant 0,\quad t=1,2,\cdots,n \tag{7.55}$$

约束条件(7.52) 和(7.53) 保证满足各周期的需求；约束条件(7.54) 要求零头生产点的生产量是非负的且不超过生产能力；约束条件(7.55) 要求各周期的需求量和相应的价格是非负的。

对于给定的生产点数 $m(1\leqslant m\leqslant n)$ 和零头生产点 $t_f(1\leqslant t_f\leqslant n)$，目标函数(7.51) 式的第一个花括号内的项与需求向量 $(d_1,d_2,\cdots,d_T)$ 相关而与批量决策无关；而第二个花括号内的项与批量决策相关而与需求向量无关。因此，模型 7.7 又可以分解子问题需求决策模型和子问题批量决策模型。

(2) 子问题的需求决策模型

模型 7.7 松弛条件(7.52) ～ (7.54) 后得

模型 7.8

$$\text{Max}\sum_{t=1}^{t_f-1}(M_t+N_td_t-v_{t_f}+\sum_{i=t}^{t_f-1}h_i)d_t$$

$$+\sum_{t=t_f}^{n}(M_t+N_t d_t-v_{t_f}-\sum_{i=t_f}^{t-1}h_i)d_t \tag{7.56}$$

$$\text{s.t.}\quad \sum_{i=1}^{n}d_i\leqslant mC \tag{7.57}$$

$$d_t\geqslant 0,\quad t=1,2,\cdots,n \tag{7.58}$$

如果给定生产点数 $m(1\leqslant m\leqslant n)$ 和零头生产点 $t_f(1\leqslant t_f\leqslant n)$，则可以用动态规划法求解模型 7.8，得到子问题在 (m,t_f) 时各周期的需求量 $D^*(m,t_f)=(d_1^*,\cdots,d_n^*)$（具体求解过程参见第五章 5.2.3.1）。

由于需求决策时，松弛了约束条件(7.52) ～ (7.54)，所以在批量决策前，先检查需求向量 $D^*(m,t_f)$ 是否满足约束条件：

$$\sum_{i=1}^{t}d_i^*\leqslant tC,t=1,\cdots,n \tag{7.59}$$

如果需求向量 $D^*(m,t_f)$ 不满足(7.59) 式，则不必进行批量决策，利润设为充分小的负数；否则转到下一小节中进行批量决策。由于(7.59)式比约束条件(7.52) ～(7.54)宽松，因此不会漏掉最优解。

(3) 子问题的批量决策模型

得出子问题在 (m,t_f) 时各周期需求量 $D^*(m,t_f)$ 后，模型 7.6 改写成下面的模型：

模型 7.9 $$\text{Min}\sum_{t=1}^{n}((v_t+\sum_{i=t}^{n}h_i)x_t+K_t y_t) \tag{7.60}$$

$$\text{s.t.}\quad \sum_{i=1}^{t}d_i\leqslant \sum_{t_i\in S,t_i\leqslant t}C_{t_i},\quad t=1,2,\cdots,t_f-1 \tag{7.61}$$

$$\sum_{i=t+1}^{n}d_i\geqslant \sum_{t_i\in S,t_i\geqslant t}C_{t_i},\quad t=t_f,t_f+1,\cdots,n \tag{7.62}$$

$$0 \leqslant \sum_{i=1}^{n} d_i - \sum_{t_i \in S, i \neq f} C_{t_i} \leqslant C_f \tag{7.63}$$

$$d_t \geqslant 0, \quad t = 1, 2, \cdots, n \tag{7.64}$$

参见 5.2.3.2 的求解过程，运用动态规划求解模型 7.9，得到子问题(1,n) 在生产点数为 m 和零头周期为 t_f 时的最优需求向量、最优生产计划和最优利润。类似地，求解其他所有可能的(m,t_f)($1 \leqslant m \leqslant n, 1 \leqslant t_f \leqslant n$)。如果($m^*$,$t_f^*$)时利润最大，则对应的最优需求向量和最优生产计划是子问题(1,n) 的最优解。

(4) 模型 7.6 的求解方法

令 $F(t)$ 表示从期初到周期 t 末的最大利润，E_{jt} 表示子问题(j,t) 的最优利润。可以得到下面的动态规划顺推关系式：

$$F(0) = 0 \tag{7.65}$$

$$F(t) = \min_{1 \leqslant j \leqslant t} \{F(j-1) + E_{jt}\} \quad t = 1, 2, \cdots, T \tag{7.66}$$

根据(7.65) 式和(7.66) 式求解出原问题的最大利润、最优需求向量和最优生产计划。

7.3.3.4　算法的步骤

算法的具体步骤如下：

步骤 1：给定周期 t，根据(7.41) 式，求得周期 t 各子市场的需求函数表达式；利用(7.47)～(7.49) 式求得收益 $R_t(d_t)$ 的函数表达式。

步骤 2：按照步骤 1，求得所有周期各子市场的需求函数表达式和收益函数表达式。

步骤 3：设定子问题(a,b)($1 \leqslant a \leqslant b \leqslant T$)，生产点数为 m($0 \leqslant m \leqslant b - a + 1$)，零头生产点为 t_f($a \leqslant t_f \leqslant b$)。

步骤 4：运用动态规划思想，用顺推解法求解模型 7.8，得到(m,t_f) 时的最优需求向量。

① 初始化：每个周期累积需求量 $D_t = D_{t-1} + d_t$ 为状态变量，d_t

为决策变量,周期数为阶段数。令 $D_0=0, F(0)=0$。

② 目标函数是关于需求向量$(d_1,d_2,\cdots,d_n)$的二次多项式,推导出多项式各系数的递推关系式。

③ 求解各阶段的需求量 d_t 关于累积需求量 D_t 的函数表达式。

④ 求解第$(b-a+1)$阶段的需求量,逆推前$(b-a)$个阶段的需求量。

⑤ 根据 7.41 式,求解出子问题$(1,n)$各周期各子市场的需求 d_{jt}^*。对于周期 $t(1\leqslant t\leqslant n)$,如果 $d_{jt}^*<0(1\leqslant j\leqslant J_t)$,则令 $d_{jt}^*=0$,(7.39) 式和(7.40) 式中不考虑子市场 j,重新求解出需求量为非负的子市场的需求量。直至周期 t 所有子市场需求量都是非负为止。

步骤 5:针对步骤 4 求得的需求量,运用动态规划进行批量决策;

步骤 6:对于子问题(a,b)的生产点数和零头生产点的所有可能组合(m,t_f),重复步骤 2 至步骤 5,进行需求决策和批量决策。

步骤 7:子问题(a,b)的所有可能组合(m,t_f)中,确定利润最大的组合,该组合对应的需求向量和生产计划为子问题(a,b)的决策方案。

步骤 8:运用动态规划顺推解法,根据(7.65) 式和(7.66) 式求解原问题的最大利润、最优生产计划和每周期各子市场的最优需求量。

7.3.3.5　算法的计算复杂度分析

模型 7.5 的时间复杂度为 $O(T)$。模型 7.6 的时间复杂度比较复杂。先考虑子问题的时间复杂度,以子问题$(1,n)$为例,(m,t_f)有 n^2 种可能的组合,每一个(m,t_f)组合可能得到一个需求向量。需求向量数为 n^2。对于某个需求向量,进行批量决策的复杂度为 $O(n^2)$。因此子问题的时间复杂度为 $O(T^4)$。由于子问题最大可能数是 $0.5T(T-1)$,因此模型 7.6 的计算复杂度为 $O(T^6)$。从而整个算法的计算复杂度为$O(T^6)$。

7.3.4 实验结果与参数分析

生产能力$C=3000$，每个周期的子市场数$M_t=3$。根据α_{jt}和β_{jt}的取值特征，把问题分为三种类型：类型Ⅰ，所有子市场的价格函数相同，$\alpha_{jt}(j=1,2,3)$的值都取表7.4的α_{3t}，$\beta_{jt}(j=1,2,3)$的值都取表7.4的β_{1t}，其余参数值同表7.4；类型Ⅱ，$\beta_{jt}(j=1,2,3)$的值都取表7.4的β_{1t}，其余参数值同表7.4；类型Ⅲ，$\alpha_{jt}(j=1,2,3)$的值都取表7.4的α_{3t}，其余参数值同表7.4。

在周期$t(t=1,\cdots,T)$内，如果每个子市场的价格函数相同，则在该周期内各子市场的最优需求量和最优价格是相同的(见表7.5和表7.7中的Ⅰ行)；如果所有子市场价格函数中的$\beta_{jt}(j=1,2,3)$取值相同，$\alpha_{jt}(j=1,2,3)$减少，那么子市场的需求量随之降低且价格也随之降低(见表7.5和表7.7的Ⅱ行)；如果所有子市场价格函数中的$\alpha_{jt}(j=1,2,3)$取值相同，$\beta_{jt}(j=1,2,3)$增加，那么子市场的需求量反而随之降低且价格保持不变(见表7.5和表7.7的Ⅲ行)；如果$\alpha_{jt}(j=1,2,3)$减少且$\beta_{jt}(j=1,2,3)$增加，那么子市场需求量下降的幅度更大(见表7.5和表7.7的Ⅳ行)。综上所述，α_{jt}与子市场需求量(或价格)是正相关的，β_{jt}与子市场需求量是负相关的且与价格不相关。生产能力对生产计划影响显著(见表7.6)。一般地，当生产能力增加时，生产点数随之减少。

生产能力对制造商的利润影响显著如图7.3所示，其参数值见表7.4。图7.3曲线上相邻两点间线段的斜率是相应生产能力增量的边际利润。当生产能力过低时，会损失大量的销售机会，进而损失了大量的利润；当生产能力过高时，生产能力增量的边际利润很低，甚至近似为0，导致了过低的投资效益。图7.4分析了生产能力的变化对子市场平均价格的影响，参数值见表7.4。生产能力小于4000(大量实验观察得出，经验值通常是无能力约束情形的平均需求的1.2～1.6倍)时，随着生产能力的减少，平均价格反而

表 7.4 类型Ⅳ的主要参数值

周期	1	2	3	4	5	6	7	8	9	10
v_t	25.6	25.7	26.1	26.1	26.5	26.6	26.7	26.5	26.5	26.6
h_t	0.2	0.2	0.25	0.25	0.3	0.3	0.2	0.2	0.25	0.25
K_t	2500	2500	2550	2500	2500	2550	2600	2600	2550	2550
α_{1t}	31.2	31.2	31.6	31.8	31.8	32.2	32.3	32.1	32.6	32.3
α_{2t}	30.7	30.7	31.1	31.2	31.2	31.7	31.8	31.6	32.1	31.8
α_{3t}	30.1	30.1	30.5	30.6	30.6	31.1	31.2	31	31.5	31.2
β_{1t}	0.0025	0.0028	0.0027	0.0025	0.0025	0.0025	0.0029	0.0029	0.0027	0.0025
β_{2t}	0.0029	0.0032	0.0031	0.0029	0.0029	0.0029	0.0033	0.0033	0.0031	0.0029
β_{3t}	0.0033	0.0036	0.0035	0.0033	0.0033	0.0033	0.0037	0.0037	0.0035	0.0033

表 7.5 四种类型的各子市场的最优需求

类型	市场	周期									
		1	2	3	4	5	6	7	8	9	10
Ⅰ	1	722.3	609	668.7	803.3	753.3	793.3	649.7	616.7	718	665.3
	2	722.3	609	668.7	803.3	753.3	793.3	649.7	616.7	718	665.3
	3	722.4	609	668.6	803.4	753.4	793.4	649.6	616.6	718	665.4
Ⅱ	1	964.4	825	893	954	904.4	1045	866	798	912	875
	2	864.3	736	800	834	784.3	945	780	711	820	775
	3	744.3	629	689	714	664.3	825	677	608	708	655
Ⅲ	1	720	607	667	691	641	680	552	701	808	763
	2	621	532	581	595	552	587	485	616	704	657
	3	546	472	515	523	485	515	433	549	624	578
Ⅳ	1	917	783	849	1026	976	996	824	784	898	860
	2	704	607	658	781	738	772	649	614	702	655
	3	528	456	498	595	558	588	497	466	536	485

表 7.6 不同生产能力下的最优生产计划

能 力	再生点	生产点(生产量)	利 润
1000	0、1、4、6、7、9、10	每周期的产量都是 1000	16184
2000	0、1、6、7、10	每周期的产量都是 2000	37351
3000	0、3、7、10	周期 1、2、4、5、6、8、9 的产量都是 3000	45276
4000	0、7、10	周期 1、2、4、6、9 的产量都是 4000，周期 8 的产量为 3546	49920
5000	0、6、8、10	1(5000)、2(5000)、4(5000)、7(4509)、9(5000)	52358
6000	0、8、10	1(6000)、2(6000)、6(6000)、9(5402)	53587
7000	0、7、10	1(7000)、4(7000)、8(7000)	54525
8000	0、7、10	1(8000)、4(8000)、8(7546)	56120
9000	0、7、10	1(8364)、4(9000)、8(7546)	56534
10000	0、3、7、10	1(7511)、4(10000)、8(7546)	56679
11000	0、3、7、10	1(7511)、4(10157)、8(7546)	56685

表 7.7　四种类型的各子市场的最优价格

类型	市场	周期 1	周期 2	周期 3	周期 4	周期 5	周期 6	周期 7	周期 8	周期 9	周期 10
Ⅰ	1	28.2945	28.3945	28.6945	28.5913	28.7163	29.1163	29.3163	29.2116	29.5616	29.5366
	2	28.2945	28.3945	28.6945	28.5913	28.7163	29.1163	29.3163	29.2116	29.5616	29.5366
	3	28.2945	28.3945	28.6945	28.5913	28.7163	29.1163	29.3163	29.2116	29.5616	29.5366
Ⅱ	1	28.7894	28.8894	29.1894	29.4144	29.5394	29.8374	29.7874	29.7874	30.1374	30.1124
	2	28.5394	28.6394	28.9394	29.1144	29.2394	29.3374	29.5374	29.5374	29.8874	29.8624
	3	28.2394	28.3394	28.6394	28.8144	28.9394	29.0374	29.2374	29.2374	29.5874	29.5624
Ⅲ	1	28.299	28.399	28.699	28.874	28.999	29.399	29.599	28.9678	29.3178	29.2928
	2	28.299	28.399	28.699	28.874	28.999	29.399	29.599	28.9678	29.3178	29.2928
	3	28.299	28.399	28.699	28.874	28.999	29.399	29.599	28.9678	29.3178	29.2928
Ⅳ	1	28.908	29.008	29.308	29.2351	29.3601	29.7101	29.9101	29.8249	30.1749	30.1499
	2	28.658	28.758	29.058	28.9351	29.0601	29.4601	29.6601	29.5749	29.9249	29.8999
	3	28.358	28.458	28.758	28.6351	28.7601	29.1601	29.3601	29.2749	29.6249	29.5999

上升;当生产能力大于7000(经验值是无能力约束情形的平均需求的2.5～3.5倍)时,随着生产能力的增加,平均价格反而下降。特别地,当生产能力增加到一定水平时,平均价格不再随生产能力的变化而变化。在中间一段区间,生产能力对平均价格的影响是不稳定的。

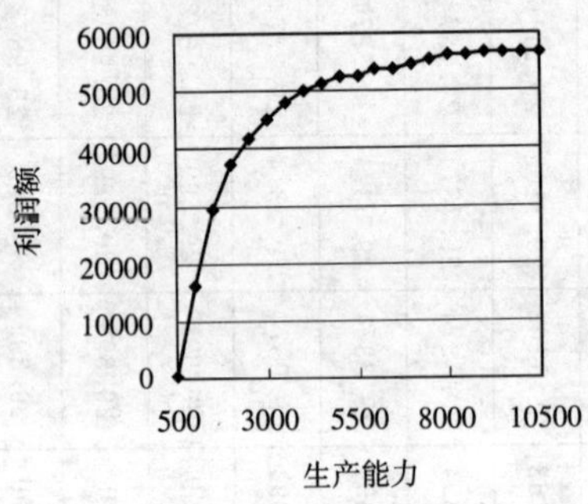

图 7.3　生产能力对利润额的影响

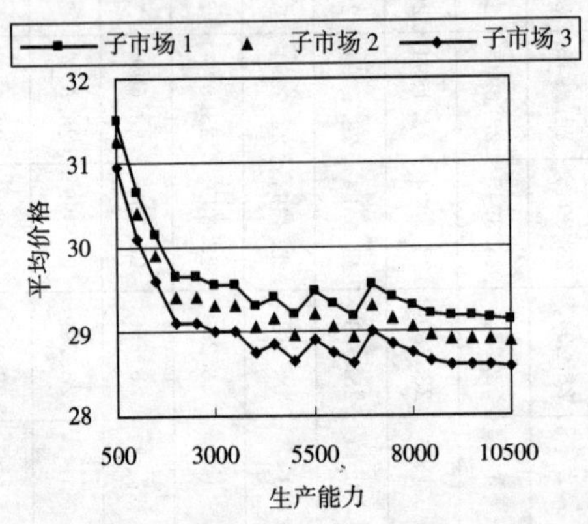

图 7.4　生产能力对子市场平均价格的影响

7.4　小　结

本章研究了市场细分下两类批量与定价的联合决策问题。一类是允许需求延迟情形，提出了基于动态规划的精确算法，可以在多项式时间 $O(T^3)$ 内求解出每周期各个子市场的最优价格和最优生产计划，获得最大的利润。另一类是考虑生产能力约束情形，提出了基于动态规划的精确算法，可以在多项式时间 $O(T^6)$ 内求解出每周期各个子市场的最优价格和最优生产计划，获得最大的利润。

联合决策机制时，定价决策既注重公司的外部因素同时也考虑公司的内部因素(生产费用及库存费用等)。模型不仅可以有效解决成熟产品的定价决策与批量决策问题，而且对公司的新产品定价具有指导意义。

第 8 章　总结与展望

8.1 总　结

本书较为深入地研究了离散时间多周期下，几类经典的批量模型与定价的联合决策问题，采用并行决策机制进行价格决策和批量决策。集成模型不仅显著地改进了公司的利润，而且减少了需求量或生产计划的变化带来的影响，提高了公司生产经营的柔性，进而增强了公司生产经营的稳定性。集成模型不仅可以有效解决成熟产品的定价决策与批量决策的集成问题，而且对企业新产品定价具有指导意义。集成模型不仅丰富了生产管理理论的内容，而且为 MRPⅡ 或 ERP 等软件包中市场功能和生产功能的集成，提供了通用模型和有效的求解方法。取得的主要研究成果如下：

(1) 已有的动态定价与批量问题的联合决策模型[123]不允许需求延迟，然而生产实践中，企业受内部条件制约或外部环境影响，经常不能按期交货。本书允许需求延迟，使模型更加接近生产库存管理实际。针对允许需求延迟情形，研究了动态定价与批量的联合决策问题。提出了基于动态规划的精确算法，可以在 $O(T^3)$ 时间内求解出最优定价、最优生产计划。实验结果表明，并行决策机制优于串行决策机制；一般地，与不允许需求延迟情形相比较，允许需求延迟可以提高企业生产活动的柔性，使企业获得更多的利润。

(2) 考虑固定定价的原因很多：日常生活中，许多类别的商品价格在相当长的时期内保持不变;价格变动可能会带来不利的影响;制定短期计划时,由于时间跨度比较小,为简单起见,可以忽略价格的变化,等等。本书把已有的固定定价与批量问题的联合决策模型[135,136,138]拓展到允许需求延迟情形,建立了相应的联合决策模型。提出了基于迭代搜索的精确算法,可以在 $O(T^6\log T)$ 时间内求解出最优定价和最优生产计划。实验结果表明,并行决策机制优于串行决策机制;一般地,与不允许需求延迟情形相比较,允许需求延迟可以提高企业生产活动的柔性,使企业获得更多的利润。

(3)企业在制订生产计划过程中,需要考虑库存能力对生产计划的影响。针对库存能力受限情形,研究了动态定价与非减库存能力受限批量的集成问题。建立了非线性混合整数规划模型。详细讨论了四种不同类型子计划的求解方法,通过先求解所有可能的子计划,再基于动态规划搜索子计划的最优组合,得到联合决策问题的最优定价与最优生产计划,算法的计算复杂度为 $O(T^4)$。

(4)企业的生产资源经常是有限的,如人力资源、资金、设备和机器台时等是有限的。针对生产能力受限,且生产能力在各周期间不变情形,研究了动态定价与生产能力受限批量的集成问题,建立了非线性混合整数规划模型,提出了基于动态规划的精确算法,可以在 $O(T^6)$ 时间内求解出最优定价与最优生产计划。

(5)在生产管理实践中,企业经常生产多种产品,且生产能力在各周期间是变化的。针对一般线性时变需求,研究了多产品允许需求延迟且能力受限批量模型与动态定价的联合决策问题,建立了二次规划模型,提出了基于拉格朗日松弛的启发式算法,把原问题转换成若干个单产品无能力受限批量与定价协调问题。在算法中设计了拉格朗日上界问题和下界问题,通过在上、下界问题间的反复迭代,得到较优定价策略和相应的生产策略。实验结果表明,从计算角度来看,并行决策机制优于串行决策机制。一般地,并行决策机制只需经过几次甚至一次迭代就可以得到满意的定价策略与生产策略；串行决策机制需要经过50～75次迭代才能得到满意的定价策略和生产策略。

(6)在实际生产经营活动中，企业按照一定的标准将一个市场划分为若干部分，其中每一部分的顾客具有较高程度的同质性，与其他部分的顾客具有较大的异质性，然后选择一个或几个部分作为目标市场，针对顾客的特点采取独特的定价策略，以求获得最佳效益的过程。针对允许需求延迟情形，研究了拥有若干个目标市场的制造商如何有效地协调定价决策与批量决策问题。建立了二次规划模型。提出了基于动态规划的精确算法，可以在多项式时间$O(T^3)$内求解出每周期各子市场的最优定价和最优生产计划。实验结果表明，联合决策优于分散策略，可以为各子市场各周期制定合理的价格，使制造商获得最大利润；一般地，与不允许需求延迟情形相比较，允许需求延迟可以提高企业生产活动的柔性，使企业获得更多的利润。

(7)针对生产能力是常数情形，研究了拥有若干个目标市场的制造商如何有效地协调定价决策与批量决策问题，建立了二次规划模型。提出了基于动态规划的精确算法，可以在多项式时间$O(T^6)$内求解出每周期各子市场的最优定价和最优生产计划。通过生产能力的灵敏度分析，揭示了企业的生产能力与生产计划、利润和平均价格的相互关系，有助于企业选择恰当的经营策略。

8.2 未来展望

据我们所知，不论是单产品还是多产品，不论是无能力约束还是能力受限，多阶段批量问题都是NP-hard问题。对于单阶段批量问题，除了少数几类特殊单产品能力受限批量问题是多项式时间内可解外，大多数单产品能力受限批量问题是NP-hard问题，甚至是强NP-hard问题。对于多产品批量问题，不论能力是常数还是时变的，都是强NP-hard问题。因此，大多数批量问题是

NP-hard 问题,求解起来比较复杂。

由于需要同时考虑定价决策和批量决策,而且目标函数是非线性的,因此定价与批量的联合决策问题求解起来更为困难。还有很多类型的定价与批量的联合决策问题,有待今后进一步广泛而深入的研究。这些问题包括:

(1) 研究随机需求函数下,定价与批量模型的联合决策问题。与确定型需求函数情形类似,也可以从以下几方面入手:需求是否可以延迟,是否考虑库存能力约束,是否考虑库存能力约束等。当生产能力受限时,尽管一般是 NP-hard 问题,不过某些特例可能是多项式时间内可解的,例如可以考虑单产品、生产能力是常数时的联合决策模型;对于 NP-hard 问题,设计有效的启发式算法,求解出问题的满意解。

(2) 可以应用博弈论研究制造商和分销商(或零售商)相互协调时定价和批量联合决策问题。如一个(或多个)制造商和一个(或多个)分销商在供应链下的定价与批量的联合决策问题。

(3) 可以应用博弈论研究产品相互竞争的两个(或多个)制造商在相互协调的策略下,定价和批量的联合决策问题。需求是关于两个制造商价格的函数。

(4) 市场细分情形下,针对不同的顾客群提出不同的定价策略,可能会降低顾客对公司的忠诚度和满意度。可以研究包含因忠诚度和满意度下降而产生的费用的定价与批量联合决策问题。

参考文献

[1] Wolsey L A. Progress with single-item lot-sizing. European Journal of Operational Research 1995:395－401.

[2] Drexl A, Kimms A. Lot sizing and scheduling-survey and extensions. European Journal of Operational Research 1997: 221－235.

[3] Brahimi N, Dauzere-Peres S, Najid N M, et al. Single item lot sizing problems. European Journal of Operational Research 2006;168:1－16.

[4] Harris F W. How many parts to make at once. Factory, The Magazine of Management, 1913; 10(2):135－1366.

[5] Wilson R H. A scientific routine for stock control. Harvard Business Review, 1934; 13(1): 116－128.

[6] Hax A C, Candea D. Production and inventory management. Printice-Hall, Inc, Englewood Cliffs, New Jersey, 1984.

[7] Lev B, Weiss H. Inventory models with cost changes. Operations research, 1990; 38:53－63.

[8] Gascon A. On the finite horizon EOQ model with cost changes, Operations research, 1995; 43: 716－717.

[9] Wagner H M, Whitin T M. Dynamic version of the economic lot size model. Management Science, 1958; 5(1): 89－96.

[10] Wagelmans A, van Hoesel S, Kolen A. Economic lot

sizing: an $O(n\log n)$ algorithm that runs in linear time in the Wagner-Whitin case. Operations Research 1992; 40:S145—55.

[11] Aggarwal A, Park J K. Improved algorithms for economic lot-size problem. Operations Research 1993; 41(3): 549—71.

[12] Federgruen A, Tzur M. A simple forward algorithm to solve general dynamic lot sizing models with n periods in $O(n\log n)$ or $O(n)$ time. Management Science 1991; 37(8): 909—25.

[13] Wolsey L A. Progress with single-item lot-sizing. European Journal of Operational Research 1995; 86(3): 395—401.

[14] Stadtler H. Improved rolling schedules for the dynamic single-level lot-sizing problem. Management Science 2000; 46(2):318—26.

[15] Stadtler H. Reformulations of the shortest route model for dynamic multi item multi level capacitated lotsizing. OR Spektrum 1997; 19: 87—96.

[16] Li Y, Chen J, Cai X. A dynamic lot sizing model for durable products with end-of-use constraints. International Conference on Service Systems and Service Management Oct. 2006; 1: 350—354.

[17] Hsu V N. Dynamic economic lot size model with perishable inventory. Management Science 2000; 46(8): 1159—1169.

[18] Gutierrez J, Sedeno-Noda A, Colebrook, et al. A new characterization for the dynamic lot size problem with bounded inventory. Computers & Operations research 2002; 30: 383—398.

[19] Loparic M, Pochet Y, Wolsey L A. The uncapacitated lot-sizing with sales and safety stocks. Math. Program. , Ser. A 2001; 89:487—504.

[20] Sox C R. Dynamic lot sizing with random demand and non-stationary costs. Operations Research Letters 1997, 20:155—164.

[21] 梁樑,余玉刚,王志强等.一种物料需求计划进货批量决策技术.系统工程理论方法应用 2005; 14(1): 74—79.

[22] 余玉刚,梁樑,王志强等. 订单生产方式下供应链买卖双方 1:n 协调订货批量模型. 系统工程 2004;22(1):33—38.

[23] 张岩,顾培亮.并行加工经济批量问题的最优算法.系统工程学报 2000;15(2):173—178.

[24] Zangwill W I. A deterministic multi-period production scheduling model with backlogging. Management Science, 1966, 13(1): 105—119.

[25] Zangwill W I. A backlogging model and multi-echelon model of a dynamic economic lot size production system-a network approach. Management Science, 1969, 15(9): 506—527.

[26] Blackurn J D, Kunreuther. Planning horizons for the dynamic lot size model with backlogging. Management Science 1974; 31(3):252—257.

[27] Pochet Y, Wolsey L A. Lot-size models with backlogging: strong reformulations and cutting planes. Mathematical Programming 1988; 40:317—335.

[28] Pochet Y, Wolsey. Polyhedra for lot-sizing with Wagner-Whitin costs. Mathematical Programming 1994; 67:297—323.

[29] Agra A, Constantino M. Lotsizing with backlogging and start-ups: the case of Wagner-Whitin costs. Operations

Research Letters 1999; 25:81—88.

[30] Hsu V N, Lowe T J. Dynamic economic lot size models with period-pair-dependent backorder and inventory costs. Operations Research 2001; 19(2): 316—321.

[31] 仝凌云，陈增强，袁著祉. 市场需求确定下允许缺货的经济订货批量模型的扩展 2005; 11(3):352—357.

[32] Ganas L, Papachristos S. The single-product lot-sizing problem with constant parameters and backlogging: exact results, a new solution, and all parameter stability regions. Operations Research 2005; 53(1):170—176.

[33] Chu F, Chu C. Polynomial algorithms for single-item lot-sizing models with bounded inventory and backlogging or outsourcing. IEEE Transactions on Automation Science and Engineering 2007; 4(2):233—251.

[34] Florian M, Klein M. Deterministic production planning with concave costs and capacity constraints. Management Science 1971; 18(1):11—20.

[35] Florian M, Klein M. Erratum: deterministic production planning with concave costs and capacity constraints. Management Science 1972; 18(11):721—721.

[36] Swoveland C. A deterministic multi-period production planning model with piecewise concave production and holding-backorder costs. Management Science 1975; 21(9):1007—1014.

[37] Shaw D, Wagelmans A P M. An algorithm for single-item capacitated economic lot sizing with piecewise liner production costs and general holding costs. Management Science 1998; 44(6):831—838.

[38] Vyve M V. Linear-programming extended formulations for the single-item lot-sizing problem with

backlogging and constant capacity. Math. Program. Ser. A 2006; 108:53—77.

[39] Karimi B, Fatemi Ghomi S M T, Wilson J M. The capacitated lot sizing problem: a review of models and alrothms. Omega 2003; 31:365—378.

[40] Jans R, Degraeve Z. Meta-heuristic for dynamic lot sizing: a review and comparison of solution approaches. European Journal of Operational Research: www. elsevier. com/locate / ejor.

[41] Bitran B R, Yanasse H H. Computational complexity of the capacitated lot size problem. Management Science 1982; 28(10):1174—1186.

[42] Florian M, Lenstra J K, Rinnooy Kan A H G. Deterministic production planning: Algorithms and complexity. Management Science 1980; 26: 669—679.

[43] Chen H D, Hearn D, Lee C Y. A new dynamic programming algorithm for the single item capacitated dynamic lot size model. Journal of Global Optimization 1994; 4: 285—300.

[44] Vanderbeck F. Lot-sizing with start-up times. Management Science 44 1998; 10:1409—1425.

[45] Van Hoesel C P, Wagelmans A P. An$O(T^3)$algorithm for the economic lot-sizing problem with constant capacities. Management Science 1996; 42: 142—150.

[46] Chung C, Lin C H M. An$O(T^2)$algorithm for the NI/G/NI/ND capacitated lot size problem. Management Science 1988; 34:420—426.

[47] Shaw D X, Wagelmans A P. An algorithm for single-item capacitated economic lot sizing with piecewise linear

production costs and general holding costs. Management Science 1998;44(6):831—838

[48] Baker K R,Dixon P,Magazine M J,et al. An algorithm for the dynamic lot-size problem with time-varying production capacity constraints. Management Science 1978: 24: 1710—1720.

[49] Lotfi V and Yoon YS. An algorithm for the single-item capacitated lot-sizing problem with concave production and holding costs,Journal of Operational Research Society 1994; 45(8): 934—941.

[50] Chung C S,Flynn J,Lin C H. An effective algorithm for the capacitated single item lot size problem. European Journal of Operational Research 1994; 75: 427—440.

[51] Leung JM,Magnanti TL and Vachani R. Facets and algorithms for capacitated lot sizing. Mathematical Programming 1989; 45: 331—359.

[52] Loparic M, Marchand H, Wolsey L A. Dynamic knapsack sets and capacitated lot-sizing. Technical Report 47, Catholique de Louvain, Center for Operations Research and Economics,2000.

[53] Miller A J,Nemhauser G L,Savelsbergh M W. On the capacitated lot-sizing and continuous 0—1 knapsack polyhedra. European Journal of Operational Research 2000; 125(2): 298—315.

[54] Van Hoesel CP and Wagelmans AP. Fully polynomial approximation schemes for single-item capacitated economic lot-sizing problems. Mathematics of Operations Research 2001; 26(2): 339—357.

[55] Megala N,Jawahar N. Genetic algorithm and Hopfield

neural network for a dynamic lot sizing problem. Int J Adv Manuf Technol 2006; 27: 1178—1191.

[56] Prasad P S S, Krishnaiah Chetty O V. Multi-level lot sizing with a genetic algorithm under fixed and rolling horizons. Int J Adv Manuf Technol 2001; 18:520—527.

[57] Hindi K S. Solving the single-item, capacitated dynamic lot-sizing problem with startup and reservation costs by tabu search. Computers ind. Engng 1995; 28(4): 701—707.

[58] Eisenhut P S. A dynamic lot sizing algorithm with capacity constraints. AIIE Transactions 1975;7(2):170—6.

[59] Maes J, Van Wassenhove L N. A simple heuristic for the multi-item single level capacitated lot sizing problem. Operations Research Letters 1986; 4(6):265—73.

[60] Maes J, Van Wassenhove LN. Multi-item single-level capacitated dynamic lot-sizing heuristics: a general review. Journal of the Operational Research Society 1988; 39(11): 991—1004.

[61] Lambrecht M R, Vanderveken H. Heuristic procedures for the single operation, multi-item loading problem. AIIE Transactions 1979;15(4):319—25.

[62] Dixon P S, Silver E A. A heuristic solution procedure for the multi-item, single level, limited capacity, lot sizing problem. Journal of Operations Management 1981; 21(1): 23—40.

[63] Kirca O, Kokten M. A new heuristic approach for the multi-item dynamic lot sizing problem. European Journal of Operational Research 1994;75(2):332—41.

[64] Cattrysse D, Maes J, Van Wassenhove L N. Set partitioning and column generation heuristics for capacitated

dynamic lot sizing. European Journal of Operational Research 1990; 46(1):38—47.

[65] Dogramaci A, Panayiotopoulos J C, Adam N R. The dynamic lot-sizing problem for the multiple items under limited capacity. AIIE Transactions 1981; 13(4):294—303.

[66] Karni R, Roll Y. A heuristic algorithm for the multi-item lot sizing problem with capacity constraints. AIIE Transactions 1982;14(4):249—59.

[67] Gunther H O. Planning lot sizes and capacity requirements in a single stage production system. European Journal of Operational Research 1987; 31(2):223—31.

[68] Selen W J, Heuts R M. A modified priority index for Gunther's lot-sizing heuristic under capacitated single stage production. European Journal of Operational Research 1989; 41: 181—185.

[69] Trigeiro W W. A dual-cost heuristic for the capacitated lot sizing problem. IIE Transactions 1987; 19(3):67—72.

[70] Thizy J M, Van Wassenhove L N. Lagrangean relaxation for the multi-item capacitated lot-sizing problem: a heuristic implementation. IIE Transactions 1985; 17 (4): 308—13.

[71] Trigeiro W W. A dual-cost heuristic for the capacitated lot sizing problem. IIE Transactions 1987;19(3):67—72.

[72] Billington P S, McClain J O, Thomas L J. Mathematical Programming approaches to capacity-constrained MRP systems: review formulation and problem reduction. Management Science 1983;29(10):1126—41.

[73] Trigeiro W W, Thomas L J, McClain J O. Capacitated lot sizing with setup times. Manage-ment Science 1989;35(3):

353－66.

[74] Diaby M, Bahl HC, Karwan M H, et al. A Lagrangean relaxation approach for very-large-scale capacitated lot-sizing. Management Science 1992;38(9):1329－40.

[75] Millar H H, Yang M. Lagrangian heuristics for the capacitated multi-item lot-sizing problem with backordering. International Journal of Production Economics 1994;34:1－15.

[76] Thizy J M. Analysis of the Lagrangian decomposition for the multi-item capacitated lot-sizing problem. INFOR 1991; 29(4):271－83.

[77] Gelders L F, Maes J, Van Wassenhove L N. A branch and bound algorithm for the multi item single level capacitated dynamic lotsizing problem. In: Axaster S, Schneeweiss CH, Silver E, editors. Multistage production planning and inventory control. Lecture notes in economics and mathematical systems, vol. 266. Berlin: Springer, 1986. p: 92－108.

[78] Diaby M, Bahl H C, Karwan M H, et al. Capacitated lot-sizing and scheduling by Lagrangean relaxation. European Journal of Operational Research 1992b;59(3):444－58.

[79] Hindi K S. Computationally e4cient solution of multi-item capacitated lot sizing problems. Computers and IndustrialEngineering 1995a;28(4):709－19.

[80] Armentano V A, Franca P M, de Toledo F M B. A network flow model for the capacitated lot-sizing problem. OMEGA 1999;27(2):275－84.

[81] Xie J, Dong J. Heuristic Genetic Algorithms for General Capacitated Lot-Sizing Problems Computers and Mathematics with Applications 2002; 44: 263－276.

[82] 熊红云，杨秀芳，何钺.模糊能力约束下的生产批量计划

方法研究.系统工程理论与实践 2001;1:41－52.

[83] 王全勇,姜启源.随机批量问题的两种新模型及其算法.系统工程理论与实践 2001;6: 1－6.

[84] 熊红云,何钺.多级退火遗传算法解 MRPⅡ有限能力批量计划问题. 系统工程与电子技术 2001;23(2):58－60.

[85] Dellaert N,Jeunet J,Jonard N. A genetic algorithm to solve the general multi-level lot-sizing problem with time-varying costs Int. J. Production Economics 2000; 68: 241－257.

[86] 杨红红,吴智铭. 基于两级遗传算法的多工厂供应链批量计划问题. 上海交通大学学报 2003; 37(4): 473－478.

[87] 杨红红,吴智铭. 模糊需求环境下多工艺批量生产计划.上海交通大学学报 2002;36(8): 1121－1127.

[88] Kimms A. A genetic algorithm for multi-level, multi-machine lot sizing and scheduling Computers & Operations Research 1999; 26: 829－848.

[89] Tang O. Simulated annealing in lot sizing problems Int. J. Production Economics 2004; 88 173－181.

[90] Barbarosoglu G, Ozdamar L. Analysis of solution space-dependent performance of simulated annealing: the case of the multi-level capacitated lot sizing problem Computers & Operations Research 2000; 27: 895－903,

[91] Ozdamar L, Barbarosoglu G. An integrated Lagrangean relaxation-simulated annealing approach to the multi-level multi-item capacitated lot sizing problem Int. J. Production Economics 2000; 68: 319－331.

[92] 田俊峰,杨梅.数量折扣条件下的动态订货批量优化. 西南交通大学学报 2004;39(5): 595－599.

[93] Gopalakrishnan M, Ding K, Bourjolly J M, et al. A Tabu-Search Heuristic for the Capacitated Lot-Sizing Problem

with Set-up Carryover. Management Science 2001; Vol. 47, No. 6: 851—863.

[94] Hung Y, Chen C, Shih C, et al. Using tabu search with ranking candidate list to solve production planning problems with setups 2003; Computers & Industrial Engineering 45: 615—634.

[95] Wagner H M, Whitin T M. Dynamic problems in the theory of the firm. Naval Research Logistics 1958: 5(1): 53—74.

[96] S. Karlin, C R. Carr. Prices and optimal inventory policies. In Karlin S, Arrow KJ and Scarf H, editors, Studies in Applied Probability and Management Science. Stanford University Press, Stanford, CA, 1962.

[97] Kincaid W M, Darling D. An inventory pricing problem. J of Math. Analysis and Applications 1963; 7: 183—208.

[98] Wagner HM. A postscript to "dynamic problems in the theory of the firm". Naval Research Logistics 1965; 7(1): 7—13.

[99] Nevins A J. Some effects of uncertainty: Simulation of a model of price. Quarterly J. of Economics 1966; 80(1): 73—87.

[100] Zabel E. Multi-period monopoly under uncertainty. Economic Theory 1972; 5: 524—536.

[101] Thowsen G T. A dynamic, nonstationary inventory problem for a price/quantity setting firm. Naval Research Logistics1975; 22: 461—476.

[102] Federgruen A, Heching A. Combined pricing and inventory control under uncertainty. Operations Research 1999; 47(3): 454—475.

[103] Biller S, Chan L M A, Simchi-Levi D, Swann J. Dynamic pricing and the direct-to-customer model in the automotive industry. Electronic Commerce Research2005; 5: 309—334.

[104] Kachani S, Perakis G. A fluid model of dynamic pricing and inventory management for make-to-stock manufacturing systems. European Journal of Operational Research 2006; 70(2): 496—517

[105] Eliashberg J, Steinberg R. Marketing-production joint decision making. In J. Eliashberg and J. D. Lilien, editors, Management Science in Marketing, Handbooks in Operations Research and Management Science. Elsevier Science, North Holland, 1991.

[106] Kunreuther H, Richard J F. Optimal pricing and inventory decisions for non-seasonal items. Econometrica 1971; 39(1):173—175.

[107] Kunreuther H, Schrage. Joint pricing and inventory decisions for constant priced items. Management Science 1973; 19(7):732—738.

[108] Wagner H M, Whitin T M. Dynamic problems in the theory of the firm. Naval Research Logistics 1958; 5(1): 53—74.

[109] Arcelus F J, Srinivasan G. Inventory policies under various optimizing criteria and variable markup rates. Management Science 1987; 33:756—762.

[110] Cheng T C E. An eoq model with pricing consideration. Computers and Industrial Engineering 1990; 18(4):529—34.

[111] Chen C K, Min K J. An analysis of optimal inventory

and pricing policies under linear demand. Asia-Pacific Journal of Operational Research 1994; 11(2):117—129.

[112] Hwang H and Shinn S W. Retailer's pricing and lot sizing policy for exponentially deteriorating products under the condition of permissible delay in payments. Computers and Operations Research 1997; 24(6):539—547.

[113] Lee W J and Kim D. Optimal and heuristic decision strategies for integrated production and marketing planning. Decision Sciences 1993; 24(6):1203—1213.

[114] Kim D, Lee W J. Optimal coordination strategies for production and marketing decisions. Operations Research Letters 1998; 22:41—47.

[115] Arcelus F J. Ordering policies under one time only discount and price sensitive demand. Iie Transactions 1998; 30(11):1057—1064.

[116] Abad P L. Optimal pricing and lot-sizing under conditions of perishability, finite production and partial backordering and lost sale. European Journal of Operational Research 2003; 144: 677—685

[117] Abad P L. Determining optimal selling price and lot size when the supplier offers all-unit quautity discount. Decision Sciences 1988; 19(3):622—634.

[118] Brahmbhatt AC and Jaiswal MC. An order-level-lot-size model with uniform replenishment rate and variable mark-up of prices. International Journal of Production Research, 1980; 18(5): 655—664.

[119] Lee W J. Determining order quantity and selling price by geometric programming: Optimal solution, bounds and sensitivity. Decision Sciences 1993; 24:76—87.

[120] Porteus E L. Investing in reduced setups in the eoq model. Management Science 1985; 31:998—1010.

[121] Rosenberg D. Optimal price-inventory decisions-profit vs roii. Iie Transactions 1991; 23(1):17—22.

[122] Sankarasubramanyam E, Kumaraswamy S. Eoq formula under varying marketing policies and conditions. AIIE Transactions 1981; 13(4):312—314.

[123] Thomas L J. Price-production decisions with deterministic demand. Management Science 1970; 16(11):747—750.

[124] Thomas L J. Price and production decisions with random demand. Operations Research 1974; 22:513—518.

[125] Chen X, Simchi-Levi D. Coordinating inventory control and pricing strategies with random demand and fixed ordering cost: The finite horizon case. Operations Research 2004; 52(6): 887—896.

[126] Chen X, Simchi-Levi D. Coordinating inventory control and pricing strategies with random demand and fixed ordering cost: The infinite horizon case. Mathematics of Operations Research 2004; 29(3): 698—723.

[127] Chen X, Simchi-Levi D. Coordinating inventory control and pricing strategies: the continuous review model. Operations Research Letters 2006; 34: 323—332

[128] Polatoglu H, Sahin I. Optimal procurement policies under price-dependent demand. International Journal of Production Economics 2000; 65(2):141—171.

[129] Datta T K, Paul K. An inventory system with stock dependent, price-sensitive demand rate. Production Planning and Control 2001; 12(1):13—20.

[130] Rajan A, Rakesh, Steinberg R. Dynamic pricing and ordering decisions by a monopolist. Management Science 1992; 38(2):240—262.

[131] Smith S A, Achabal D D. Clearance pricing and inventory policies for retail chains. Management Science 1998; 44(3):285—300.

[132] Cohen M A. Joint pricing and ordering policy for exponentially decaying inventory w/ known demand. Naval Research Logistics Quarterly 1977; 24:257—268.

[133] Chakravarty A, Martin G E. Discount pricing policies for inventories subject to declining demand. Naval Research Logistics 1989; 36:89—102.

[134] Abad P L. Optimal pricing and lot-sizing under conditions of perishability and partial backordering. Management Science 1996; 42(8):1093—1104.

[135] Kunreuther H, Schrage. Joint pricing and inventory decisions for constant priced items. Management Science 1973; 19(7):732—738.

[136] Gilbert S M. Coordination of pricing and multi-period production for constant priced goods. European Journal of Operational Research 1999; 114(2):330—337.

[137] Gilbert S M. Coordination of pricing and multiple-period production across multiple constant priced goods. Management Science 2000; 46(12):1602—1616.

[138] Heuvel W, Wagelmans A M. A polynomial time algorithm for a deterministic joint pricing and inventory model. European Journal of Operational Research, 2006, 170: 463—480.

[139] Chan LMA, Simchi-Levi D, Swann J L. Dynamic pricing models for manufacturing with stochastic demand and

discretionary sales. Manufacturing & Service Operations Management 2006; 8(2): 149—168.

[140] Morgan L O, Daniels RL, Kouvelis P. Marketing/manufacturing trade-offs in product line management. Iie Transactions 2001; 33(11):949—962.

[141] Birge J R, Drogosz J, Duenyas I. Setting single-period optimal capacity levels and prices for substitutable products. International Journal of Flexible Manufacturing Systems 1998; 10 (4):407—430.

[142] Gallego G, Van Ryzin G. A multiproduct dynamic pricing problem and its applications to network yield management. Operations Research 1997; 45(1):24—41.

[143] Smith S A, Agrawal N, McIntyre S H. A discrete optimization model for seasonal merchandise planning. Journal of Retailing 1998; 74(2):193—221.

[144] Haugen K K, Olstad A, Pettersen B I. The profit maximizing capacitated lot-size (PCLSP) problem. European Journal of Operational Research, 2007; 186:165—76.

[145] Love S F. Bounded production and inventory models with piecewise concave costs. Management Science, 1973, 20(3): 313—318.

[146] Sedeno-Noda A, Gutierrez J, Abdul-Jalbar B, et al. An $O(T\log T)$ algorithm for the dynamic lot size problem with limited storage and linear costs. Computational Optimization and Applicatons, 2004, 28: 311-323.

[147] Gutierrez J, Sedeno-Noda A, Colebrook M, et al. An efficient approach for solving the lot-sizing problem with time-varying storage capacities. European Journal of Operational Research, www. sciencedirect. com.

[148] Gutierrez J, Sedeno-Noda A, Colebrook M, et al. A polynomial algorithm for the production /ordering planning problem with limited storage. Computers & Operations Research,2007,34: 934－937.

[149] Gopalakrishnan M, Ding K, Bourjolly J M, et al. A Tabu-Search Heuristic for the Capacitated Lot-Sizing Problem with Set-up Carryover. Management Science, 2001, 47(6): 851－863.

[150] 张力菠,韩玉启,陈杰等. 生产能力扩大的系统动态性研究. 系统仿真学报,2006,18(5): 1327－1330.

[151] Rizk N, Martel A, Ramudhin A. A Lagrangean relaxation algorithm for multi-item lot-sizing problems with joint piecewise linear resource costs. Int. J. Production Economics, 2006,102: 344－357.

[152] 唐秋生,张洋,李萍. 物流市场细分方法与经营策略研究. 经济问题. 2007,5:34－36.

[153] 罗纪宁. 市场细分研究综述:回顾与展望. 山东大学学报(哲学社会科学版),2003,6:44－48.

[154] Daoming Dai, Chengbin Chu and Shanlin Yan. The Optimal Pricing and Multi-Item Capacitated Lot Sizing Problem. Proceedings of the World Congress on Intelligent Control and Automation(WCICA). 2006. 6, Dalian China, v2, pp: 7292-7296.

[155] Dai Dao-ming, Lu Kui and Ma Hua-wei. A Polynomial Time Algorithm for Coordination of Pricing and Lot Sizing Model with Backlogging. International Conference on Management Science and Engineering. 2007. 8, Harbin China, pp:375－380.

[156] 戴道明,杨善林,鲁奎. 固定定价与允许需求延迟的批量模型的联合决策. 系统工程理论与实践,2008,28(6):22－29.

[157] 戴道明,程刚,杨善林. 考虑资源约束和变质期的订货

批量问题与定价的联合决策.系统工程理论与实践,2009,29(1):81－88.

[158] 戴道明,杨善林,鲁奎.能力受限的批量问题与动态定价的联合决策.系统仿真学报,2007,19(20):4739－4742.

[159] 戴道明. 价格敏感需求下能力受限批量问题的混合算法.系统仿真学报,2009,21(3):809－813.

[160] 戴道明.基于市场细分的定价与批量问题的联合决策.系统工程,2008,26(3):28－33.

[161] 戴道明.市场细分下定价与能力受限批量的联合决策.系统工程学报,2009,24(3):329－334.

[162] 戴道明,杨善林.动态定价与允许需求延迟批量问题的联合决策. 管理工程学报,2009,23(4):116－120.

[163] 鲁奎,杨昌辉,戴道明.运输能力受限与费用时变批量问题的拉格朗日松弛启发式算法.系统工程理论与实践,2008,28(10): 47－52.

[164] 鲁奎,杨昌辉,戴道明. 基于CPLEX建模与仿真优化多产品能力受限批量问题. 系统仿真学报,2008,20(23):6365－6368＋6371.

[165] 鲁奎,杨昌辉,戴道明.一种能力外包且费用时变批量问题的启发式算法.中国管理科学,2008,16(1):80－85.

[166] 徐丽萍,戴道明.允许外包和脱销的变质性产品的能力限制批量模型.合肥工业大学学报(自然版),2008,31(8):1250－1252.

[167] 钱颂迪. 运筹学. 清华大学出版社. 1990.

[168] 赵继新,吴永林. 管理学. 清华大学出版社,2006.

[169] 李锦飞,马汉武,陈纪南. 生产管理与调度. 化学工业出版社,2005.

[170] 马士华等. 生产运作管理. 科学出版社,2005.

[171] 内格尔,霍尔登. 定价策略与技巧. 清华大学出版社,2003.

后　记

这本书是在我的博士学位论文的基础上修改而成的。2005年9月我进入合肥工业大学管理学院，攻读管理科学与工程学科博士学位，有幸成为杨善林教授和储诚斌教授的学生。杨先生是我国管理科学与工程领域的知名学者，也是合肥工业大学资深教授。在我攻读博士学位期间，先生在各方面给予我无微不至的关怀，不仅指导我如何"作文"，而且还引导我做人。无论是生活上还是学业上，先生一直给予我极大的关爱、帮助、支持和鼓励。长期以来我取得的每一点成绩和进步，都蕴含着先生的殷切期望，凝结着先生倾注的大量心血。先生渊博的学识造诣、严谨的治学态度、敏锐的学术思想、忘我的拼搏精神，以及他那博大的胸怀和对学生至真至诚的关爱，使我终生难忘，并一直激励着我努力学习和勤奋工作。

衷心感谢储诚斌教授给予我在论文写作过程中的悉心指导和巨大关怀。另外，还要感谢合肥工业大学计算机网络系统研究所为我提供的良好研究条件；感谢合肥工业大学管理学院马溪骏教授、梁昌勇教授、刘心报教授、刘业政教授、朱卫东教授、周永务教授、倪志伟教授、任明仑教授、左春荣副教授，他们在本书的写作过程中均给予了多次指导和提出了不少建设性的建议。

感谢和我朝夕相处的同学、师兄、师姐、师弟、师妹，他们不仅在本书的写作过程中给予了诸多帮助，而且在平时的学习和生活上也给予我很多关心和帮助，陪伴我度过紧张而又快乐的三年时光。

感谢安徽财经大学信息工程学院领导在我读博期间给予我的关照和支持，感谢信息管理与信息系统系的全体同仁对我的理解和支持，正是由于他们积极地承担了大量的教学任务，才使我有较充裕的时间来完成学业和论文。

感谢对论文进行评审、提出宝贵意见的各位专家。

最后还要感谢我的家人多年来对我的鼓励、支持和关爱，特别感谢我的妻子谭陶对我事业的理解、支持和奉献，使我顺利地完成了学业和论文。

戴道明